文化育人

第 1 辑
2012

商务印书馆
The Commercial Press

2012年·北京

图书在版编目(CIP)数据

文化育人. 第1辑/刘洪一主编. —北京：商务印书馆，2012
ISBN 978-7-100-09615-7

Ⅰ. ①文… Ⅱ. ①刘… Ⅲ. ①高等职业教育-文集 Ⅳ. ①G718.5-53

中国版本图书馆 CIP 数据核字（2012）第 256597 号

所有权利保留。
未经许可，不得以任何方式使用。

文化育人
（第1辑）

刘洪一 主编

商 务 印 书 馆 出 版
（北京王府井大街36号 邮政编码100710）
商 务 印 书 馆 发 行
北京市松源印刷有限公司印刷
ISBN 978-7-100-09615-7

2012年11月第1版　　开本 787×1092 1/16
2012年11月北京第1次印刷　印张 12¼

定价：35.00元

卷首语

以文化人　砥砺德行

　　1989年3月邓小平会见乌干达总统穆塞韦尼时指出："我们在10年中最大的失误是在教育方面发展不够。最重要的是在发展和提高人民生活水平的情况下，没有告诉人民和共产党员要保持艰苦奋斗的传统。我们经过冷静的考虑，认为这个问题比通货膨胀等问题更大。"当人们尚未完全领会邓小平此番言语的全部历史内涵时，大洋彼岸哈佛大学的约瑟夫·奈则发表了《变化中的世界力量的本质》、《软实力》等文章，认为一国的综合竞争力不仅取决于国家的经济、军事和科技等方面的硬实力，更取决于国家的软实力——即一国文化的影响力、文化价值观念、社会制度模式、国际舆论形象认可度等。

　　当前，中国已位居世界经济总量第二、高等教育规模第一，而国家发展在社会道德、诚信体系、价值信念方面所面临的情势和挑战却远比二十多年前更为严峻和紧迫。面对云谲波诡的国际形势和复杂竞争，面对社会转型时期理想信念缺失、拜金主义猖獗等现象，面对教育的功利主义、脱离实际和工具化倾向，身为教育文化工作者，秉承胡锦涛清华大学百年校庆讲话的精神，创办《文化育人》，旨在以文化人、砥砺德行，使教育回归文化本义，使学生进德修业、德艺双馨，为国家培养建设脊梁，为民族文化传承振兴尽责尽力。

目　　录

特约专稿
1　　教育：以"文"化人 …………………………………………………… 杨叔子
5　　教育：培养人性，以文化人 …………………………………………… 于殿利

对话交流
16　　我所感受的大学文化 …………………………………………………… 黄达人
20　　融文化元素于学校一切教育活动中 …………………………………… 王义遒
24　　以高度的文化自觉将文化素质教育推至新高度 ……………………… 胡显章
28　　文化育人，任重道远 …………………………………………………… 于德弘
33　　良好职业素养与学校人文教育 ………………………………………… 尹飞军

学术论坛
36　　文化育人与技能型人才培养 …………………………………………… 刘洪一
47　　人文教育：回归本体功夫 ……………………………………………… 张祥云
54　　高职教育文化的反思与建构 …………………………………………… 刘兰明
59　　文化育人：让高职教育更有底蕴和张力 ……………………………… 张　健
69　　孔子文化：职业教育文化滋养的源泉 ………………………… 童山东　唐高华

专题研究
77　　基于民航文化内核　构建文化育人体系 ……………………… 吴万敏　陈　曦
84　　高职院校引入企业工作价值观教育的机制与策略探略 ……… 张效民　谭属春
94　　高职院校专业文化建设探究 …………………………………………… 杨百梅
101　　高职院校专业文化、课程文化建设及其研究现状 …………………… 朱怀忠
107　　大学生诚信问题及对策思考 …………………………………………… 张振华

探索实践
115　　高职教育"三维文化"育人的实践与成效 …………………… 周建松　陈云涛
124　　教育为基，职业为要，技能为先：职业教育的文化诠释——以鹤壁职业技术
　　　学院为例 ……………………………………………………………… 谷朝众

130	以思想政治育人文化为突破口探索当代中国马克思主义的大众化	俞步松
135	当代高职院校文化育人的实践与思考	曹毓刚
140	工科高职院校素质教育理念与实施	左家奇
145	高职院校整合校企文化的理论研究与实践探索	夏 伟
154	高职院校文化素质教育的探索与思考	朱爱胜

教师教育

158	试论高职院校教师的文化意蕴	张启哲 徐平利
164	21世纪理工科教师的人文素质建构	邓志伟

海外新视野

170	法国大学校通才教育与实用教育相结合的教学特点	安 延

经典阅读

179	杜威的教育哲学	胡 适

文化育人动态

187	首届全国高等职业教育文化育人高端论坛暨全国高职院校文化素质教育协作会成立大会在深圳举行
187	北京大学清华大学深圳职业技术学院等发起成立高等教育学会大学文化研究分会
188	深圳职业技术学院率先建设"志愿者之校"
189	第二届"高等职业教育'文化育人'高端论坛"筹备会议在无锡召开

新书坊

教育：以"文"化人

杨叔子

编者按 本文系作者在首届高等职业教育文化育人高端论坛的主题演讲。

提 要 教育的宗旨就是提高国民素质。从手段这个意义上讲，教育就是文化教育。育人必须立足于治学，治学首先服务于育人，高等学校要以教学育人为主旋律。以"文"化人包括四个方面的内容：一是以文化内涵整体育人，二是以文化类型整体育人，三是加强教师队伍建设，四是深入开展文化素质教育。

关键词 素质教育、文化育人、治学

作者简介
杨叔子，中科院院士，教育部高等学校文化素质教育指导委员会主任

胡锦涛总书记在清华大学百年校庆的讲话，提出了"文化育人"的问题，提出了高等学校必须"大力推进文化传承创新"。他说"高等教育是优秀文化的重要载体，是思想文化传承的重要源泉"，提出了高等学校的四个任务。在1998年北京大学百年校庆时，江泽民同志在讲话中也谈了四点，仔细想想，那四点也包含了文化传承创新在里面。这次会议的召开，我感到对在高等职业教育中落实胡锦涛总书记的讲话精神非常关键。因此，我从三个方面来做汇报：第一，教育是以"文"化人；第二，高等学校育人治学；第三，如何以"文"化人。

一、教育是以"文"化人

文化绝不仅仅是人文文化或科学文化，也不仅仅是物质文化或制度文化，而是"以文化人"的文化；这个文化是全面的，是人类社会的基因。生物界靠基因的遗传而延续，靠基因的变异而演化；人类靠文化传承而延续，靠文化进步而发展，而教育是文化传承的主要形式，是文化创新的必要基础。因此，我们可以看到，人是因"文"而化的，是具有理性的；人从动物人演变成社会人，从野蛮人进步成为文明人，从一般的文明人提升成

为全面而自由发展的文明人。因此，我感到文化就是"人"化，以"文"化人，把人化成全面的人。教育的宗旨就是提高国民素质，从这个意义上来说，讲教育就是讲素质教育。用什么手段实现这一宗旨呢？主要靠文化的传承创新，即教育。从手段这个意义上讲，教育就是文化教育。

文化分为两大类型，一个类型是关于客观世界的，另一个类型是关于精神世界的，当然也有介于中间的部分。换言之，就是文化具有科学文化的工具理性和人文文化的价值理性两大属性。教育文化至少包含五个层面。首先，知识是基础，一切文化创新必须从知识开始；要建设文化的高地，先要建设知识的高地。英国的哲学家培根讲过，知识就是力量，我认为这个讲法不完全。应该讲，没有知识就没有力量，有知识不一定有力量。为什么有知识不一定有力量呢？因为知识还应承载着思维，如果没有思维，知识就是死的知识，那就不是全部的文化，所以思维是关键。我做校长期间，深感钱学森先生的话讲得非常有道理，他说教育的终极机理是人的思维过程的训练。知识、思维还须付诸实践，有实践就有方法，方法就是文化的根本；原则则是文化的精髓，它指导着前三者。例如科学原则是求真，故而科学知识是一元的，科学思维是逻辑的，科学方法是实证的。当这四者彼此交融，最终升华的是精神。精神是形而上的，是文化的灵魂。

康德有一句名言，"世界上有两样东西能深深震撼人们的心灵，即头顶上的星空与人们心中的道德法则"。"头顶上的星空"讲的是客观的物质世界、客观规律，"心中的道德法则"讲的是精神世界。人类社会如果没有道德法则，就绝对不能发展下去。因此可以讲，道德法则、伦理观念就是客观规律在人类社会中的必然反映。天道是道，人道也是道，人道本质上就是天道。

科学文化讲的是认识外在世界，是工具理性，是效率的问题，是立世之基、文明之源。一切文明的发展必定是科学技术的发展，同时又必须解决精神层面的文化问题，满足精神需要。精神文化是价值理性的问题，是公平的问题，是为人之本、文明之基的问题。你有知识，但是没有人文关怀，你就不是完整的人，甚至有可能是披着人皮的禽兽。如果人有知识，但没有道德的话，则比禽兽还糟糕。这两种文化是同源共生、既互异又互补的，更有着共同的追求。文化的双重属性决定作为其传承手段的教育也有双重属性，即本体性和工具性。《国家教育改革和发展中长期规划纲要》中讲得很清楚，要"全面提高国民素质，加速社会主义现代化进程"。"全面提高国民素质"讲的是教育的本体性，"加速社会主义现代进程"讲的是教育的工具性。在《纲要》"序言"一开始讲了"百年大计，教育为本"之后，接着就讲："教育是民族振兴、社会进步的基石，是提高国民素质、促进人的全面发展的根本途径，寄托着亿万家庭对美好生活的期盼。"这说明了教育的本体性和工具性是不可分割的：没有人的素质的提高，人的创造潜能就无法被激发，生产力便不能得到有效提高；而没有生产力的提高，就不可能有种种可充分挖掘与发挥人的潜能的条件，人的素质也便相应地无法被提高。但人的本体性始终占主导地位；本体性引导与激活工具性，工具性支撑与体现本体性。这也就是司马光在《资治通鉴》中讲的"才者，德之资也；德者，才之帅也"。

二、高等学校的育人与治学

育人必须立足于治学，治学首先服务于育人。治学包括应用研究、产品开发、技术推广、政策咨询等学问，这是高层次的。任何领域都有高层次的学问。治学是做大学问、树大德行。在2009年高等学校学习实践科学发展观的活动中，中央领导讲到要解决两个问题：一是培养什么人，怎么培养人；二是办什么样的大学，怎么办好大学。前者是办教育的问题，后者是办学校的问题。显然，办教育是解决育人的问题，而办学校不但要解决育人的问题，还要解决治学的问题。高等学校是实施高等教育的机构，因此，高等学校一定要做大学问，不做大学问就不能培养高层人才；同时治学首先要服务于育人，但不仅仅是服务于育人，还有其他的服务职能，育人、治学最终都是服务于社会的，在服务社会中进一步育人、治学。但是，如果高等学校没有大学问、高等的文化和高等的精神文明作为基础，就不可能培养出高层次人才。

高等学校要做四件事情：第一是培养人才，选择、传承文化，这是高等学校存在的基础。第二是研究、开发，创新、发展文化，这是高等学校发展的关键。第三是学术交流，交流文化、切磋文化，这是进步的前提。第四是服务社会，传播文化、储存文化，这是办学的宗旨，一切都是为了服务社会。所以，高等学校办学的根本应基于文化，在传承中创新，在创新中传承；传承是基础，创新是主导，两者不可分割。北大的校史馆有八个字非常好，"温故知新，继往开来"，指的就是在传承中创新，在创新中传承。

高等学校分成很多类型，各类型又有很多层次，但不管哪个类型、层次，都应该办出与之相应的世界水平和中国特色。最近我看了一个材料，说美国的高等院校有3688所，其中60%多都是职业教育，高等职业教育占了高等教育的大半壁江山。我们国家对职业教育理解得还不透彻；职业教育是教育中的一个类型，而非一个层次，它本身就应有各个层次。我们的教育发展还有很多问题需要解决，我们一定要背靠五千多年的历史，坚持"三个面向"，即面向现代化、面向世界、面向未来，这才可能将职业教育办出世界水平和中国特色。

三、如何以"文"化人

以"文"化人主要有四个方面：一是以文化内涵整体育人。"师者，所以传道授业解惑也。"授业就是传授知识。教师教课要传授知识，在传授知识的基础上去解惑，进一步启迪思维，展示方法。传道是明确原则、升华精神。二是以文化类型整体育人，也就是我们讲的文理交融与贯通。既要重视科学文化，也要重视人文文化。三是加强教师队伍建设，这是毫无疑问的。"百年大计，人才为本；人才大计，教育为本；教育大计，教师为本。"教师的事业是良心的事业，你讲一节课，可以备课三个小时，也可以备课两个小时，甚至可以不备课，教出来的效果却是大不相同的。四是深入开展文化素质教育。大学教育要注重思想道德素质、业务素质、身心素质和文化素质的全面发展。思想道德素质是灵魂，是方向；业务素质是主干；身心素质是保障；文化素质是基础，没有文化素质上面三个素质就实现不了。

现代社会是一个多元化社会，学生易于在树立人生价值观上产生迷惑。因此我们要转变教育思想观念，回归教育的本质、本体性。科学文化和人文文化是不可分割的。突出科学与人文交融，或者说突出专业学习与品德修养交融，是解决现在教育问题的迫切任务。大学要全面加强自身的文化建设，大力推进文化传承创新，积极发挥文化育人的作用，这是文化教育今后努力的方向。

教育：培养人性，以文化人

于殿利

提　要　教育的根本目的和根本宗旨是培养人性。人类的根本性符号是文化。文化构成了识别个人、识别民族的符号标志。人没有了，精神可以永存；文化没有了，民族不复存在。

关键词　教育、培养、人性、文化

一、人类从一开始就把培养人性确立为教育的宗旨

教育的根本目的和根本宗旨是培养人性，使人有文化，这一点在人类早期文明中可以找到其根据和根源。苏美尔人是最先进入美索不达米亚平原的古代民族，也是最早的美索不达米亚文明的伟大创建者。苏美尔人发明了人类最早的文字，创办了世界上最早的学校。正规学校教育制度的创立是苏美尔人对人类文明的重大贡献之一。

苏美尔学校的最高宗旨是培养人性，正如一位亚述学家所中肯地指出的那样："美索不达米亚的教育还是在寻求反复灌输一种，因为没有更好的词，我们必须称之为'人性'的东西。实际上，这个词第一次出现在人类历史上，是在苏美尔的文献中，而且出现在那些专门涉及教育目的的文献中。"[1]例如，在一份苏美尔文献中，一个学生对他的校长说："我一直就像小狗一样，直到您打开了我的双眼。您在我身体里制造了人性。"[2]苏美尔学校培养学生人性的最高宗旨，被这位学生一语道破。我们还拥有一份非常有趣的苏美尔文献，它由17块泥板和残片组成，时间距今约3700年左右，其原始的版本可能还要早几个世纪。这份

作者简介

于殿利，商务印书馆总经理，编审

泥板文书讲述了一名书吏教育他的不爱上学的儿子的故事，核心还是"人性问题"。这位书吏父亲非常失望，非常受伤，因为他的儿子拒绝子承父业而成为一名书吏。下面是他喋喋不休的长篇"大论"：

"快过来，做一个男子汉。不要伫立在公共广场中，或徜徉在林荫大道上。在大街上行走时，不要东张西望。在你的班长面前要表现出谦恭和畏惧。当你表现出畏惧时，班长就会喜欢你。

……（以下15行毁坏）

你整天在公共广场中闲逛，你怎能获得成功？那么，追随前辈们，到学校上学去，它将对你大有裨益。我的孩子，追随前辈们，向他们请教。

我想要跟你说的是，不要做傻瓜，而要做智者，用魔力控制住邪恶之人，不要听信其谎言。因为我的心已完全被对你的忧虑所占据，我远离你，不理你的恐惧和抱怨——不，不理你的恐惧和抱怨。由于你的吵闹，对，由于你的吵闹——我对你很生气——对，我对你很生气。因为你不尊重你的人性，我的心仿佛被一股邪风吹毁。你嘟嘟囔囔地抱怨置我于死地，你已经把我带到了死亡的边缘。"[3]

在这位父亲看来，不上学，不好好学习，整天游手好闲，就是不尊重自己的人性，因此指责他"追求物质主义的成功，而放弃人文主义的努力"[4]。这一方面反映出了当时学校教育的宗旨在于培养人性，另一方面可能也在某种程度上反映出了当时苏美尔社会的普遍价值观。

古代美索不达米亚诞生了人类最早的学校和学校教育，当然也孕育了人类最早的教育思想。从学校的兴起到学校的授课内容，到培养学生的目标，再到学校的最高宗旨，古代美索不达米亚的教育思想被后世所继承，从古希腊和古罗马到欧洲文艺复兴，都能发现这种思想发展的清晰脉络。

早在公元前5世纪，雅典人就把语法、修辞、逻辑和算术、几何、天文及音乐七门学科确定为文科学科（liberal arts，意为"自由艺术的学科"），旨在培养和造就具有完美人性的雅典公民，因为在雅典人看来，这七门学科所涵盖的知识可以使人精神富足，可以使人的意志获得自由。而在古罗马共和国时期，人们把学问称为"人文学"（Humanitas），"因为受教育是人类所特有的，有知识比无知识者更有人性"[5]。

众所周知，欧洲文艺复兴是人类文明发展史上的一颗璀璨明珠。文艺复兴时期的人本主义教育波澜壮阔，人本主义运动与教育尤其是中学和大学的教育密切相关。"文艺复兴的时代精神首先而且十分重要的内容，就是对教育以及教育主体的发现"，"教育的觉醒直接推动了文艺复兴运动向纵深发展，展示出构建西方近代资本主义教育新体系的远景"[6]。15世纪末的意大利学生直接称讲授古典语言、修辞、历史和哲学的教师为"人文主义者"（humanista，即 humanist）或人文学者。

古希腊和古罗马，以及文艺复兴时期的人文主义教育，奠定了西方深厚的人本主义思想和人文主义传统。

二、人性的本质特征是文化

文化是人类区别于其他动物的最本质性的东西，也是人类一个群体和一个个人区别于其按照生物学"门、纲、目、科、属、种"的定义。人是一种灵长目人科人属及直立行走的物种，学名为"Homosapiens"，意为"有智慧的人"。人与动物之间最本质的区别，在于人有知识有文化。"知"一般应该是指客观事实和信息；"识"是对客观事实和信息的见解，或者在客观事实和信息基础上形成的思想。只有"知"不能算有智慧，有"知"且有"识"，才可以说有文化有智慧。人不是一生下来就具有智慧的，人不是生而知之的，人的智慧是后天习得的。关于人性的善与恶，中国的先贤们自古就存在着激烈的争论。其实人生下来就犹如一张白纸，在其上写什么就是什么，画什么就是什么。人长大的过程，就是具有更多"人性"的过程，也就是通过教育培养出"人性"的过程。

人类的根本性符号是文化。文化构成了识别个人、识别民族的符号标志。人没有了，精神可以永存；文化没有了，民族不复存在。几千年来，多少古代民族消亡了，不是因为他们作为生命的存在消亡了，而是他们作为文化这样符号性的东西没有了，我们已经辨认不出这个民族了。他们自己的语言没有了，文字没有了，饮食习惯没有了，文化艺术没有了，全都被其他民族同化了，所以认不出他们是什么民族了，所以这个民族就没有了，而不是因为这个民族在物质形态上不存在了。

文化是个人和群体的最本质的特征。也就是说，它是人活在这个世界上最本质性的标志。个人应该有个人的文化，一个人的文化不仅是指他拥有多少知识，更多的是指他的思维方式和行为方式所体现出的他对客观世界和事物以及对他人的态度，这就是我们通常所说的世界观和价值观。个人世界观和价值观的最一般表现形式，我们有时还称之为"修养"。每个人的行为处事方式，必然会体现出自己的修养，这种修养就构成了属于每个人自己的独特文化。人在一个组织中，就要遵守这个组织的行为准则，每个人都按照这样的准则行事，就形成了该组织的文化。它可以是企业文化、机关文化，也可以是非营利机构或其他社会机构的文化。所有的组织在国家这样一个大组织下，有国家范围的行为原则和准则，这就构成了国家和民族的文化，也就构成了这个国家和民族的核心价值观和核心价值体系。如果离开了这个核心价值观，个人无法行事，组织无法运转，国家无所适从。对于个人来说，其所奉行的价值观的最极致的形式，通常表现为信仰。

三、文化的核心是世界观、价值观和方法论

根据权威的百科全书，关于文化的定义有 200 多种，其中之一认为文化是人类物质文明与精神文明的总和。根据这种定义，文化可谓无所不包，什么都是文化，因此这样的定义毫无意义。我无意在这里过多地讨论文化的定义，只是为便于阐释我所理解的"素质教育与文化发展"这个论题，简要地从文字学，确切地说是从文字起源的角度，来探究中西方文明中"文化"一词的内涵。汉字"文化"作为一个复合词，由"文"和"化"两个字构成。在甲骨文中，"文"字是一个行走中的人，其颈项上挂着一个装饰物。所以"文"字应该包含两层意思：其一，它是以人为核心的，是人所特有的；其二，它所表达的是向善、向美的东西。"化"字在甲骨古文中是由一个站立的人和一个倒立的人组成，可以理解为两个人对面而立相互比照，互相以对方为镜子，来学习和吸收对方好的东西。所以"文"和"化"加在一起，就是"以文化人"，人是文化的主体，只有人才有文化可言。在汉字里，"文化"强调的是人与人之间的关系，人与人之间互相学习、求同存异的关系。无论是个体的人还是组织里的人，强调的都是人与人的关系。在一个组织里有很多人，彼此之间的互相学习和求同存异，就形成了这个组织中共同认可的美的东西、好的东西，应该共同遵守的东西。这种得到公认的美的东西、好的东西，就是对组织有益、能促进组织健康发展的东西，甚至成为组织核心竞争力的东西。它抽象地概括为组织的核心价值观。

英文的"文化"（culture）一词的词根为 cultivate（耕种，栽培），来源于印欧语的一个词"quel"。"quel"的本意为"环形于某地"，或者"围绕一个圈子来活动"[7]。人类的祖先"环形于某地"或者"围绕一个圈子来活动"就意味着在某地定居了下来，定居下来是因为发明了农业，开始了农耕生活，人类也由此迈入了农业文明的门槛。表示"农耕"、"种植"等意思的 cultivate 一词是在中世纪的拉丁文中固定下来的。在远古，种植农业对"天"的依赖度极高，可以说是"靠天吃饭"，在这方面，西方和中国似乎没有太大的分别，祭祀活动因此发展起来。英文文化一词"culture"中的核心"cult"就是"祭祀"、"崇拜"的意思。因此，根据英语"文化"一词的词源学判断，

西方的"文化"是与农耕文明、定居文明密切相关的,它的重要指向是强调人与自然之间的关系,人与自然之间相互友善、和谐共处的关系。

汉字中"文化"强调的是人与人之间的关系,英文中"文化"(culture)强调的是人与自然之间的关系。汉字中"文化"强调的是一种"向善"和"向美"的取向,英文中的"文化"(culture)强调的是人与自然的和谐,两者都高度地上升为一种抽象的价值观。由此我们说,文化一定是处于具体的物质表象之上的更加高的抽象性的东西,我们把这种东西叫做价值观。

世界观和价值观构成文化的核心,方法论是人类行为的指南,是文化和文化活动的重要内容。以学术研究为例,学术研究是较高级别的文化活动。学术研究最讲究方法论,学术研究的方法论不仅影响着研究成果的深度,更决定着研究成果的世界观和价值观导向。学术研究既要以"学",即知识、学问为主,同时也离不开"术",即研究方法。"学"为根本,"术"为工具,知识、学问与研究方法的恰当结合,才能创造完美的"学术"。只有"学"而不讲究"术",那一定算不上科学;只讲究"术"而无"学",那就变成了"游戏"学术;既没有"学"也不讲究"术",那就是"不学无术"了。

四、世界观和价值观内容的集中体现

每个人一出生就不可避免地面临着需求——满足生存的物质需求和使人成为人的更高的需求即文化和精神需求,一句话,人的成长过程就是其需求被满足的过程。这是"硬币"的一面,其另一面是人一生下来就应该怀着一颗感恩的心,回报一切满足其生命成长的个人、集体、社会乃至大自然。所以,人的世界观和价值观应当以感恩为核心和出发点,人活着的目的就是要回馈和回报这个世界。在这里,我们愿意把世界观和价值观的具体内容高度概括为以感恩为圆心画出的五个不同大小的同心圆。

以感恩作为圆心的同心圆包含的内容为:首先要回报父母和家庭的养育之恩;然后要在感恩学校、感谢老师;之后要感恩为你提供职位的企业或其他组织;同时要回报和感恩生养我们的祖国;还要感恩和回馈给全人类;最后回报给整个大自然,是大自然滋养了我们,要爱大自然的一山一水、一草一木,要爱惜动物,因为没有它们人类也无法存活。人人都有责任尊重环境、热爱环境和美化环境。所有这一切都是为了同一个目标——我们在消耗和使用社会资源的同时,更要回馈这个世界。企业也是一样的。企业在社会中就是一个个非常小的细胞,它的生长和存活要仰赖着所有社会资源的滋养和支持，如果没有了这些，企业一天都活不下去。企业做任何事情都是在汲取着社会的资源，所以企业的使命和企业家的归宿就是以各种形式回报社会。

价值观是区别人和动物、人群和个体、个体和个体之间最为本质的东西。价值观最高的体现是信念和信仰！人没有信念和信仰就等于没有生存的目标，其生命就没有意义。感恩作为世界观和价值观的基本核心和出发点，至少可以生成五个层级的内容，就是我所说的以感恩为圆心的五个同心圆。这五个同心圆是利他主义、集体主义、爱国主义、国际主义和热爱自然。

利他主义，就是我们所有的行动和活动都是为了帮助别人，是为了别人的利益。有人说："人不为己，天诛地灭。"这句话是利己主义的极端表现。在这里姑且不论这句话的道德逻辑，仅从"利己"的目的性和结果导向上来说，就是站不住脚的。人为己可能是最初的生存本能，但是如果人人都为己的话根本达不到为己的目的，因为人要靠单个人是没有办法生存的，因为人从本质上是群居的动物，是社会化的动物。每个人都把别人的利益和公共的利益放在第一位，每个人的利益也就都得到了保证。所以利他主义的辩证法可以归结为一句话：帮助别人等于帮助自己。所以，我们一定要把利他主义树立为一种观念，乃至一种信念。自私自利的思想是要不得的。

为什么要讲集体主义？人生活下来，面临的生存压力是非常大的，一个人的力量微不足道，甚至连生存都很困难。这种状况越往远古，越是在生产力低下的社会越是如此。

人为什么一开始组成一个村社，从村社组成一个城市，然后由城市发展成国家，是人类为了其生存共同的需要。单靠个人的力量，别说抵御不了自然灾害和那些最凶猛的野兽，就是不太凶猛的后来已经被我们驯化了的像狗这样的动物，我们都抵抗不了。现在我们掌握各种先进的武器，掌握所谓可以改变世界的生产力的时候，面对大水，面对大火，再发达、再先进的国家都无能为力。

人是群居动物，是集体动物，人单靠自身的力量根本就不能生存，更别说你还想成就一番事业。有人说，我有本事我可以独立开公司。自己开公司，其实就是创建了新组织；三个人就形成一个新组织，只不过在这个新组织中重新定位了自己的角色而已。人离开组织必将一事无成。所以一定要遵循集体主义原则，要拥有集体主义精神。

人最聪明的做法，就是实现组织的理想和你的理想与价值观高度统一，否则的话你就会很痛苦。要把自己的兴趣和职业结合在一起。一旦选择进入到组织里面，就选择了自己的人生目标，就把自己的人生目标和组织的理想、使命与愿景，结合在一起了。然后就是把自己的聪明才智和劳动奉献给组织，与组织共同成长，组织也会回报个人价值的实现。换句话说，个人的价值只有通过组织价值的实现才能真正和最大程度地实现。所以我说我们每一个人都必须牢固树立"集体主义"价值观，否则我们每个人在生活和工作当中一定会走很多弯路的。

爱国主义本来是不需要多说一个字的，因为一个人在一出生的时候，其民族的符号、民族的属性就注定了，注定属于一个地区，属于一片沃土，属于一个国家。俗话说，一方水土养一方人。这方水土小到社区，大到地区，最大到国家，所以爱家乡和爱祖国是人类最基本和根本性的天职。每个国家拥有不同的历史传统，所以也拥有不同的爱国主义传统。古希腊那么多的名人，当他们提及自己名字的时候，都愿意在名字前面加上一个地名，就是其出生地或家乡的名字，比如"哈利卡纳苏斯的狄奥尼修斯"等，他们都以自己的故土、自己的祖国为荣。

国际主义是说，人类共同生活在同一个地球之上，国家与国家之间，民族与民族之间有时需要相互援助，例如一个国家遭受自然灾害时就是其最需要国际主义援助的时候。

要热爱大自然。大自然为我们的生产和生活提供舞台和充分的养料，没有大自然赐给人类的一切，我们无法生存，人类的文明无从延续。可以说，热爱大自然、善待大自然，是人类必然的选择。热爱和善待大自然的观念也需要从小培养，除了讲道理之外，还要让孩子们有更多的机会和热情亲近大自然，认识大自然，去探索大自然的奥秘。

五、教育：培养世界观、价值观和方法论

世界观、价值观和方法论来自两大渠道：一是通过亲身接触事物和世界获得直接经验；另一种是通过各种渠道间接学习。生产活动与生活实践提供直接学习的内容和机会；出版活动提供间接学习的资源；教育则打通两者：使学生借助书本等学习资源间接获得"知"与"识"，即世界观、价值观与方法论，同时通过现场教学或社会实践引导学生自主探索生活。

（一）只有观世界，才能有世界观

思想就是世界观、价值观和方法论。我们通常把世界观变成了一个政治化概念，变成了一种政治立场——其实并非如此，世界观是人们对世界的普遍看法。世界观怎

么形成？只有观世界才能有世界观，所以古往今来的大思想家无一不是大旅行者。你只有观了世界，你才有那么多的想法，否则就是坐井观天，凭空杜撰。

（二）要学会认识事物的方法

认识事物可不是那么简单的，方法论至关重要。首先，要培养学生善于抓住事物的本质和普遍性的能力，这是十分不容易的。例如，长期以来我们对科学的认识就存在着偏差。在一般人的观念中，"科学是真理"，"科学等于答案"，所以我们在学校里教授的科学知识全是"真理"和"答案"，学生只需要理解和记住即可，就能考高分，这是错误的。所谓的科学只体现人类在一段时间里对这个世界和宇宙的认知水平和认识能力。所以，罗素这样说："科学总是暂时的，它预期人们一定迟早会发现必须对它的目前的理论做出修正，并且意识到自己的方法是一种在逻辑上不可能得出圆满的、最终的论证的方法。"[8]科学就是反复被证明又不断被推翻的东西，证明与推翻的过程就是不断探索的过程。所以我们所说的科学精神是什么？我们并没有认识清楚。真正的科学精神是探索精神和创新精神。还是罗素说得好："科学的精神气质是谨慎、试探和琐碎的；它并不认为自己知道全部真理，或者说，连自己最佳的知识也不是完全正确的。它懂得，任何一种学说迟早都要修正，而这种必要的修正需要研究和讨论的自由。"[9]基于这样的不同认识，我们的课堂和西方的是不一样的。例如，美国的课堂尤其是大学课堂，更多的是研讨式的授课方式，在课堂上鼓励提问和反驳甚至争论。它鼓励不同意见和不同见解，鼓励探索精神。我们的课堂基本以"灌输"为主，或者说停留在灌输阶段，灌输科学知识或我们所认为的"真理"，而较少争论与探索。难怪著名科学家钱学森先生发问：我们怎么就培养不出世界顶尖的科学家呢？

物理学上说事物是运动的，不断变化的，要善于从不同的角度、不同的方面来考察事物。这也是我们许多人都会背诵的那首古诗所云："横看成岭侧成峰，远近高低各不同。"也就是说你从不同的角度看，同一事物就有所不同。每个人都学过《盲人摸象》，它告诉我们要抓住事物的全部，不应以偏概全。但是我从这篇文章里还领悟到了另一个道理，就是你从一个事物的不同角度来理解它，那么这个事物就是不同的。所以要善于从多角度、多层次观察。

再有，要善于在不同的环境中判断事物。因为孤立地说一个事物毫无意义，只有把一个事物放在一定的环境下来看待才有意义，也才能认识到这个事物原来是这样的，而不是别的东西。

（三）教学内容或学科仅仅是获取世界观、价值观和方法论的手段和工具，它们不是学习的终极目标

众所周知，全世界的学校都开设有数学、语文、物理、化学、法律和体育等不同学科。学校教授不同学科的知识体系固然是非常重要的，甚至可以说是必需的，但这不是教育的终极目的。教育的终极目的是通过学习和掌握各学科的知识体系，掌握认知和研究自然世界和人类社会的方法，进而形成人生观、世界观和价值观。

不同学科是从不同的角度或运用不同的方法观察和认识同一个世界，而世界是相通的，所以各学科也必然是相通的。学科之得以划分源于人们观察、分析和研究客观世界的不同角度和不同方法。用数字和数理的方法去看待这个世界就形成了数学；用物体运动的方法来看待这个世界就形成了物理学；用物质形成和整合、分裂又变动的方法去研究事物就形成了化学；用制度和秩序的方法看待人类社会或文明的发展，就形成了法学；等等。所有学科研究的东西——客观世界和人类社会都是一样的。就连体育也是一样的。"体育"一词在含义上也有一个演化过程。它刚传入我国时，指的是身体的教育，是作为教育的一部分出现的，是一种与维持和发展身体的各种活动有关联的一种教育过程，与国际上理解的"体育"（physical education）是一致的。随着社会的进步和体育事业的不断发展，近年来，不少学者对"体育"的概念提出了一些新解释，但比较趋于一致的解释为："体育是以身体活动为媒介，以谋求个体身心健康、全面发展为直接目的，并以培养完善的社会公民为终极目标的一种社会文化现象或教育过程。"体育的这一定义既说明了它的本质属性，又指出了它的归属范畴，同时也把自身从与其邻近或相似的社会现象中区别出来。强身健体是体育的重要内容，但不是体育的终极目标，体育的终极目标是培养"身心健康"、"人格健全"的"完善的社会公民"。我们现在的教育，文科就是文科，理科就是理科，学这个就是这个专家，学那个就是那个专家，互相不通，这完全是不对的。

关于素质教育与文化发展的关系，我从来都认为谈文化发展不谈教育就是空谈，不能把文化与教育割裂开来。没有教育做根基，文化建设注定只能是空中楼阁，是不牢靠的。当一个拥有十几亿人口的国家在教育方面存在许多问题，还有那么多孩子没有学上的时候，考试依然成为教育的指挥棒的时候，素质教育的被忽视就是一个令人担忧的问题。因此，文化的大发展和大繁荣对我们来说，是一个非常艰巨的任务，我们的教育工作者和社会各界的有识之士对此必须要有清醒的认识，对于社会主义文化的大发展大繁荣，我们教育工作者与其他文化工作者一样责无旁贷，应该首当其冲地

挑起重担。

（四）图书出版：另一种重要的教育方式

中国有句话叫做："读万卷书，行万里路。"这两句话是相辅相成的，是必须在一起、缺一不可的。读万卷书必须要行万里路。为什么呢？正如上文所提到的，人的知识来源于两个——一个是直接经验，一个是间接经验。读万卷书读的是间接经验，是别人对这个世界的感受、感悟，对这个世界的认识。那么，我们只是了解别人对这个世界的认识和感悟，是非常不够用的。只有在读万卷书的同时去行万里路，也就是通过参与社会和生产活动获得教益，通过自己的实践，通过自己的身体去感受，通过自己的眼睛观察，并与所读之书进行核对，才能产生自己的思想，产生自己的力量。所以说读万卷书和行万里路是并行的。

图书的价值主要体现在内容方面。图书的内容可谓无所不包，涵盖人类文明的一切成果。首先，图书的内容是为其所传播的世界观和价值观服务的，内容在这里表现为方式、工具和手段，其所传播的世界观和价值观才是核心。这不仅是出版产业的规律，还成为整个文化产业的规律。"文化发展的根本任务就是树立和传播价值观，它揭示了文化产业的根本性规律。"[10]出版业一直强调"两个效益"，即社会效益和经济效益，其中作为社会效益重要内容的出版导向一直被当作政治任务来抓，现在看来这是十分不够的。出版导向符合出版产业乃至整个文化产业的发展规律，文化的大发展和大繁荣离不开出版的大发展和大繁荣，出版的大发展和大繁荣不能违背这个规律。否则，我们的所谓繁荣就是虚假的繁荣。出版人必须牢固地树立这个观念，才能保证我们所提供的精神食粮不变质、不变味儿，才能使图书真正成为"人类进步的阶梯"。其次，图书还帮助人们学习和掌握方法论。不能只学技术不学道理，因为"术"和"道"是相辅相成的关系。

六、结语

教育的艺术就在于：认准目标，选择好内容，采用对的方法。人生下来是一张白纸，人死的时候是一幅完成的作品。作品的价值取决于诸多因素。如何构图，如何运笔，如何着色，都需要好好规划。规划的过程就是受教育和教化的过程。在我看来，以培养学生世界观、价值观和方法论为目标的教育，可以称为素质教育；以提高学生考试技能、如愿通过各种考试为目标的教育，则是应试教育。我们必须承认，我们目前的教育状况，在很大程度上是在应试教育的路上爬坡。

一个不容否认的事实是，目前我们的教育面临着的一个严峻问题，就是学生的价值观缺失、信仰缺失的问题。虽然同样不可否认的是，造成价值观和信仰缺失问题的原因有很多，但是我觉得我们的教育方式以及知识和文化传播方式应该是最值得反思的问题之一。一提到世界观和价值观，人们马上联想到政治概念。同样，一提到思想品德课，学生就有一种被说教的不愉悦感；所以对于世界观和价值观正处于形成期的青年学生，其从骨子里就有一种本能的消极情绪。其实不一定非要这样的。世界观和价值观是人类所特有的，是人之文化的内核。只要谈到人，就离不开世界观和价值观。换句话说，世界观和价值观是与人相伴的，是不能被割裂开的，就像人的灵魂和躯体不能分开一样。如果一个人没有世界观和价值观，那他注定是没有文化的人。可以说，世界观和价值观是人最基本的文化素质。树立正确的世界观和价值观是关系到学生健康成长、全面发展以及不断完善自身人格的关键所在。我们的教育要认识到这一具有普遍意义的规律，并顺应这一规律采取适当的方式，让学生们认识和体会到这个规律和道理。认识和体会到了这一规律和道理，学生自然就不会产生反感和排斥的情绪，反而会理解和接受，并进而产生强烈的自觉性。

参考文献

[1] Stephen Bertman. Handbook to Life in Ancient Mesopotamia. New York, 2003, p. 304.
[2] 斯蒂芬·伯特曼. 探寻美索不达米亚文明 [M]. 秋叶译. 商务印书馆, 2009: 462.
[3] Samuel Noah Kramer. History Begins at Sumer. The University of Pennsylvania Press, 1981, p. 16.
[4] Samuel Noah Kramer. History Begins at Sumer. The University of Pennsylvania Press, 1981, p. 15.
[5] 彼得·伯克. 欧洲文艺复兴——中心与边缘 [M]. 刘耀春译. 北京: 东方出版社, 2007: 31; 刘明翰, 陈明莉. 欧洲文艺复兴史·教育卷 [M]. 北京: 人民出版社, 2008: 34.
[6] 刘明翰, 陈明莉. 欧洲文艺复兴史·教育卷 [M]. 北京: 人民出版社, 2008: 35.
[7] John Ayto. Bloomsbury Dictionary of Word Origins. Bloomsbury Publishing Plc, 2001, p. 149-150.
[8] 罗素. 宗教与科学 [M]. 北京: 商务印书馆, 2005: 5.
[9] 同上书, p. 149.
[10] 于殿利. 文化产业发展与文化竞争地位 [J]. 深圳职业技术学院学报, 2012, (4): 29.

我所感受的大学文化

黄达人

编者按 本文系作者在首届高等职业教育文化育人高端论坛的主题演讲。

提 要 在大学里，人们认同怎么样的观念，你遇到问题会有什么样的行为，以及有哪些适合大学自身发展状况、有利于促进大学发展的制度，我认为这就反映一个大学的文化。

关键词 大学、观念、文化

作者简介

黄达人，中山大学原校长，教授

前 不久我到长春做关于高等职业教育的调研，晚上同行的人去看了二人转。第二天长春的人问我同行的人看懂了二人转没有，后者说大概看懂了70%，前者说看不懂的30%才是最精彩的。我尽管跑了20多个高职院校，我大概只能看到高职院校的皮毛，我只是谈谈个人的一些体会。我的题目跟今天的主题也有点不一样，这里谈的是以文化人，但我觉得要讲文化育人，首先要讲大学的文化建设，所以我的主题是讲文化建设。

对于文化，学术界有很多定义。我觉得文化这个东西是很难定义的，一个国家、一个民族有自己的传统文化，行业有行业的文化，还有跟我们生活相关的各种各样的所谓文化。文化这个词给我们的感觉是包罗万象，好像任何东西都可以算在里面；其实在大学里谈文化也差不多，凡是跟大学相关的东西都可以归纳为大学的文化，这就是广义的大学文化。我感觉，大学文化这个词只能意会、不可言传，不太讲得清，如果一定要试图讲清楚，我想把它总结成这样一句话：在大学里，人们认同怎么样的观念，你遇到问题会有什么样的行为，以及有哪些适合大学自身发展状况、有利于促进大学发展的制度，我认为这就反映一个大学的文化。我从浙大开始到中山大学担任学校领导，大概有20年的时间。我也意识到文化对一所大学的重要性，而且我认为一所大学的发展靠的是潜移默化，对于学生的教育其实更重要的也是看你在什么样的环境里育人。所以我觉得文化建设对于一个大学而言是非常重要的。

高等职业教育都强调校企合作、工学结合，每个学校都是如此，有一部分高职院校的院长还提倡把企业文化或者是行业文化融入到校园文化里，学生一入学就会感受到企业文化的熏陶，为工作以后迅速融入到企业奠定基础。而且在这种企业文化里，高职院校更加具备成本优势。比方说我到长春汽车工业高专，他们有一个订单班是米其林公司的，这个学院的环境就是米其林文化，我觉得这也有道理，因为这是企业的订单班，要直接把企业文化引进来。高职院校当然需要育人文化，我认为高职院校姓高名职，不能忽视大学文化的建设，不能仅仅是引进企业文化。杭州职院我去过，院长跟我说，为什么我们的一些学生到汽车培训班学驾驶，学会以后他不会再回到那个培训班看老师？为什么我们高职院校的学生毕业以后要回到这个学校来？问题很简单，因为那里是培训，这里是大学，他是受到了大学的熏陶，受到了文化的熏陶，对这里有一种依恋的感觉。我觉得这个讲得非常好。是不是有大学精神，是不是对学生有精神的熏陶，这对于区分是不是一所大学、是不是一个高等教育机构，是非常重要的。

我这次也到四川的一所民办的高职院校，这所学校规模很小，培养技能型人才，非常强调培养学生的综合素质，提出"全员全院建校"。我进了这所学校几个厕所，没有一个厕所有一点点味道，我认为这就是文化，不管是从事行政工作还是保洁工作，大家都有觉悟。这所学校位于一个3A级景区，入门还要买门票，进去以后学生会为你做向导，他们在讲的过程中都能让我们感受到他们在这所学校所受到的文化熏陶。这所学校的院长跟我说，整个学校就是一个场景，一草一木都可以作为育人的载体。他们通过实践证明，三年以内养成学生好的品质和习惯是可能的；培养人才，不仅要教会学生知识和本领，还要引导他们养成良好的文化素养和行为习惯。

不仅普通本科院校需要大学文化，高职院校同样需要好的大学文化，在好的文化环境下才可以谈怎么来文化育人。究竟怎么来营造一个良好的大学文化呢？

我认为首先学校要有好的办学理念，这样才能营造好的文化。我走了那么多学校，给我印象最深的是很多院长、校长都强调精神文化的因素，认为理念很重要。我也访问过"985"高校，清华、北大等学校都去过，他们也同样认为理念很重要。我问这些学校的校长，你在这所学校做了这么久，你认为你最重要的贡献是什么？他们说，我们就是要在全校形成一种文化理念，然后被大家所接受。我认为，大学的事业是千秋万代的，要求发展，要立足长远，就要把握宏观；作为校长，如果不考虑大学的理念问题，大概你这个校长是不称职的。为什么说理念重要？我认为理念决定了大学的政策，你以什么样的理念办这所学校，你就会有什么样的政策。另外，理念是引导学校里所有人的行动指南。一个校长不可能对每一件事都通，但是我们如果把理念执行得好，大家就有一个行动的准则，自动按照这个来做，文化育人就有一个基础。

高职院校也是这样，我到宁夏的一所高职院校访问，校长介绍，通过这几年示范校的建设，高职院校的硬件跟国外相比一点也不差，最大的问题还是理念上的问题。西安一所高职院校的校长说，搞了示范院以后，示范院校的老师跟非示范院校的老师语言系统都有变化。我让他举几个例子，他说整个话语体系都变了，将原来的课程大纲改称为课程标准。课程大纲是从教师的角度来说即"我教了什么"，课程标准是从学生的角度来说即"我学了什么"，这是一个话语体系的改变，也是一种教学理念的改变。我到齐齐哈尔一所高职院校，这所学校现在已经升为本科院校了。他们院长说了三个"坚定不移"：坚定不移走职业教育的道路，坚定不移走政校合作、校企合一的技术教育发展之路，坚定不移探索高等职业教育的规律。重庆工程职业技术学院的校长讲，很多高职院校是从中职院校升上来的，升格为高职院校以后，有些学校思维反而慢慢回到了中职水平，高职要和中职有区别，就要做应用研究，进行校企合作。重庆这所学校的行政楼挂的是老校区的照片，我说这是对文化的传承；另外也挂了科学家的照片。我问他为什么不挂企业家的照片？他说，我这里是一所大学。这说明这所学校非常注重大学的文化建设。

第二，大学要有精神的追求。深职院给我的印象非常深，刘洪一校长说他们发了一个红头文件，说要建志愿者之校。我认为这是一个精神追求，是文化育人的一个载体，有了具体的文化建设，文化育人就有了具体的抓手。我也去过苏州工业园区职业技术学院，我跟他们的校长谈了几个小时。他们在学校里建了一座大楼，把这座楼交给学生做简单装修，由学生进行创新，门口的徽标是《变形金刚》里的大黄蜂；学校给他们两辆汽车，学生设计出来做成了它的徽标，这就是给学生进行创新的环境，所以说，创新文化是大学文化重要的组成部分。我也去了齐齐哈尔工程学院，他们专门成立了一个职业发展中心，特别注重学生综合素质的培养。比如学校办的一个活动是，给你一块钱，你早上出门，晚上回来，就看你有没有本事到社会上去。最后有人拿着一块钱买的一张车票，然后走回来了，饭都没吃；有的人出去跟人家沟通，赚了几百块回来。这是让学生从这个经历中学会换位思考，学会与人沟通，是文化教育很好的一个载体。

第三，大学要形成良好的行政文化。这决定了一所学校最后的育人环境是什么样的。我在中山大学说过，大学的行政文化在某种程度上决定了它的学术文化，就是说一所学校当官的是怎么当的。比如在人事问题、经费分配、房子分配问题上你究竟为什么人服务，这对于学校的发展很重要。我在中山大学的时候，我们学校的经费也不少，我跟管财务的副校长定了一条，我说我们两个人以及我们两个人所在的团队绝不花学校的一分钱，我们既然要决定这个经费的配置，我们就要做到公正，必须把自己独立出来，这就是我们的行政文化。所以我们学校很奇怪，招聘处长的时候，教授是不会来的，他们知道这样是不会得到更多资源的。好的行政文化，还要在学校里形成一种为教学和科研服务的氛围。我们学校有很多教授是没有任何官衔的。有一天，有个教授家里的煤气有问题，他找了后勤办的人，但是没有人来，情况后来反映到我这里。我听到这个事后就把后勤办主任找来，我说你怎么对我的，你就应该怎么对他。我在一所高校做本科评估的时候，问这所学校的后勤处处长他们学校的学术骨干是谁，他说一个，我说这是校长；他又说一个，我说这是副校长。我问他怎么只知道校领导，不知道学校还有哪些教授和学术骨干，他说他们学校对所有的教授都一样，我说这是谎话，因为"你不会为任何一个教授把电梯按着让他先走，但校长来了，你会按着电梯让他先走"。大学有好的行政文化，才能有好的文化育人的环境。我也去过无锡职院，他们在进行大部制改革，把职能相近的部门整合在一起，提高行政运转的效率，不要让学校里感受到有官老爷做派。

第四，大学必须有创新文化。大家知道，人才培养、服务社会、科学研究、文化传承是高等教育的核心，高职院校既然姓高，便不能例外。高职院校在对科学研究和服务社会的定位上要有自己的特色，如果说本科院校关注科学创新，高职院校更加应该关注技术创新、工艺创新和管理创新。大学要有创新，创新文化的类型很多。比方说我到北京工业职业技术学院，这所学校坐落在石景山。石景山原来是首钢所在地，后来首钢搬了，做成了动漫基地，他们也马上要成立一个动漫学院。这种专业的调整能够跟上时代的发展，跟上区域经济发展的需要，这是一种创新性。天津的一所职业学院，他们那里要搞飞机制造工厂，他们为此也提前布局相关的专业。杭州职业学院以前的口号是"立足杭州、面向浙江、服务长三角"，新院长上任后搞了改革，把原来的口号改成"立足开发区，服务杭州市"，看起来学校的"志向"小了，实际上是定位更加明确了。这些改革都是思想创新的体现。我也到温州去过，温州的特点是中小企业特别发达。温州职院就为中小企业服务，针对相关行业很大但每个企业又很小的状况，温州职院就跟一些有代表性的企业建立了很多研究院。比如，温州的电器厂多，他们就成立电器研究院，跟企业建立研发中心，这也是一种创新。不同的学校有不同的方法，但必须要有创新精神。

融文化元素于学校一切教育活动中

王义遒

编者按 本文系作者在首届高等职业教育文化育人高端论坛的主题演讲。

提 要 大学生文化素质教育并非一个时髦的话题，而是一个常新的话题。因为大学生自身的问题，都可以归结为文化素质教育出了问题，因此，很有必要弄清楚什么是文化，文化的核心价值是什么。高等教育就是要通过各种文化教育实现对大学生价值观的培养。

关键词 文化素质、价值观、高职教育

作者简介

王义遒，原北京大学常务副校长，教育部高等学校文化素质教育委员顾问

高职院校占了高等院校的半边天，文化素质教育搞得好不好，对国民素质的提升关系很大，我们的责任很重。当下应该怎样才能把文化素质教育工作做好，我觉得还值得讨论。

此前，在高教学会下成立了一个大学素质教育研究分会。在那个会上，我提了一个问题：16年以前我们提出了加强大学生文化素质教育的命题，是切中时弊的，主要是针对当时高校过于狭隘的专业教育模式。那时杨叔子校长曾说过，大学生只知道 ABC，却不知道史可法、文天祥，没有读过《三国演义》。后来，教育部发了《关于加强大学生文化素质教育的若干意见》的文件，指出开展文化素质教育活动，主要是第一课堂和第二课堂相结合，开展校园文化建设等。16年以后，大学生的情况有了很大变化。2007年，教育部让我们做了一个大学生教育质量调查，我们和华中科技大学教育科学研究院一起做的。一个基本结论是：社会对大学生不满意的地方在于大学生在业务上普遍实践能力较差，但最不令人满意的是其没有责任心、不讲诚信，到企业里不断跳槽。我们今天搞文化素质教育，是不是应该针对新时代的新情况，找到新的突破口，切中新的时弊呢？

应该说对于这个问题，答案还不是很明朗，还

比较模糊。一些人说，大学生中这些问题是社会造成的，学校教育很难解决。我认为，学生中的这些问题正好是文化素养问题，是新时代文化素质教育不能回避的。胡锦涛总书记在清华百年庆典讲话中强调了高等教育的文化传承和创新功能，十七届六中全会提出文化大发展大繁荣；我们高校开展文化素质教育，就是要强调提升文化自觉，更有针对性地做好文化育人，这样大学才能对国民素质提高、对社会文化昌明发挥引领作用。真正做到文化育人，这是文化素质教育的一个新课题。

人区别于动物的最本质的东西是什么？大教育家夸美纽斯从理性和精神两个角度分析得到三点：一是知识，二是德行，三是虔敬。夸美纽斯是虔诚的基督徒，他所谓的"虔敬"，是从其作为基督徒的身份出发的，就是对上帝的虔敬、信仰和敬畏。我想，这第三点实际上是更根本的、统帅前两者的东西。作为一个人，总要有一个最基本的信仰，遵守一些不能突破的底线，突破了这个东西人就不是人了。人总要对某些东西存有敬畏心理，精神上有坚实的信仰和寄托。现在，信仰缺失是我们社会存在的一个很严重的问题，我认为，文化素质教育应该解决这个问题。

能不能把这个东西看成是一个社会、一个民族和一个国家共同的核心价值观？我们中华民族几千年来能长盛不衰，现在还昂首进步，是坚守了一些核心观念的。

现在党中央提出了建设社会主义核心价值体系，这个核心价值体系包括马克思主义指导思想，中国特色社会主义共同理想，以爱国主义为核心的民族精神，以改革创新为核心的时代精神，还有以"八荣八耻"为主要内容的社会主义荣辱观。但是对于这个核心价值体系，我们教育工作者能够全面讲出来的还是比较少的。这样的价值体系能不能被全体人民所记住和遵守呢？我对此是存有疑问的。我读小学的时候，学到的忠孝、仁爱、信义、和平、礼义廉耻，到现在还记得，这些东西内容非常简洁，它应该就是我们的信仰。美国的通识教育实际上就是要把美国的价值观深深地植入到美国国民的心中，要对各种不同教育水准的人进行不同程度的教育，以取得理解和认同。如果我们教育工作者都不能说出这些价值观，那么要作为国民价值观让全体人民来记住和遵守就成问题了。核心价值观应该是非常简单，便于理解和记忆的。听说现在中央也在研究这个问题，想提出一套新的简洁的提法来。我想，我们文化素质教育工作者也应该讨论，能不能向党中央提出一些比较好的建议，把新时代、新中国的国民真正要具备、要信仰的核心价值观恰当地表述出来，将全民的思想统一起来。

作为全体国民的核心价值观，其语言表述应该是非常简洁的，贴近生活的，可以给大家留下深刻印象，为一般人所都能做到的，是做一个中国人的底线。我认为，我们可以提出一些能涵盖这么一些价值的东西，如：敬天地、敬人群，真善美、正义、平等与博爱。这里最根本、最核心的，应该是正义。正义涵盖平等和公正，就是尊崇人，尊重人的权利，不损害他人，不侵占他人，"己所不欲，勿施于人"。有了正义，就会有诚信。社会主义、共产主义是我们追求的理想的、具体的社会组织形态；实现这样一种社会，无非就为了有高度正义，共同富裕，物质与精神财富极大丰富。人们为追求公正、正义的社会，才找到了社会主义、共产主义。所以公正、正义是出发点。

我在这里没有提"自由"。自由是个好东西，但是它容易引起误解，以为"自由"就可以"天不怕地不怕"，无法无天，为所欲为。我认为人跟动物的区别就在于人是不自由的，动物是自由的，因为人从智慧与理性出发，有自觉性，他知道什么能干、什么不能干。文化也好，观念也好，价值底线也好，其实都是人对自己的一种自我约束。当这种约束成为自觉的行为，他反而感到自由了。而一个正义的社会，能够保证人的合理的自由。

所以，我对文化素质教育提出了一个课题，希望高职院校一起来讨论这个问题，希望我们能把全民族在新时代应有的核心价值观提炼出来，变成全民族的信仰，并且通过文化素质教育工作真正让大学生记住、理解和践行这个核心价值观。这样的话，我们的文化素质教育工作就会有很大的成就。高职院校更接近基层，在这方面不仅大有可为，而且会产生很大社会影响。

我把核心价值观看成是文化，即人化的第一元素，超乎知识（这里包含能力）与德行之上，就是因为只有建立对人的基本价值的虔信，对违背这个基本价值的畏惧（天诛地灭，成为禽兽），才是"立人"的基础。文化素质教育工作要通过古今中外人文哲学名著的讲解和阅读的第一和第二课堂，让学生体念和领会信仰的力量。然而，对于大多数高等学校而言，尤其是对高职高专而言，更重要的是通过学校的一切教育渠道，包括在各种专业和职业课程中，在各种课外实践、社团活动与师生交流，以及在校园文化与学校整体环境建设中，渗透文化元素的教育。即是说，融文化元素于学校一切教育活动中。这是可能的，因为人类任何有益的活动都体现了这种人文精神，都具有教育意义。学校是教育机构，就要有意识地去进行这种教育。问题是，现在一些高校领导缺乏这种文化自觉，许多教师文化素养不高；更有甚者，现在某些高校在社会影响下还存在着比较严重的"反文化"、"反教育"的现象，比如变相地进行文凭买卖、在评估检查活动中让学生作假，凡此种种。正人必先正己，要做好文化素质教育工作，关键在于学校领导对高度的文化自觉的具备：首先杜绝学校中的不正之风，然后带领全体教师和学校管理服务人员提高自己的文化素养，真正落实学校全员文化育人的功能！

诚然，正如一些人所忧虑的，高校不是象牙塔，当下国家正处在转型期间，社会上一些不良现象和风气势必会给学校造成负面影响，学校很难独善其身。但是如果我们有了高度的文化自觉，能够宏观地、历史地、发展地去观察和看待问题，并以此引导学生，就会对民族和未来树立起坚强的信心，从而建立起一个相对优越的局部教育环境。因此，我们对文化素质教育切实解决当前大学生中存在的一些信仰问题还是充满信心的。

以高度的文化自觉将文化素质教育推至新高度

胡显章

编者按 本文系作者在首届高等职业教育文化育人高端论坛的主题演讲。

提 要 推进大学的精神文化建设，第一，要坚持以人为本和文化育人的理念；第二，要着力建设积极的大学精神；第三，要在综合与融合中实现文化的创新；第四，在教育思想上要努力实现对工具化的突破；第五，要注重高职文化建设的特殊性要求。

关键词 文化自觉、文化建设、素质教育

作者简介
胡显章，原清华大学党委副书记，教授

胡锦涛总书记在清华大学百年庆典上的讲话中提到了大学文化传承创新和文化育人的任务；党的十七届六中全会也发出了提高文化自觉、文化自信，建设社会主义文化强国的号令。这两件大事预示着我们国家的大学文化建设将进入一个新的阶段，我们应该趁势而上，把文化素质教育工作推到一个新的高度。

一、什么是文化自觉？

文化自觉的概念是费孝通先生提出的，他主要是指生活在文化中的人应该有自知之明，知道这个文化是怎么回事、会怎么发展，由而取得新形势下文化选择的自主地位。去年，中宣部部长刘云山按照胡锦涛总书记的讲话精神，发表了长篇文章《文化自觉 文化自信 文化自强》。他强调的文化自觉是从一个民族、一个政党的角度出发的，包括对文化在历史进步中地位作用的深刻认识，对文化发展规律性的正确把握，对发展文化历史责任的主动担当。2005 年，在中国首届文化论坛的开幕式上，杨振宁先生有一个讲话，他说目前世界上一个最重要的事情就是中华民族的崛起。

他说到自己在西南联大时，师生们都把自己和国家民族的命运紧紧相连。如今在清华大学待了一年半，他发现很多学生考虑的都是自己眼前的利益。所以他呼吁，今天的大学教育应该把文化自觉灌注到每个大学生身上。这应该是对每个教育工作者提高文化自觉的呼吁，也是对大学生自身提高文化自觉的警示。

二、大学应该有怎样的文化自觉？

因为大学跟社会是密切相关的，所以首先应该有一种宏观的视野和战略的思考。刚才讲的两件事情的背景是什么？我想主要是四个方面：第一，是民族伟大复兴的需要。大家都知道，民族伟大复兴的前提和内涵就是文化的振兴。第二，当今我们特别强调精神文化建设，体现了我们国家发展阶段性的迫切需求。哈佛大学教授迈克尔·桑德尔说，在人们实现一定程度的物质丰裕之后，就会意识到经济成功本身是不够的，人们希望生命有意义，希望思索是非、伦理与道德、责任感，思索怎样面对生活中遇到的道德困境。目前我们国家的经济发展取得了成功，但是积累了一系列的社会矛盾，社会公正、公平、道德、诚信、责任感等价值理性问题进一步凸显，成为制约经济发展与和谐社会建设的关键性因素。所以，面对多元文化的冲突和主导性文化的失范，以及对民族文化认同的弱化，以社会主义核心价值体系推进文化建设具有突出的紧迫性。王义遒校长谈到，这个社会主义核心价值体系的表述不太简洁，不太容易为老百姓所接受，因而建设与体认社会主义核心价值体系仍需努力，这是关系民族凝聚和社会稳定的大事，是兴国之魂，也是学校文化之魂。第三是维护国家文化安全的需要。当今美国依托经济、科技和传媒的优势，推行文化霸权对其他国家和地区的文化独立性造成严重的威胁。第四，是调整经济结构、满足人民文化需求的需要。根据国际经验，当人均 GDP 超过 3000 美金的时候，居民消费会进入精神文化需求的旺盛期；现在我们的人均 GDP 已经达到 4200 美元，所以对精神文化需求呈现井喷之势。另外，文化产业具有绿色产业的特点，抓住了文化产业就抓住了经济结构和产品结构调整的重要突破口。2010 年，我国文化产业占 GDP 的 2.78%；国家提出到 2016 年，文化产业要占 GDP 的 5%，成为支柱产业。当然目前我们跟美国相比还是有很大差距的，美国的文化产业占 GDP 的 25%。

就大学来看，其并不一定能够总以先进文化引领社会。大学自身存在诸多文化问题，如对社会主义核心价值体系缺乏体认，对中华民族和学校的一些优秀的文化传统未能充分传承，同时又受到传统文化非理性因素的束缚；在教育教学中重工具理性、轻价值理性的现象普遍存在等等，这些问题都是大学自身文化建设中存在的深层次问题。

我感到，大学文化，特别是大学精神中体现的价值观对人的成长具有很深的影响；另一方面，大学又是最富有创造力的学术共同体，要探索真理，创新文化建设对于提升大学的创造力起着关键作用。所以，综合社会和大学自身的文化建设任务，我认为需要两手抓，一手抓价值观，一手抓创新文化，体现为人文学、工具理性与价值理性的统一。

三、大学包括高职院校应当怎样推进精神文化建设？

首先，要坚持以人为本和文化育人的理念。大学文化本质是育人文化，培养怎样的人、怎样培养人始终是大学要回答的根本问题，但是由于没有处理好不同功能的关系，加上功利性因素的干扰，"育人为本"常常不能得到充分的保障。教育部部长袁贵仁指出："大学的教育教学过程，实质上是一个有目的、有计划的文化过程。所谓教书育人、管理育人、服务育人、环境育人，说到底都是文化育人。"我认为，要提高大学文化自觉和素质教育自觉，在根本上就是要提高文化育人的自觉。

第二，要着力建设积极的大学精神。大学精神的形成既是大学人受到潜移默化的过程，又是大学的组织者有计划地通过各种仪式、文化符号以及典范向组织成员持续传递本组织的理想、信念、价值观和行为准则，使大家能够认同的同时在文化自觉的基础上进行自我教育的过程。

大学精神的形成需要文化底蕴，这是世界上许多名校的共识。19世纪末20世纪初，在哈佛大学担任了40年校长的艾略特提出，美国大学必须从自己深厚的文化土壤中成长起来，在那之后的一个世纪里，包括哈佛在内的美国著名高校力图通过通识教育使大学植根于美国的文化土壤。中国高校开展文化素质教育以及通识教育，一个重要的目的是要解决大学生的文化植根问题，我们要把这一努力坚持下去。

第三，要在综合与融合中实现文化的创新。首先是按照中西古今融会的理念，努力体现文化传统的民族性与时代性的统一。我们国家在20世纪20年代和80年代有两次本质上不同的文化热，加上"文化大革命"，都有明显的反传统的特色，使得中华民族包括高等教育培养的人才，在不同程度上呈现出民族文化失根现象。而一个缺乏自身文化根基的民族，是很难实现真正的、全面的民族复兴的。同时，应该看到我们跟西方大学存在的差距，要努力吸纳他们的理性精神和办学理念的科学成分，如关注和尊重人的主体性和批判性思维的培养。其次是要努力实现科学文化与人文文化的融合。关于这个问题大家讲得很多，在通识教育课程比较少的高职院校，怎么在职业教育的过程中实现文化素质教育和职业技能教育的有机融合，带有更加突出的意义。美国哈佛大学教授约瑟夫·奈在1989年提出了"硬实力、软实力"的概念，我们可以把学生的技能看成是硬实力，把文化素养看成软实力。我想，各个院校应该把硬实力和软实力结合起来。这个过程体现了教育的认识论哲学和政治论哲学的统一，也是工具理性和价值理性的兼顾。要做到这些结合，需要有清晰的理性和高超的艺术以及有效的执行力。

第四，在教育思想上要努力实现对工具化的突破。高等教育不仅仅是传承知识、训练技能。爱因斯坦讲，学校的目标始终应当是青年人在离开学校时，是作为一个和谐的完整的人，而不是作为一个片面的专家。他认为，在某种意义上，即使对技术学校来说，这种人才培养观也是正确的："尽管技术学校的学生将要从事的是一种完全确定的专门职业，发展独立思考和独立判断的一般能力，应当始终放在首位，而不应当把获得专业知识放在首位。"

第五，要注重高职文化建设的特殊性要求。高职教育的人才培养模式是工学结合，教、学、做一体化，因此理论与实际、学与用紧密结合。高职院校文化建设与区域文化、行业文化、企业文化的深度融合成为高职教育的重要文化特色，高职院校在这方面积累了很多经验，今后需要进一步推广和深化。高职教育坚持"以就业为导向，以满足社会需求为宗旨"；有效地实现就业功能和人的自由全面发展目标的统一，也就是使教育的社会功能与个体功能相统一；高职院校造就职业人与文化人相统一，仍然需要在理论探讨和实践探索中做出持续的努力。相信全国高职院校文化素质教育协作会的成立，必将推动高职院校以至普高文化素质教育达到新的高度。

文化育人，任重道远

于德弘

编者按 本文系作者在首届高等职业教育文化育人高端论坛的主题演讲。

提 要 本文就我国高等教育和高等职业教育再发展这个命题，指出当前我国职业教育处于发展的新时期，提出以文化育人实现大学文化和精神重建，并提出具体翔实的建议。

关键词 大学文化、大学精神、文化素质教育

作者简介
于德弘，原西安交通大学副校长，教授

很多领导和专家都讲了大改革、大发展、大提高，但是经过大改革、大发展以后，怎么能够实现大提高？就是要大反思。现在困扰中国高等教育和高等职业教育再发展的问题在哪里？这个问题不解决，提高就仅仅是一个鼓舞人心的词。

积极反思，持续发展。解决现在发展的新问题，首先得找出问题；比问题更重要的是目标、标准与方法，比目标、标准与方法更重要的是认识、理解和感悟，比认识、理解和感悟更重要的是什么呢？我们告诉学生那么多东西，学生一个简单问题就问得我们哑口无言，因为真话不能讲，假话不能说，只有哑口无言。所以对于高职院校来说，在这样一个时刻，切忌浮躁，防止片面性、绝对化、形式化，注意一种倾向可能掩盖另一种倾向，要进一步解放思想、深入研究，确立更高、更远、更深、更实、更好的发展与建设目标，而且应该积极鼓励、支持、开展和推进多种形式的探索。

康德说过，世界上有两件东西能够深深地震撼人们的心灵，一件是我们心中崇拜的道德准则，另一件是我们头顶上灿烂的星空。它预示着很多含义无穷的事情：探索无尽的真理、无限宽广的胸怀等等，这些心境是我们教育者需要有的。

对于大学主体使命的沉思已持续多年。讲了那么多年，担心了那么多年，但是担心的问题越来越多，越来越严重，原因何在？出路何在？大学的使命就是传承文明、传授知识、培养能力、陶冶情操、开创未来；其中最重要的就是传承文明、开创未来。教育是代表未来的事业。我们现在对高职院校提出了很多要求，但是这些要求是不高的。我日益担心在高校和师生中出现这些现象：历史苍白、哲学贫困、文化浅薄、精神虚无和道德失衡。我们以前常讲忽视对教育和文化的研究和不尊重教育规律是危险的，但当前更危险的是：大学主体使命的偏移日益严重，大学精神的缺失日益凸显，官场化、商场化的影响日益深远，急功近利等浮躁情绪日益蔓延。更甚的是，我们每一个人都身处其中，都被这种氛围所包围、所影响，而且在自觉不自觉地变化。我们生活在这样的环境里，能不在这个"场"中心就很不容易了。多好的一个人在这里都很难不变得那么功利，那么庸俗和势利，原因在哪里？我们在思考，我们在拷问自己的良知，我们有多少定力使自己能够坚守，能够走出怪圈？有多少能力使我们的学生不受影响？我在九年前谈到这个话题的时候，就在反思，反思了以后，内心时常挣扎。在这样的历史时刻，我们必须反问，大学的责任是什么？大学发展的要义是什么？大学作为特殊的精神家园，正在和将会发生什么？大学应做什么？

一所大学的社会作用和贡献主要体现在它培养的学生为社会变革、经济发展、科技进步所做的贡献。教育质量是衡量学校工作的最高标准。一所学校要想成为真正的名校就应该也必须在这一决定人才质量的根本问题上有所作为和贡献。

一、关于当前高职教育发展的几点思考

当前，高等职业教育一方面正处于一个重要的历史发展期，快速发展，成就辉煌；另一方面高等职业教育的发展又面临极需面对的五个问题：一是高等职业教育的理论研究需要深入和系统化；二是高等职业教育的结构和体系仍在探索之中；三是高等职业教育的人才培养目标和培养质量需要提升；四是高等职业教育发展不平衡的问题更加突出；五是高等职业院校现代大学制度的建立刚刚开始。研究和破解这些问题是高等职业教育下一步发展的重要方向。希望教育界领导和教育工作者针对中国高等职业教育发展的核心问题实施实质性的措施和方针，不要一天到晚只是喊口号，喊到最后把自己都忽悠了。

高等职业教育正处于一个重要的历史转折期：首先是发展目标、发展模式和指导思想的转变与调整。其次是工作重点面临着新的转变与调整。再次，学校自身的定位

和内功日益重要。高等职业教育发展到今天，有一大批优秀的学校和校长脱颖而出，他们有思想、有能力，也有胸怀。他们的经验说明，不要等别人告诉你应该怎么办，自己应该想清楚怎么办，未来的发展在于你自己的定位和内功。最后，从工具属性回归教育本质属性。一所学校要发展，培养什么样的人、怎样培养人是关键；要培养德智体美全面发展的社会主义建设者和接班人。职业教育虽然有工具的属性，强调工具属性有它的时代特征，但是随着社会的进步和发展，任何教育都应该是使人全面发展的教育，职业教育也不例外。要回归教育的本质属性，培养全面发展的人，而不仅仅是培养能工巧匠。

未来十年将是中国高等职业教育大发展的十年，是中国高职院校重新定位和排名的十年，是中国高等职业教育真正走向世界的十年。创建一流的高职教育是国家的重托，时代的呼唤，历史的使命。这时候就需要我们把自己学校的人才培养和发展放到区域经济与社会发展的环境中去定位和思考，放到我国社会变革、经济发展和科技进步的大环境中定位，放到世界政治、经济发展的新格局中去思考。对中国高等教育乃至世界高等教育（特别是高等职业教育）发展中的若干重要问题进行深入的讨论和研究，力争用发展与创新的眼光重新审视学校 21 世纪初叶的高等职业教育和人才培养，尊重规律，主动适应，基本确定具有自己特色的一流高职院校人才培养和学校发展的思路、框架、实施方案和保证措施。

纵观国内外形势，我们面临的挑战很大：国际形势风云变幻，充满了变数；国内的各种矛盾日益突出，国家的政治体制改革和经济发展模式面临新的挑战。在这个时点，将有很多的问题考验着我们，此时此地讨论中国大学的文化走向和深入开展文化素质教育的意义就显得更加重要。

二、关于大学文化和大学精神的构建

我们要认真思考和研究新世纪中华文化的走向，高度重视高校的文化建设。高等教育不仅作为一个国家社会经济发展的基础，它也担负着一个国家文化的传承和保护。

高校的文化建设事关中国文化未来的走向，它反映了一所高校的学术氛围和求真精神，师生的精神面貌、价值取向体现在校风、教风和学风之中，体现在一所高校的校园规划、建筑风貌、人文景观之中，是一所大学的立校之本，我们必须高度重视。

现在我们简要回顾一下全国高校文化素质教育工作。从 1995 年开始，以本科院校为主的全国高校文化素质教育经历了三个重要阶段，从"三注"到"三提高"，然后到

"三结合"："三注"即"注重素质教育，注视创新能力培养，注意个性发展"；"三提高"即"提高大学生的文化素质，提高大学教师的文化素养，提高大学的（特别是大学领导的）文化品位与格调"；"三结合"即"文化素质教育与教师文化素养的提高相结合，文化素质教育与思想政治教育相结合，人文教育与科学教育相结合"。在本科院校开展文化素质教育这么多年后，有多少经验和教训需要吸取？有哪些东西值得高职院校思考和借鉴？有哪些问题是我们在今后的发展过程中要注意避免的？本科院校的文化素质教育工作，由于指导思想、整体思路和工作重点都非常明确，而且大家认识一致、齐心协力，虽然还有诸多新的问题，但总体而言发展还比较顺利。高职院校由于特殊的历史原因，在文化素质教育的整体思路、突破点和基本框架等方面的探索，依然任重而道远。人文教育对于学校和学生都是基础性和具有长远意义的工作。中国大学文化和大学精神的构建决定着中国教育的兴衰。一流的高职院校应有一流的文化，一流的文化是一流高职院校建设持续发展的支撑。一所高职院校的特色主要体现在它的主体文化上。

三、高职院校开展文化素质教育的几点建议

第一要明确认识，提高自觉，充分认识高职院校开展文化素质教育工作的必要性、艰巨性和长期性。面对高职教育的特征、类型、特色，高职院校的文化素质教育和文化建设工作要怎么做？这些问题需要在座的各位校长认真考虑，总结出高职院校文化素质教育工作的主线。没有主线就难以形成共识，没有共识就形成不了气候。第二要深入研究，把握内涵。第三要转变观念，积极探索。第四要总结凝练，拓展提升。每个学校都有自己的特色，有那么多的特色需要进一步凝练，进一步拓展和提升。第五要整体规划，突出重点。第六要营造氛围，抓好队伍。以人为本，实质上就是以教师为本、以学生为本。文化素质教育有那么多要求，最后要落实到每一个学生身上，落实到他们的进步和发展上。他们真正能得到什么？这是我们必须认真思考的。

下面再讲几点具体建议：第一，文化素质教育要进入教学主渠道，要针对其开设少量课程；要重视文化素质教育与科学教育、专业教育的有机结合和融合，注重提高教师的文化素养，通过教学主渠道的要求来促进教师文化素养的提高。文化素质教育不是简单的文化课的问题，它体现在所有的教学过程中。在主渠道中，如果没有教师综合素养的提高，没有教师的自觉参与，我们的文化素质教育就太单薄了。第二，优化整合优秀的企业文化，这是高职院校构建学校文化的又一个切入点。第三，营造浓

厚的校园文化氛围。积极开展内容丰富、形式多样、品位高雅的校园文化活动，例如举办和开设高水平讲座，举办和组织各类文化艺术活动，组织高水平的报告会、文艺演出等等；充分发挥学生社团在文化素质教育中的积极作用。第四，构建一流的校园文化环境。我们常讲，环境育人，实践成才。现在很多学校在建新校区，一定要整体规划、突出特色。一座楼漂亮，组成的校园不一定漂亮，漂亮的校园不一定有文化，有文化也不一定有先进的文化，怎么构建优秀的校园文化，怎么构建优秀的校园文化环境，这是值得认真思考的。第五，积极推进校风、教风、学风建设。学风是命、教风是魂、校风是根。优良的校风形成难，衰落快。组成一所学校核心价值体系最主要的方面之一就是这个学校的核心人群的价值追求，这些有话语权的人的核心价值观及其体现深深地影响着一所学校的核心价值体系。所以我们讲，办好一个学校，有一个好校长不够；但是搞垮一个学校，有一个不好的校长就足够了。如果一所学校的教师都"爱生如子"，学生都"尊师为父"，干部都"尊师爱生"，那么这所学校一定是了不起的。

良好职业素养与学校人文教育

尹飞军

编者按 本文系作者在首届高等职业教育文化育人高端论坛的主题演讲。

提　要 本文从企业用人实际出发，提出企业对人才的需求规律和特点，进而对职业教育提出企业的要求。

关键词 企业用人、职业精神、职业素养、人文教育

作者简介
尹飞军，华为技术有限公司广东分公司总经理

现在大学生自身进行职业定位，首先考虑自己喜欢做什么，包括自己的职业兴趣、职业价值观等；然后考虑自己适合做什么，包括职业性格、气质、天赋、智商等方面；再考虑自己擅长什么，包括职业能力倾向、语言表达能力、逻辑推理等；最后是自己能做什么。企业对大学生的职业定位正好是反过来的，首先考虑他们能做什么，再看他们擅长做什么。现在很多大学毕业生比较浮躁，要求比较高。我们强调的是干一行爱一行，做好自己的事，从小事情做起，从一些基层的岗位做起，以平和的心态来认识社会。我们公司一直坚持"小胜靠智，大胜靠德"的理念。

怎么评价员工？我们的标准结构是：20%的知识＋40%的技能＋40%的态度。我们首先考评的是员工的绩效，绩效产出源自知识和技能、劳动态度以及对关键事件的应对和处理。从关键事件可以看出员工对其职业的态度和精神。我们倡导两种职业精神：一种是敬业精神。"板凳要坐十年冷"，这是在华为公司到处可见的标语。我们学习德国产业工人的做法，要求把自己的工作做好。另一种是团队精神。华为强调的是"狼文化"，最主要的一点就是团队精神，真正做到不抛弃、不放弃，为了一个项目，我们胜则举杯相庆，败则拼死相救。

学生的能力结构中至少包括五种能力——动手能力、学习能力、沟通能力、适应能力和执行能力。这些能力其实都培养自学校，但不仅仅是通过上课或者书本知识的积累，而主要是通过素质教育培养起来的。通过素质教育，学生具备了这些能力，毕业后很快就可以适应企业的岗位和环境，即使环境发生变化，他们也能很快适应。华为唯一的不变就是变化。我们的企业随时在转变，原来做运营商市场，后来做终端市场，现在要做企业市场，华为中高层管理者以及所有的骨干人物都是这样过来的。对于新的业务，大家都没有经验，拼的是大家的学习能力、沟通能力以及执行能力。通过发挥能力，打开新的产业，开拓新的方向，为公司开疆拓土，获得商业成功。大家都知道，原来我们一直不做终端的，但是经过实践之后，我们认为在终端获得成功也是完全可能的。我们从前几年每年业务增长30%—40%，到现在增长70%左右，所有人都是原来从事设备相关市场和研发的人员，现在他们成功转型，做终端产品。

我们一直强调个人利益要服从集体利益，要融小我于大我，在一些集体的平台上展示自己的才智。华为会给你一个很好的平台，但是你首先要配合、服务、服从这种大的平台的需求，这样才能保证你的个人利益。企业为团队提供了良好的平台，同时企业的文化加强了团队的凝聚力，为企业取得每一次胜利提供了保证前提。

我们要善于求助，乐于分享，这样才能更好地完成工作目标。我们更加强调的是乐于奉献，要发挥自己的岗位作用来帮助别人。我们相信，只有团队成功才会有个人的成功。如果不善于合作，不能为团体奋斗，等于丧失了在华为进步的机会。公司招聘学生最看重的是其通过学校的素质教育而获得的综合素质，这无论对于企业还是对于大学毕业生今后的发展来说，都是十分重要的。

我们选择的所有干部都要有敬业精神、献身精神、责任心和使命感。首先自己要有想当干部的意愿，要敢于献身，敢于去艰苦的地方锻炼，"将军必发于卒伍，宰相必起于州郡"，通过自己的经历使心灵得到升华，这样的员工才可以提升为干部。干部不仅要有很高的综合素质，还要认同公司的价值观。华为最主要的价值观是为客户服务，以奋斗者为本。所谓"奋斗者"，就是有艰苦奋斗的精神。公司还遵循的一句话就是"不亏待雷锋"，作为奋斗者的你获得成功之后，会得到公司给予的良好的反馈和回报。我们希望员工们能够脚踏实地，做好自己的本职工作；追求高品质，完成自己的本职任务；同时对自己的工作目标及结果负责，勇于承担责任，把解决问题作为首要任务。

我们一直强调干一行，爱一行，专一行，还要敬一行。要讲贡献和奉献，不要太计较个人得失。我们认为，认真负责和管理有效的员工是企业最大的财富。也就是说，学生进公司以后，首先自己要认真负责，同时坚定地服从公司的管理，然后提高自己的战斗力。

　　还有一点就是艰苦奋斗。没有艰苦奋斗的精神作为支撑的企业是难以长久生存的，华为也是通过自己的艰苦奋斗慢慢发展起来的。这个世界上从来没有救世主，也不靠神仙皇帝，要创造新的生活，全靠我们自己。我们要聚焦工作，拼搏的路虽然是艰苦的，但是苦中有乐，我们乐在其中。这一直是我们公司的价值观。我们希望学生从学校毕业的时候，就带着这种决心、态度去加入企业。我们公司不断地培训干部，不断地给员工灌输企业的价值观、企业的文化；但我觉得文化素养都是基础的东西，应该从学校带来，它们将会是走向工作岗位的毕业生们一生的财富。

文化育人与技能型人才培养

刘洪一

提　要　产业升级和社会转型发展对高职教育人才培养提出了新的要求，在强化应用技能的同时，加强学生的文化素质和综合素养，是当前高职院校提升高技能人才培养质量的重要举措。要更新观念，以文化育人为指导，紧密契合高职教育的类型特征，探索高职院校实施文化素质教育的路径方法，实现文化引领技能型人才培养。

关键词　文化育人、技能型人才培养、高职教育

作者简介
刘洪一，深圳职业技术学院党委书记、院长，教授

产业升级和社会转型发展对高职教育人才培养提出新的要求和挑战。在强化学生应用技能的同时，加强文化素质教育，提升学生综合素质，已成为当前高职院校提升高技能人才培养质量的重要举措和关键途径。要树立文化育人的理念，紧密契合高职教育的类型特征，深入探讨高职院校实施文化素质教育的路径方法，以文化引领技能型人才培养，从而使得技能型人才不仅适应基本的岗位能力要求，更能适应产业升级、社会转型和人的可持续发展的要求。

一、现状分析：成效与问题

中国高职教育经过 20 多年的发展，取得了巨大的成绩，主要表现在三个方面：

第一，观念形成，即形成了能力本位、就业导向的高职教育理念。对此，2004 年《教育部关于以就业为导向深化高等职业教育改革的若干意见》做了系统的概括："高等职业教育应以服务为宗旨，以就业为导向，走产学研结合的发展道路。高等职业院校要主动适应经济和社会发展需要，以就业为导向确定办学目标，找准学校在区域经济和行业发展中的位置，加大人才培养模式的改革力度，坚持培养面向生产、建设、管理、服务第

一线需要的'下得去、留得住、用得上'的实践能力强、具有良好职业道德的高技能人才。"

第二，模式确立，即确立了校企合作、工学结合的高职办学模式。2005年《国务院关于大力发展职业教育的决定》明确提出，要进一步建立和完善校企合作、工学结合，建设结构合理、形式多样、灵活开放、自主发展的有中国特色的现代职业教育体系。校企合作、工学结合经多年实践已成为我国高等职业教育基本和自觉的运行方式。

第三，规模巨大，占据了中国高等教育的半壁江山，对中国的现代化建设做出突出的贡献。目前，全国共有高职院校1246所，在校生996万余人，占全日制普通高校本专科在校生的43%。2011年，全国高考计划招生675万，其中高职院校326万，接近50%。更为重要的是，在近20年的大发展中，高职教育为中国现代化建设培养了数以千万计的技能型人才，为国家经济社会发展做出了巨大的贡献。

当前中国高职教育已经从规模速度发展阶段步入内涵质量发展阶段。胡锦涛总书记在庆祝清华大学百年校庆上的讲话中指出，当前高等教育改革发展最核心最紧迫的任务是提高高等教育质量和人才培养质量。在产业升级和社会转型发展的新形势下，提高高职院校人才培养质量工作面临诸多问题和挑战，主要表现在以下几个方面：

（一）产业转型倒逼技能人才素质结构调整

当前，自然资源紧缺、国际市场竞争等多种因素促使我国加速产业转型升级，即产业从低附加值向高附加值升级，从高能耗高污染向低能耗低污染升级，从粗放型向集约型升级。为契合产业转型升级需要，企业不断进行技术和管理创新，对所需人才的能力结构和综合素质都有了新的要求。

从2007年开始，深圳职业技术学院以"中国人力资源开发网"最新素质库18项基本素质为基础，对珠三角2100多家企业进行了一项历时4年的跟踪调查，了解转型升级中的企业对技能人才素质的需求。调查发现，企业在转型升级过程中对技能人才最看重的6项能力是：积极主动（占82%）、责任心（占77.3%）、团队精神（占72.7%）、执行力（占72.7%）、沟通能力（占50%）、专业学习能力（占50%）（见图1）。这说明，企业越来越重视毕业生的综合能力和素质，仅仅具备职业技能、素质结构单一的技能人才越来越难以适应市场和企业需求；而在拥有良好职业技能的同时具备良好的职业道德、职场应变能力、交流沟通能力、主动学习能力的高素质高技能人才日益受到用人单位的欢迎。

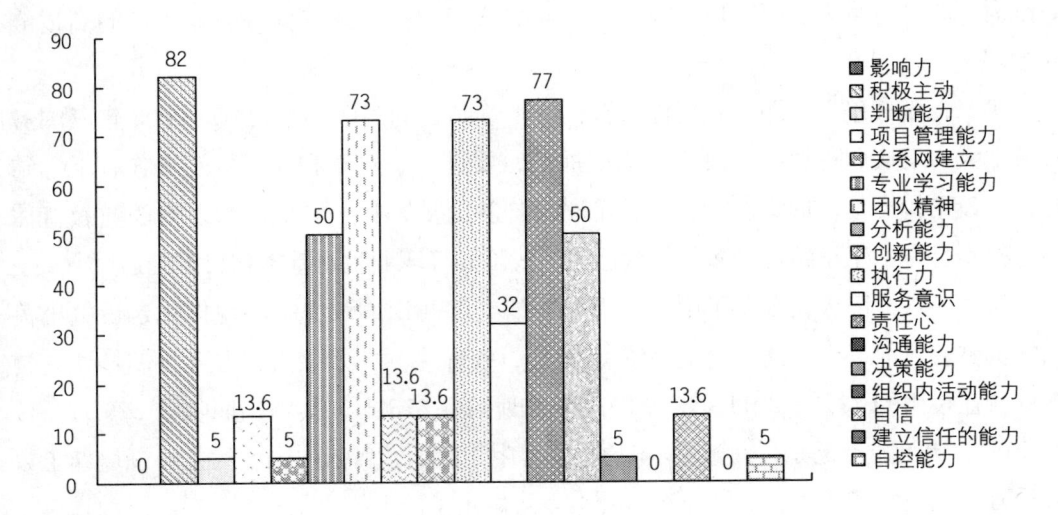

图1 转型升级企业对技能人才最看重的6项能力

（二）就业质量折射高职院校人才培养隐忧

近年来，在就业形势日益严峻的情况下，高职院校毕业生就业率一直保持较高增幅，这是可喜的。但在高就业率的表象之下，深入地看，总体就业质量和就业效益并不乐观，折射出人才培养中值得注意的隐忧：

一是专业对口率偏低。麦可思全国抽样调查显示（见图2），2011届高职毕业生专业相关度仅为60%，比本科毕业生专业相关度低了7个百分点。从近三届的趋势可以看出，虽然近3年高职毕业生专业相关度平稳上升，但仍明显低于全国毕业生总体水

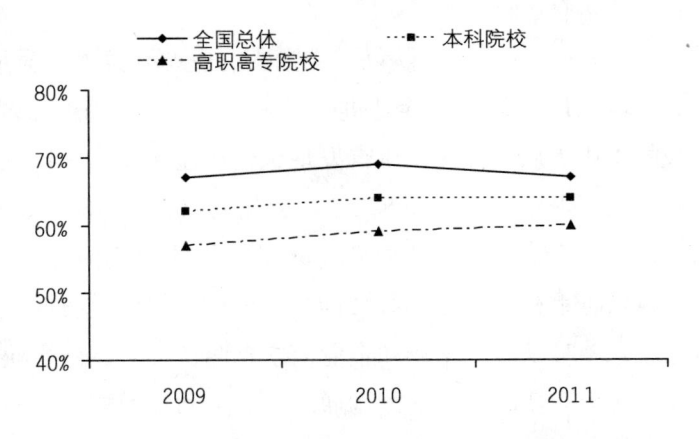

图2 2009—2011届大学毕业生半年后的工作与专业相关度

（数据来源：麦可思研究院．2012年中国大学生就业报告［M］．北京：社会科学文献出版社）

平和本科毕业生水平，毕业生专业相关度与人才培养目标仍有较大差距。

二是职业吻合度较低。据麦可思公司对全国2010届大学毕业生的抽样调查，63%的高职毕业生认为目前的工作与自己的职业期待不吻合（本科毕业生为56%），其中36%的人认为不符合自己的职业发展规划，22%的人认为不符合自己的兴趣爱好。这说明，相当一部分高职院校毕业生从事着与自己的职业规划、兴趣爱好不相符合的职业，职业吻合度和认同度明显偏低。

三是离职率较高。麦可思公司调查报告显示（见图3、4、5），2007届高职毕业生毕业3年内有78%的人发生过离职（本科毕业生为59%），其中仅23%的毕业生毕业3年内一直为1个雇主工作，28%的毕业生有2个雇主，而雇主数为4个及以上的毕业生达到了21%。过于频繁地更换雇主并不能为毕业生增加收入，服务的雇主数越多，月收入反而越低，其中雇主数为1个的高职毕业生3年后月收入最高，为3549元；雇主数为4个的3年后月收入最低，为3245元。

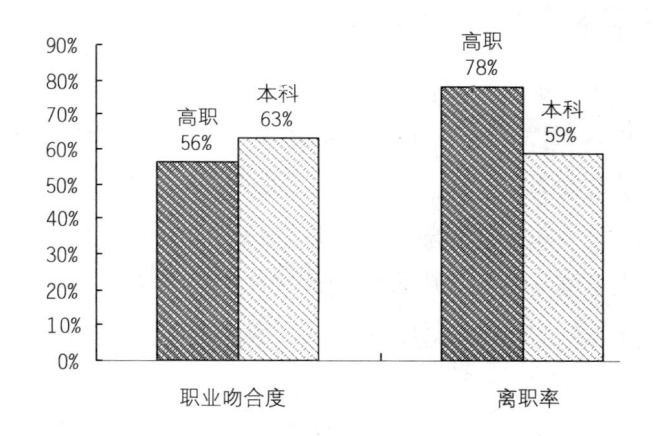

图3　2007届高职高专与本科毕业生工作3年后的职业吻合度与离职率比较

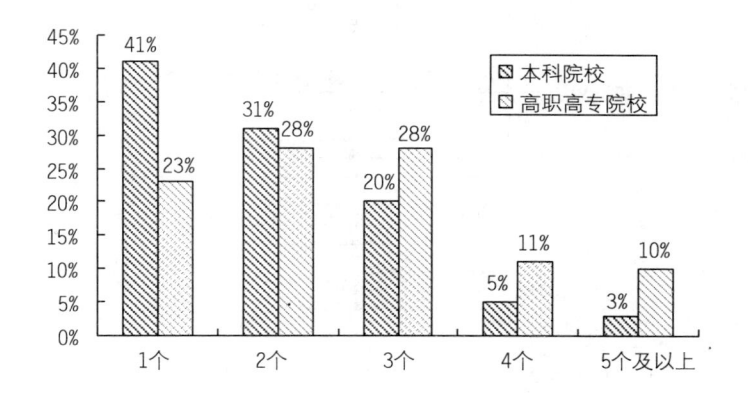

图4　2007届本科、高职高专毕业生3年后工作过的雇主数频度

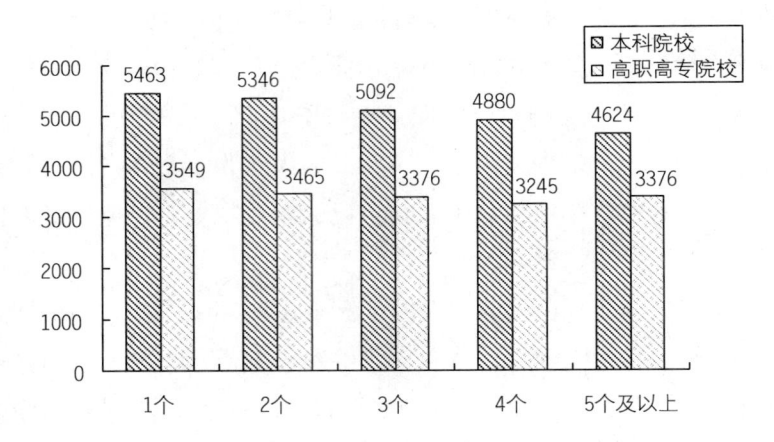

图 5 2007 届本科、高职高专毕业生 3 年内工作过不同雇主数的人群月收入对比

（数据来源：麦可思研究院.2011 年中国大学生就业报告［M］.北京：社会科学文献出版社）

（三）毕业生需求反馈要求全面发展

根据对大学生毕业 3 年后的调查表明，对于毕业 3 年后认为对职业晋升最有帮助的大学活动，高职毕业生排在最前几位的依次是：课外自学的知识和技能（含培训）和扩大社会人脉关系（均为 41%）、假期实习/课外兼职（32%），而只有 28% 的高职毕业生认为课堂上所学的知识技能对于毕业后职业晋升最有帮助。另一个数据是大学生毕业 3 年之后认为学校专业教学中最需要改进的地方，无论是本科院校还是高职院校，绝大部分学生认为最需要改进的是实习和实践环节，培养主动性能力、培养批判

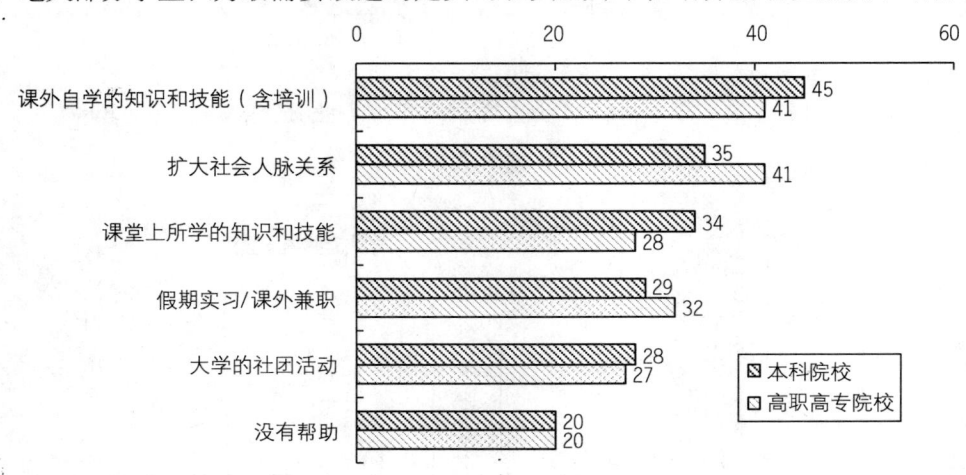

图 6 大学毕业生 3 年后认为对职位晋升有帮助的大学活动

（数据来源：麦可思研究院.2011 年中国大学生就业报告［M］.北京：社会科学文献出版社）

性思考、课程内容不实用或陈旧分别位列第二、三、四位。上述数据说明,尽管高职院校以培养技能型人才为特色,重视课堂和实践教学,但高职院校学生却普遍对学校的技能培养和教学效果不满意。这一点值得我们深刻反思。

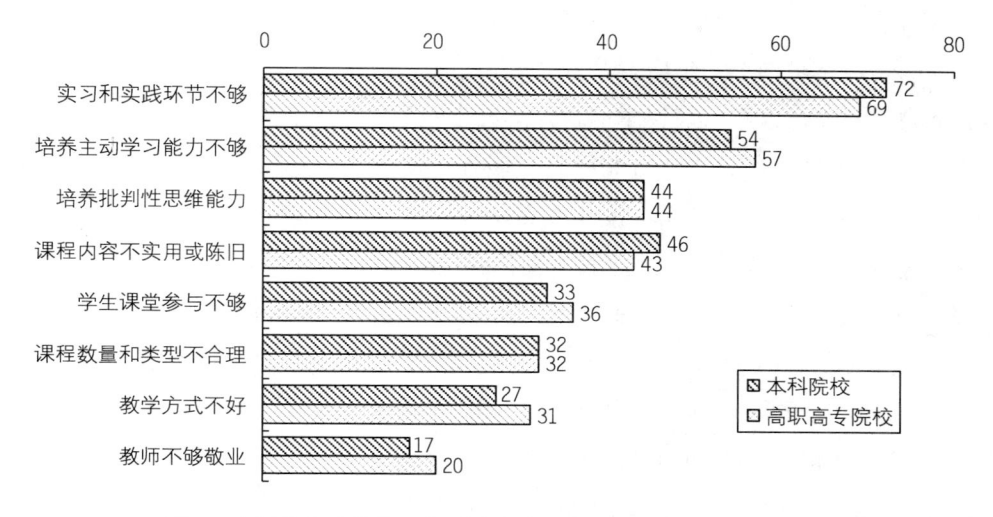

项目	本科院校	高职高专院校
实习和实践环节不够	72	69
培养主动学习能力不够	54	57
培养批判性思维能力	44	44
课程内容不实用或陈旧	46	43
学生课堂参与不够	33	36
课程数量和类型不合理	32	32
教学方式不好	27	31
教师不够敬业	17	20

图 7 大学毕业生毕业 3 年后认为专业教学中最需要改进的地方

(数据来源:麦可思研究院.2011 年中国大学生就业报告 [M].北京:社会科学文献出版社)

(四) 文化素质教育多有缺失

有的人思想深处的认识有所偏颇,容易把技能教育和文化素质教育对立起来,认为高职教育主要培养应用型技能人才,文化素质教育主要适用于本科院校,跟高职院校关系不大。有的片面理解"以就业为导向",认为高职教育就是技能教育,片面强调岗位技能和岗位的直接要求,或简单追求表面的就业率;还有的简单地把高职教育文化与企业文化等同,忽略了高职教育的教育属性,忽略了企业文化与教育文化的根本不同。在文化素质教育的具体实施中存在的问题还有:忽视高职教育特点,简单地把文化素质教育等同于人文课程,以为开设了几门人文课程,就是实施了文化素质教育;把文化素质教育等同于校园文化活动,用一些运动式的校园文化活动来代替文化素质教育[1]。高职院校文化素质教育工作存在的这些问题和误区,极大地影响和制约了高职院校人才培养质量,可以说高职毕业生就业质量不高、离职率偏高、职业上升空间有限等问题均与此有着内在的关联。

二、通与不同：类型特征

高职教育作为高等教育的一种类型，既具有高等教育的一般特征，也具有自身的特点。高职教育是一种重在培养高技能应用型人才的教育类型，它对"就业导向"、"职业能力"、"校企合作"、"工学结合"等办学特质的强调，使之明显区别于普通研究型高等教育，这种教育的"类型性"是高职教育文化内核建构的基质性因素，决定了高职文化的品性特征[2]。高职院校开展文化素质教育，关键是契合高职教育的类型特征，探索出一条适应技能型人才培养的文化素质教育之路。

在当前产业升级、社会转型条件下，高职院校首先应当更新技能型人才培养观念，把加强文化素质教育、提升学生综合素质作为提升高技能人才培养质量的重要举措和关键途径。英国全国职业资格证书委员会根据不同级别的职业岗位对职业能力的不同要求，将职业资格证书从低到高分为五个级别，级别越高，对于超越具体专业的基本能力的要求越高。德国在《联邦职业教育法》中规定，职业教育应当以职业行动能力为宗旨，关键能力是职业行动能力中的重要组成部分，它包括社会能力、方法能力和个性能力。美国强调"5+3"的职业能力培养模式："5"是指5种基本能力，即合理利用与支配各类资源的能力，处理人际关系的能力，获取并利用信息的能力，综合与系统分析的能力和运用各种技术的能力；"3"是指3项基本素质，即技能、思维能力和个人品质。由此可见，高职院校加强文化素质教育，首先应当更新技能型人才培养观念，完善学生能力结构，促进学生的全面可持续发展。我们认为，当前条件下，高职院校实施文化素质教育、推进文化建设，必须注意以下原则和路径：

（一）以经世致用为宗旨，明确目的指向

"经世"就是治理世事，最早出于《庄子》"春秋经世，先王之志"；"济用"是致用实践，最早出于《周易》"精义入神，以致用也"。这一思想应该在现代职业教育中得到传承和发扬光大。黄炎培先生认为，职业教育就是"用教育方法，使人人依其个性，获得生活的供给和乐趣，同时尽其对群的义务"。其旨有三："为个人谋生之准备"，"为个人服务社会之准备"，"为世界、国家增进生产力之准备"[3]。由此可见，职业教育具有经世致用的文化品格。高职教育应以服务为宗旨，以就业为导向，以职业技能为中心，走工学结合、产学结合的发展道路，根据产业和社会需求培养高技能人才。高职教育这种强烈的"实用性"特征，与其他高等教育类型存在明显的取向差异。

因此，高职院校在贯彻文化育人理念、推进文化素质教育时，应当首先明确文化素质教育的目的指向，突出"经世致用"的实用性特征，始终紧扣产业和社会需求，并以此为教育的文化品格。

（二）以开放融合为机制，构建运行模式

高职文化具有鲜明的开放性特征，这表现在教育教学的运行机制上。高职教育是一个开放性的运行体，政府、学校、行业、企业共同参与，形成了"政校行企四方联动"的运行机制；在高职教育功能界面上，力求改变传统高校教学与科研脱节、研究与应用脱节、人才培养与研发实践脱节等"两张皮"现象，实现"产（生产）、学（教学）、研（研发）、用（应用）"几方面的有机贯通和立体化推进[4]。"政校行企四方联动，产学研用立体推进"这种开放办学模式，使得我国的高职教育形成了有别于国内一般学科型大学的开放性文化品性。高职院校的文化建设和文化素质教育，要以开放融合为机制，适度吸收行业、企业以及其他文化的优质要素，并有效地加以化用和吸纳。对于吸纳行业、企业文化，要汲取其可用之处，比如职业素养、效率意识、团队精神等，但要避免简单照搬照用，因为教育文化和企业文化在功能、指向上有着本质的区别——企业以追求利润为旨归，教育以育人为根本。

（三）以因地制宜为路径，探索方式方法

高职教育及其文化具有鲜明的多样化特征，因此，高职院校的文化素质教育一方面应当兼容并蓄，将地域文化、行业文化、专业文化等方面的优质文化要素融入学校文化；另一方面，又要避免简单移植复制，而应结合地域、行业、专业的特点，因地制宜地加以推进和实施。首先，高职教育是为地方经济发展服务的，应该扎根于地方文化，突出地方性特色。其次，高职教育普遍对接行业、产业，铁路、石油、纺织、金融等不同类型的院校应突出行业文化和专业文化特色，把文化教育与行业、专业教育相结合。例如，汽车专业教育可与汽车的诞生、演变等汽车历史、汽车文化相结合，把专业教育与专业文化教育相结合。再次，高职文化素质教育要因校制宜，把理论教养与技能应用、职场文化和职业人文相融合，根据自身文化特色探索文化素质教育的路径与方法。比如，深圳职业技术学院以深圳第26届世界大学生运动会为契机，率先提出"建设志愿者之校"，把志愿者文化作为学校文化建设的一个抓手，引导师生传承和发扬大运志愿精神，运用专业知识服务社会、升华学校文化，同时也是实施文化素质教育的重要抓手。

总之，高职院校应当立足学校实际，根据区域社会经济发展及其行业、企业的需求，彰显高职文化的实用性、开放性和多样性，探索高职院校文化素质教育特定的内涵、理念、路径与方法，力避千校一面和格式化倾向，走出一条符合中国国情、具有高职教育特色的文化素质教育之路。

三、文化育人：回归教育本义

胡锦涛总书记在庆祝清华大学百年校庆上的讲话中指出，高等教育是优秀文化传承的重要载体和思想文化创新的重要源泉，要积极发挥文化育人作用，加强社会主义核心价值体系建设。中共中央在《关于深化文化体制改革 推动社会主义文化大发展大繁荣若干重大问题的决定》中明确提出，要以高度的文化自觉和文化自信，建设文化强国。文化是高校的灵魂，育人是高校的根本，文化育人的理念回归了教育的本质，以文化引领技能型人才培养是高职教育实施文化育人理念的根本要求，也是高职教育文化自觉的体现。

（一）文化引导人类走向道德理性

中国古语讲"惟人万物之灵"；莎士比亚讲"人是宇宙的精华，万物的灵长"；即使《圣经》里也曾讲"人只比上帝微小了一点"。象形化是汉字的特点，早期汉字"文"字（图8）实际上就是一个人，一个具有一定文明程度的人，这个人穿了一点衣服，戴了一点修饰，比单纯的汉字"人"（图7）更加有了一点文化，增加了文明的程度。这样一个观念在西方也有类似的表述，亚当、夏娃原来是赤身裸体的，吃了智慧树上的果子以后，眼明心亮，有了羞耻感，发现自己没穿衣服不好看，就用树叶遮挡了自己的身体，这就开始了人从野蛮迈向文明的进程，渐变成文明的"人"。这个从野蛮到文明的过程就是文化的"文"。汉字的"化"（图9）则由两个"人"字组成：一个站着正立的人，一个头朝下倒立的人，或者说一个正常发展的人，一个用头走路的人；这所表现的两种分化、两种取向就是"化"。

从上述词源学的角度我们可以对"文化"的本义做出一定的诠释。现代以来，中外学界对文化的理论定义有多达两百多种，但似乎并没有一个让世人公认和普遍满意的结论。那么究竟什么是文化？我认为，简言之，文化即"人化"，文化的本质就是人的发展。人的发展有两种可能，每个人身上都有这两种发展（变化）的可能：一是正向发展，走向道德理性和真善美；一是负向发展，走向堕落、欲望和假恶丑。所以

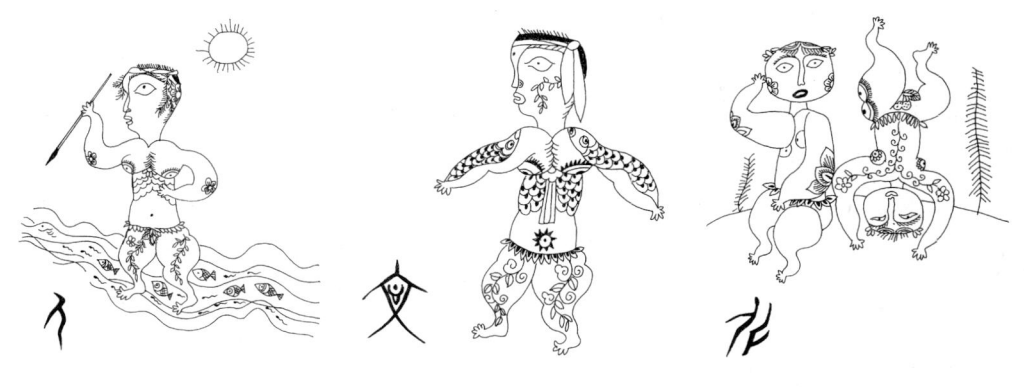

图7 汉字中的"人"　　　图8 汉字中的"文"　　　图9 汉字中的"化"

《三字经》讲"人之初，性本善"，而荀子却讲"人之性恶，其善者伪也"。善与恶在我们人身上是两种固存和固有的基质，它导源了善恶两种不同的发展可能。文化是要引导人的正向发展，引导人走向道德理性、走向真善美，摒弃人身上的堕落、欲望、假恶丑、自私、懒惰、暴力、虚荣、愚妄、执拗、空想、自满、奢侈、嫉妒、轻率等。由此可见，文化的本质就是以"文"化人，以正向价值引导人的发展。

（二）文化育人是教育的根本理念

在社会急剧转型的今天，我们特别需要以理性精神重新反思我们近几十年来的教育，以历史眼光审视教育的本义，以积极的心态去实践文化育人。1989年邓小平同志会见来访的乌干达总统穆塞韦尼时讲了一句非常重要的话，他说："我们在10年中最大的失误是在教育方面发展不够。最重要的是在发展和提高人民生活水平的情况下，没有告诉人民和共产党员要保持艰苦奋斗的传统。我们经过冷静的考虑，认为这个问题比通货膨胀等问题更大。"[5]20多年前，小平同志就讲了这个话；20多年后我们再看小平同志的话讲得多么精辟、多么高瞻远瞩。小平同志在这里讲的教育问题主要是指社会教育问题，这是一个比较沉重的话题，也是当前比较严峻的问题。经过三十多年的改革开放，中国经济发展成就举世瞩目，已成为世界第二大经济体，但却出现了精神发展与物质发展脱节、人的本能欲望与人的文化自律脱节所带来的许多社会问题。"文化大革命"冲垮了传统的道德体系；而近二三十年来的经济发展、拜金主义，又对中国人的精神世界进行了狂风暴雨般的冲击，在一定程度上导致了功利主义猖獗，而思想教育和道德体系的建设未能完全与时俱进。在此情境下高校往往也不能独善其身，功利主义侵蚀了大学，就将导致大学精神的扭曲变形。

教育界在十几年前就大声疾呼文化素质教育，现在国家又提出了增强文化自觉、建设文化强国的战略任务，并将文化育人作为增强高校文化自觉与文化自信、建设文化强国的重要举措。文化育人实质上就是文化自觉的教育体现，其本质在于要以人类文化的正向价值为导引，教化人走向道德、理性、真善美，培养人健康全面发展，努力使每一个受教育者成为社会文明的积极参与者和建设者。当前，高职教育已占中国高等教育的半壁江山，高职院校应当增强自身的文化自觉，彰显教育本义，把文化育人作为技能型人才培养的根本理念，以文化引领技能型人才培养，从而为社会培养出更多更好的高素质高技能应用型人才。

参考文献

[1] 刘洪一. 误区与路径——高职教育中的文化素质教育问题 [J]. 中国高教研究，2011，(2).

[2] 刘洪一. 中国特色高职文化的建构与实践 [J]. 中国高教研究，2008，(12).

[3] 中华职业教育社. 黄炎培教育文选 [M]. 上海：上海教育出版社，1985：59.

[4] 刘洪一. "官校企行"四方联动"产学创用"立体推进——关于高职教育有效运行机制的思考 [J]. 高等工程教育，2009，(3).

[5] 人民网. 1989 年 3 月 23 日 邓小平说 10 年改革最大失误教育发展不够 [DB/OL]. http://www.people. com. cn/GB/historic/0323/939. html.

人文教育：回归本体功夫

张祥云

提　要　人文教育普遍存在着知识化和科学化倾向。其原因在"思想方式"上表现为主客二分的"对象化"认识范式——即把"人与世界"的关系仅仅用"主体—客体"的二分结构去对待和处理，用这种对象化思考范式去探索和处理所有问题。人文教育要解决这个问题，就必须在思想上超越构成论，回归生成论；超越认识论，回归功夫论；超越脑力，回归心力；总之，超越对象化，回归本体性。

关键词　人文教育、对象化、本体功夫

作者简介
张祥云，深圳大学高等教育研究所所长，教授

一、现象

当今的人文教育存在很多问题。从教师这方面说，由于普遍强调"客观"、"科学"的态度立场，教师们常常有意或无意地把自己与研究对象或思考对象完全分离开来，常常将人文学术领域中的观念和问题与自身切己的精神世界分离开来，而且把这种态度当成必要的、必需的态度。在教学过程中，人文教师们普遍满足于自己的"经师"角色和责任，将学生对象化，自认为能对学生的逻辑能力、分析能力有所培养就已经是很优秀负责的教师了。将教学内容对象化，习惯地把人文理论和学说当成人文问题的"对象化结论"，又"对象化地"对待和处理着这些"对象化知识"。人文学科普遍被教成了记诵之学和辩论之学。在研究过程中，把人文知识仅仅当成学术对象去对待，把人文问题仅仅当成学术问题去处理，纠结于概念解析和逻辑论证，以致教小说和诗歌的人往往只会当评论家、理论家，却当不了小说家和诗人；教历史的人往往不懂以史为镜；教哲学的人往往自己却不善思考；文、史、哲成了职业化的"工作"而已。教师的普遍心态是为生存而教，为生存而学，为生存而研，其本身并没有成为内在

生活的一部分。从学生这方面看，学生们普遍把文、史、哲等诸多学科当成与自己生活毫无关系的抽象系统，只需死记硬背、鹦鹉学舌、应对考试得学分即可。学生呈现的普遍情况是上课记笔记，课后下载教师课件，或者不上课就复印笔记，转载课件，考前背笔记，考完就忘记。接触到的人文知识与个人的生活、生命经验、社会现实没有形成自觉关联。生吞活剥的人文概念、原理滑过心灵的消化系统，宛如拉肚子，什么营养也没有留下就"溜走了"，甚至在记忆系统里也被删除得干干净净。对象化的思考方式已形成人文教育领域的集体无意识习惯，使教育堂而皇之地远嫁给了"他者"而自我"失身"，以至于教育丢了"心"，不姓"人"。人文教育问题之根本解决，必须从超越对象化思考范式入手才是治本途径。

二、超越对象化

面对教育的"失身"，面对教育对"人"的背叛，我们不仅要从现实的教育政治化和教育市场化力量去找原因，还必须从思想层面找内在原因。从"思想内容"去考察，很多学者认为是社会本位论的教育哲学导致[1]，这大体没有错。但如果从更深层次的"思想方式"的集体无意识去考察，社会本位论似乎还不是最深层的。教育之"失身"，首先是人文教育"失身"；教育之不姓"人"，首先是人文教育不姓"人"。从人文教育层面看，更深层次的原因就在于，"思想方式"上把人与世界的关系仅仅看成是主客二分的对象化和外在性关系[2]，用这种对象化思考范式去探索和处理所有问题，包括人与自身、人与人、人与社会的内在文化和精神关系的问题。这就会导致人文教育哲学和方法论的"外在化"和"对象化"倾向。著名哲学家张世英先生在其《哲学导论》中深刻清晰的论述，对于我们思考人文教育的这个深层次问题极富启发性。在中西思想史上，关于人与世界的关系，一种主导性观点是：

> "把世界万物看成与人处于彼此外在的关系之中，并且以我为主（体），以他人他物为客体，主体凭着认识事物（客体）的本质、规律性以征服客体，使客体为我所用，从而达到主体与客体的统一。西方哲学把这种关系叫做'主客关系'，又叫'主客二分'，用一个公式来表达，就是'主体—客体'结构。其特征是：（1）外在性。人与世界万物的关系是外在的。（2）人类中心论。人为主，世界万物为客，世界万物只不过处于被认识和被征服的对象的地位，这个特征也可以称为对象性。（3）认识桥梁型。意即通过认识而在彼此外在的主体与客体之间搭起一座桥梁，以建立主客的对立统一，所以有的

西方哲学家把主客关系叫做'主客桥梁型'。半个世纪以来,大家讲哲学原理,一般都是按照主客关系来讲人与世界的关系。"[3]

因为一味地按照主客关系的对象化和外在性来思考社会人生,也就无形之中形成了思想方式的集体无意识。这种集体无意识逐渐"漫漶","主体—客体"式的弊端越演越烈。人们越来越把主体与客体看成彼此外在之实体,也就越来越崇拜那个超乎感性的独立永恒的概念王国,人文学科变成概念系统,人文教育变成概念解析,这种形而上学的魔咒把人文教育最终引向了脱离现实、脱离人生的苍白乏味的境地。随着人们越来越把主客二分的对象化、外在性思考范式抬高到唯一的、至尊的地位,人们理所当然地浸淫其中而不可自拔,以至于将其变成一种所谓"时代精神",把什么都当成外在对象——无论物质还是心灵,无论事物还是事情,一并企图"科学地"解释和解决。这种霸道的对象化思考方式用对待物质的方式来对待人,用对待外在的方式来对待内在,最终把"人"嫁给了"非人"的"他者"而懵然不知。这正是教育尤其是人文教育异化的思想根源。要让人文教育回到"人","对象化"的途径无疑适得其反。我们必须寻求另一种思考方式,另一种对待态度才有出路。这条出路就是,把人与世界万物(包括他人)的关系看成血肉相连的"非对象化关系"。"人与世界万物是灵与肉的关系,无世界万物,人这个灵魂就成为魂不附体的幽灵;无人,则世界万物成了无灵魂的躯壳。"[4] 张世英先生称这种"融合关系"为"自我—世界"结构,以区别"主体—客体"的"对象化结构",他把这种关系结构的特征也归结为三点:

> "(1)内在性。人与世界万物的关系是内在的。人是一个寓于世界万物之中,融于世界万物之中的有"灵明"的聚焦点,世界因人的'灵明'而成为有意义的世界,用中国哲学的语言来说,这就叫做'人与天地万物一体'或'天人合一'。(2)非对象性。人是万物的灵魂,这是人高于物的卓越之处,但承认人有卓越的地位,不等于认定人是主体,物是被认识、被征服的客体或对象,不等于是西方的人类中心论。在'人与天地万物为一体'的关系中,人与物的关系不是对象性的关系,而是共处和互动的关系。(3)人与天地万物相通相融。'生活世界'是个整体,此世界是人与万物相通相融的现实生活的整体,不同于主客关系中通过认识桥梁以建立起来的统一体或整体,那是把客体作为对象来把握的整体,用哈贝马斯的话来说,后者叫做'认识或理论的对象化把握的整体',前者叫做'具体生活的非对象性的整体'。"[5]

显然,这种内在性的、非对象性的、相通相融的"自我—世界"结构,要比"主体—客体"的对象化结构更符合生命的真实状态，更符合人文世界的真实状态。因为生命就意味着关系，意味着必须与别的生命和周遭环境进行能量和信息转换才能存在并产生意义。总是孤立孤独的生命不仅不能存在而且没有意义。作为高级生命形态的人，特别需要处理其思想、精神和灵魂等特殊问题，而这些内在的特殊问题对意义和价值又特别讲究。以人文文化见长的中国传统文化，从一开始就是立足生命世界和精神世界而进行着数千年绵延不绝的思想探寻。因此，当代的人文思想和人文教育必须从中国传统文化中汲取生命智慧。张世英先生融通中西智慧，认为人与世界的关系存在三个阶段：

"第一个阶段是不包括'主体—客体'在内的'天人合一'，即是说，这种天人合一的观点缺乏（不是说完全没有）主客二分和与之相联系的认识论，这种原始的天人合一观称为'前主客关系的天人合一'或'前主体性的天人合一'。第二阶段是'主体—客体'，这是西方近代哲学的主导原则。中国自鸦片战争以后，从19世纪末到20世纪初，一批先进思想家们所介绍和宣传的，就是这种思维方式。第三阶段是经过了'主体—客体'式思想的洗礼，包含'主体—客体'在内而又超越（扬弃）了'主体—客体'式的'天人合一'，称之为'后主客关系的天人合一'或'后主体性的天人合一'。"[6]

我们的人文教育哲学和方法论应该以"后主客关系的天人合一"观为基础，走出依附西方思想的魔咒，从华夏民族的思想传统中批判地吸取"前主客关系的天人合一"观的宝贵资源，返本开新，超越对象化，回归本体性，使当代的人文教育思想和践行承继中国人文智慧，勇立华夏思想之"言"。全球化时代的中华人文教育，既要兼收并蓄向外开放，又要"认祖归宗"向内开放；既要让人文教育重新姓"人"，做融通世界的"人"，又要保留华夏"龙的传人"的人文血脉。

三、回归本体性

在中国传统经验和智慧中，教育就是"人文化成"，就是人文教育，就是以人为本、从人出发、立足生命特性的教育。人文教育回归本体性，实际上就是回归生命性，回归人性。本体性即人性。接下来，我们试图从中西思想的比较中深入体会具有中国味道的"本体性"之涵义及其人文教育意义。

从现代性维度看，"西学"中的本体概念是指现象界背后的宇宙本根和终极实体，人可以通过理性的认识和推理获得其对本体的确定，并逐步推演出认识体系。必须指出的是，西式的"本体"终归是个"实体"，只不过是"本根"的"实体"而已。这样的"实体"也就逻辑地成为了认识论的对象。"对象化思维"的合法身份就此强化并得到扩张性延展。"中学"里的本体范畴则异于"西学"，它虽有"宇宙论"涵义，却更有"心性论"的界说。也就是说，"中学"的本体具有人的内在"虚空"的心性特点，不是指外在物质的终极实体。"西学"的本体概念更多源于其宇宙论——从外在物质一门入径，"中学"的本体范畴则更多源于心性论——从内在心性一门入径。如果从思想道路上说，"西学"的本体论思想路线是"宇宙即吾心"——由科学而人文，以科学为基准；"中学"的本体论思想路线则为"吾心即宇宙"——由人文而科学，以人文为依归。强调外在物质实体，本体论就自然以对象化的、主客二分的、二元对立的"认识论"为追随；看重内在心性虚空，本体论就自然由非对象化的、天人合一的、民胞物与的"功夫论"为效验。物质实体的本体性，是既存的存在，是不变的客观性，是等在那里由着我们去猜的固定规律，我们可以通过对象化方法认识和把握之。不管我们是否猜到，它都静静地在那里运行着。心性（精神）虚空的本体性，却不是既存的存在。尽管具有先天性和普遍性，但逻辑的"先在"却只能经过后天的"修证"才能得到展示，以检验和确认其真实性和可靠性。我们如果不下功夫，其可能性就不会浮出现实性的水面。中国思想中的"天理"、"良知"实际上就是对同一心性本体浮出水面的不同表述。从本体的认识差异，我们可以领略到中国思想的人文起点和古希腊思想的科学起点之不同入径带来的各异思想风景。

从人文的维度看，回归"中学"传统，对所谓本体的追寻就必然超越对象化的认识论路径，而生发出功夫论的路线和阶次。与认识论门径大为不同，功夫是证验本体的必然路途，在某种程度上甚至直接决定本体的显露与否和真伪与否。孔子著《春秋》时所坚持的"我欲载之空言，不如见之于行事之深切著明也"[7]，正是以具体的"行事"来深切著明他对社会人生的普遍性蕴涵，这里下的就是本体功夫。熊十力曾经与冯友兰有段对话，很有意思。熊十力批评冯友兰："你怎么把王阳明的'良知'讲成假设，怎么可以当做一个假设来讲呢？"冯友兰就反问："那你说该怎么讲呢？"熊先生说："良知不是假设，是呈现。"[8]这里很典型地彰显了两种不同的思想入径。冯先生受西式学问影响，注重脑力的知识论证明，强调知识论上是否站得住脚，而熊先生则坚持还原中国学问传统，注重心力的功夫论体悟，强调个体自身对道理的切己验证和收获。比较中西思想传统，此本体非彼本体。西式之本体论与认识论相对应，中式之本体论则与功夫论相对应。所以古代大儒才说，"有功夫才有本体"，"有真功夫才有真本体"（清代李二曲）。"中学"向来强调实修实证的"心""行"主导，而不沉迷于逻辑的、对象化的、大脑认识层面的系统化论说。诚如马一浮先生所说，"但说取一尺，不如行取一寸"，"日用间随处自己勘验，方是功夫"[9]。

中国古代大儒在人文教育中，十分强调本体与功夫的双向互动关系："如果执著于功夫，却忽略其明心性的旨归，则功夫亦是枉然；如果孜孜以求本体，却缺乏功夫的实修实证，那就流于空疏。所以，既要修此本体之功夫，又要证此功夫之本体。"[10] 用马一浮先生的话说，"全性起修，即本体即功夫；全修在性，即功夫即本体"[11]。不离本体的功夫包括不同形式，其展开亦呈现阶段性和层次性，本体不断向主体敞明其意义，获得境界的提升和认识的觉悟。从本体说功夫，本体范导功夫的取向和路线；本体在功夫展开前，还是可能性存在，只有在切己深入的修证实践过程中，本体才由可能性、潜在性转变为现实性、显在性，生成出具体而丰富的深刻内容。所以古人说，"心无本体，工夫所至，即是本体"[12]。中国古代人文大师在人文教育和切己修证过程中，有的主本体，有的主功夫，举例说，周敦颐主静，即是本体；程伊川主敬，即是功夫。入径不同，殊途同归。功夫与认识不同，认识以脑为主导，功夫以心为主导；认识走向纯思，功夫走向践行；认识强调抽象普遍性，功夫强调具体切己性；科学世界里问题的解决，认识论主导，功夫论辅之；人文世界里问题的解惑，功夫论主导，认识论辅之。我们提出人文教育要回归本体性，就是此意。

近代以来，我国学界产生了学院哲学，而学院哲学主导了学校人文教育的方向。学院派的哲学家们热衷于西方的本体论、认识论，而很少讲实践功夫，所以人文教育大多满足于或者驻足于知识论层面，致使"对象认知"没有回到"存在认知"（即"本体认知"）。知识论层面的人文教育变成了"练脑"的教育，而不是"哺心"的教育。"脑"的逻辑不可能为心营造踏实的安顿处；不顾"心"的脑力无论多么勤劳，因不能"转识成智"，也会落得个脑心分裂，身首异处。而心灵必以一定的方式存在，这种存在当然不是知识论的，而是存在论的。蒙培元先生就深刻地指出，心灵存在的方式不是概念而是境界。知识论的概念必须变成存在论的境界才获得生命的意义。冯友兰所谓"概念即境界"，当是如此意蕴。境界是一种存在、一种状态；是存在和价值的统一，是情感与理性的统一。只"纯思"而不"情思"就达不到生命的智慧境界。心灵不是实体，而是活动；以其活动显示其存在，这种存在就是境界。活动即存在，存在即境界，反之亦然。所以蒙培元先生说，中国思想不是"本质先于存在"，也不是"存在先于本质"，而是"本质即存在"[13]，本质与存在不可分。中国的本体论是生成论，而非构成论。"理性不是纯粹的形式，而是有经验内容的，是具体理性，不是抽象理性。它需要'辨名析理'式的分析，但没有在这条分析的路上一直走下去，因而，终于没有产生出西方式的理性哲学，而是沿着直觉的方法，通向了艺术化、诗性化的哲学（其中有情感因素）。其根本原因就在于，中国哲学始终关心的是生命问题，而生命问题是很难用概念分析、逻辑分析所能解决的。但这并不是说，其中没有理性的成分。"[14]

可见，面对从生命问题而来的这个本体，如果不讲本体的践行功夫，不把脑力问题转换为心力问题，不把认识问题转化为境界问题，教育的本体目的就会落空。不追求存在论意义的境界，心就变成游荡的魂。

人文的本体性必然要求人文教育以追求境界为旨归。

参考文献

[1] 鲁洁. 教育的原点：育人 [J]. 华东师范大学学报（教育科学版），2008，（4）.

[2][3][4][5] 张世英. 哲学导论 [M]. 北京：北京大学出版社，2002：1，3，4，5.

[6] 司马迁. 史记·太史公自序，二十五史（第一卷）[M]. 北京：中国文史出版社，2002：332.

[7] 韦政通. 我治中国思想史的经验 [J]. 武汉：华中师范大学学报，2007，（4）.

[8][9] 马一浮. 马一浮集（第一册）[M]. 杭州：浙江古籍出版社，浙江教育出版社，1996：555，558.

[10] 许宁. 马一浮的本体功夫论 [J]. 西安电子科技大学学报，2004，（3）.

[11] 马一浮. 马一浮集（第一册）[M]. 杭州：浙江古籍出版社，浙江教育出版社，1996：121.

[12] 黄宗羲. 黄梨洲先生原序，明儒学案（上）[M]. 北京：中华书局，1985.

[13][14] 蒙培元. 中国哲学的方法论问题 [J]，哲学动态，2003，（10）.

高职教育文化的反思与建构

刘兰明

提要 本文以理论与实践相结合的视角，对高等职业教育的文化建设进行了全面系统的论述，广泛涉及高等职业教育的文化本质、文化定位、文化构建以及文化实践。

关键词 高职教育、职教文化、文化构建。

作者简介
刘兰明，北京工业职业技术学院副院长，教授

高职教育的文化建设，从理论到实践层面都有一些问题需要进一步厘清，本文主要从四个方面谈些认识：一是高职教育文化本质，二是高职教育文化定位，三是高职教育文化建构，四是高职教育文化实践。

一、高职教育文化的本质——一个原点

没有文化支撑的国家难以成为强国，没有文化支撑的大学难以建成名校，没有文化支撑的高职教育也难以做大做强。高职教育目前正经历着一场涉及办学理念、人才培养模式、管理制度等深层次的教育教学改革，这实际上也是高职教育文化的一场革新。高职教育需要主动地走向文化自觉，进行自我思考、谋划和建构，逐步形成自己独立的精神文化品格。

高职教育文化，是高职教育本质的特征。从"文化"一词的来源来看，它主要的意思是指对人施以文化的教化，把人培养成有教养、明道理的人的过程。它是与人的内在教养、德性、品行等联系在一起的。

作为文化活动的教育，育人应该为第一要义。不同形式的高等教育是人们对自身发展方式的不同

选择，虽然其间存在差异，但都是为了实现人的全面发展，实现个体发展与社会发展的和谐统一，这也是高职教育文化的原点。高职教育文化的本质就是文化育人。

黄炎培先生在论述职业教育的价值时，提出的第一条就是"谋个性之发展"，这说明职业教育绝不能偏离促进人的全面发展的终极目标，必须以人为本，促进个性的发展，使培养的劳动者既有健全人格，又有才华技艺。培养出的职业人才应富有个性、敢于创新、适应社会，能为社会做出贡献，而不是单纯地具有一技之长。

二、高职教育的文化定位——两重属性

高职教育的文化是一种新型的文化，如何去厘定其文化特性，需要从高职教育的属性追问。只有从高职教育的本体性出发，才可以真正回归其本真，才可以真正兼顾起其文化使命，才可以得到社会的文化认同。

高职教育是我国高等教育的重要组成部分，也是我国职业教育的高等阶段，具有高等性与职业性的双重属性，其中职业性是其类型特征，高等性是其层次定位。那么高职教育文化的定位则需要彰显两个属性的要求，以形成大学学术文化与职业技术文化双重文化特色。

高等性决定了高职教育文化是高等教育的层次定位。高职教育是高等教育的组成部分，决定高职教育文化需要遵循高等教育文化建设的规律，需要有高等教育的文化内涵。

按照美国教育家约翰·S. 布鲁贝克提出的大学是研究"高深学问"的场所的说法，高职教育也必然涉及有关学术研究，只不过其研究"高深学问"的侧重点不同，以此凸显其作为高等教育的存在价值。而高职教育文化也要倡导大学文化的学术自由、大学精神、科学精神、人文精神、人格独立等。

职业性决定了高职教育文化是职业教育类型的界定。高职教育的职业性决定了高职教育文化要遵循职业教育文化的建设规律，需要有职业教育的文化内涵。

职业性决定了高职教育文化要融进更多职业特征、职业技能、职业道德、职业理想和职业人文素质，更注重适应社会、融入社会，追求学校文化与企业文化有机交融、学术气氛与实践氛围相辅相成的职业教育文化。

三、高职教育的文化建构——三层纬度

任何文化都是时空条件的产物，受到周围环境的影响，具有一定的文化积累。

从主体维度上看，高职教育文化是一个增强高职教育文化主体自觉性与创造性的过程。从空间维度上看，高职教育文化是一个塑造高职教育兼容性与独立性文化品质的过程。从时间维度看，高职教育文化是一个动态性与发展性的过程，是一个延续传统文化血脉、丰富现实文化并孕育创新文化的过程。

（一）从主体维度来讲，需要注重文化自觉与创新精神

现在高职教育文化尚处于文化缺位的状态，社会认可度较低，需要高职教育主体的文化觉醒——重新认识高职教育独特的价值，激发高职教育校长、教师、学生等主体的创造精神和创造热情。在此前提下，高职教育文化才可以真正形成并自立于世。

高职教育的主体不仅仅包括校长、教师及广大学生，还包括高职教育行政管理部门和社会广大企业。所有主体必须摆脱传统思维方式下对高职教育的理解，明白高职教育的来历、形成过程、自身特色和发展趋向，最终共同建立一个大家认可的高职教育文化价值观。

高职教育文化创新，实际上就是高职人不断反思、不断调动积极性的过程。因此，"人"是第一位的要素。要实现高职教育的文化创新，就要激发高职教育主体的首创精神，调动高职教育人的创造热情。

（二）从时间维度来讲，需要注重文化传承与创新

高职教育文化需要从历史传统中挖掘，实现历史性与前瞻性的统一。

传统上要注重挖掘高职教育文化的传统资源。因为高职教育也是根植于自己的文化土壤，是长期形成发展起来的。

现实上应该注重注入高职教育文化以时代元素。高职教育的文化要与时代精神相结合，要注重以人为本、突出能力、服务发展等独具时代特色和高职特色的精神要义，要融入到时代发展体系中。

目标上应注重孕育高职教育文化创新的萌芽。要在实践中进行理论创新、制度创新，逐步形成一个高职教育的创新文化圈，并充分整合、优化各种文化资源，最终孕育出高职教育文化创新的萌芽。

（三）从空间维度来讲，需要注重文化气质与结构

从空间维度看，高职教育文化具有多层次性、互动性、整体性特点，高职教育文化的形成过程就是其对各种异质文化不断汲取与借鉴，兼容其他各种文化之优长的发

展过程，是形成多层文化结构的过程。这就需要有：

1. 包容的文化气度——融合企业文化、职业文化元素

高职教育文化建构的过程就是一个融合多种文化的过程。高职教育文化发展处于与各种文化博弈的状态。

2. 独立的文化气质——吸纳行业、区域文化元素

高职教育具有鲜明的行业性与区域性特征。高职教育文化建构需要在吸纳区域文化、行业文化元素的同时充分挖掘、凝练、丰富自身的文化内涵，形成高职教育独立的文化气质。

3. 多层的文化结构——形成五个层次的文化圈层

高职教育文化的结构应是一个由精神文化、制度文化、物质文化、行为文化和学术文化五个层面综合而成的圈层。因此，高职文化建构也应主要从这五个层面着手。

四、高职教育文化实践——四对矛盾

矛盾存在于任何事物的发展过程中，而高职教育文化的发展过程就是各种新旧文化之间的矛盾冲突、调整、整合、更新的过程。因此，认真检视高职教育现有文化中存在的问题，应是高职教育文化建设的必由之路。

（一）校园文化与高职教育文化

目前，高职院校的文化建设更多停留在校园文化层面上。学校在校园文化载体的选择上过分强调"课外活动"，认为让学生从事文体活动就是在搞高职教育文化，这说明学校还未真正领会高职教育文化建设的精髓与实质。

高职教育文化是所有高职院校所具有的类型文化，其组织主体、组织形式、组织规范、组织活动等都具有其自身的文化内涵，它涉及高职院校办学理念、院校精神等精神文化，还涉及制度文化、行为文化及物质文化、学术文化等方面。因此，校园文化与高职教育文化是分属不同层位的概念；校园文化是高职教育文化的实现载体，高职教育文化蕴含校园文化。

（二）文化雷同与文化创新

恰当模仿是一种学习，但如果一味地模仿和照搬照抄国外经验、普通本科或者企业文化，就会失去自我，可能沦为"假洋鬼子"、本科的"压缩"或企业的"职业介绍所"。

高职教育应从自身独特属性和特定文化背景出发，勇于进行文化创新，形成自身特色文化。

(三) 技能文化与人文文化

一般认为，高职教育培养的是面向一线的高技能人才，但过分强调高职教育以就业为导向，一味强化职业技能训练，就会导致高职教育的人文文化被削弱。

技能文化追求"合规律"，属于工具理性，教学生"做事"；人文文化追求"合目的"，属于价值理性，教学生"做人"。

(四) 文化零碎与顶层系统设计

目前，高职教育文化实践中，文化建设仅仅是局部的，无序的，甚至是支离破碎的。高职教育文化建设的内涵狭隘，或仅仅搞物质文化建设，或只做几次讲座，搞几次活动，导致高职教育文化建设实践的空泛、虚化、散乱无序。因此，高职教育文化需要从顶层运用战略思路进行整体设计和战略运筹，从使命、愿景、精神文化、制度文化、物质文化、行为文化、学术文化对高职教育进行系统的文化设计。

上述观点主要基于个人对文化建设的一些粗浅理解和认识。作为一名高职教育研究者和实践者，我衷心希望高职教育步入健康、持续、充满活力的良性发展轨道。尽管目前高职教育经过了多年、持续的大发展，取得了一系列令人瞩目的优异成绩，但如果在社会上一提到高职院校，人们就认为它是简单地培养技能和手艺的地方；一提到高职教育，就觉得他们培养的学生动手还行，动脑就有问题，这可说是高职教育的一种悲哀！在这个意义上，应当说，高职教育没有文化就没有未来！

文化育人：让高职教育更有底蕴和张力

张 健

提要 文化育人，即以文化传播为手段培养人、教育人的活动。其价值有三：一是对高校办学职能的丰富和补充，二是对育人内容和路径的规范，三是提高高职教育质量的诉求。但当下的高职教育对文化育人办学职能却有所偏离，表现在：职业性的强化与高等性的贬逐；工具性的兴盛与人文性的式微；实利性的凸显与发展性的消泯。高职教育文化育人的实施路径需要从指导理念、实现手段和特色创生即以理念转向——高职文化育人的辩证视野、课程改革——高职文化育人的根本保障和文化嫁接——高职文化育人的特色路径几方面进行总体设计。

关键词 文化育人、高职教育、底蕴和张力

作者简介
张健，滁州职业技术学院职教研究所所长，教授

一、高职文化育人的意涵与价值

对文化概念的解读，见仁见智，多有不同。厦门大学的王洪才教授认为，"文化指一个社会共同体所拥有的基本价值观念和行为方式的体系"[1]。王小平女士认为"文化是人类或一个民族的世界观、人生观、价值观、思维方式、行为方式等所构成的最深层的软件系统。文化是人类或一个民族的 DNA，是每个人的第二 DNA"[2]。可以说，文化是熔铸我们民族的生命力、创造力和凝聚力的精神血脉。文化育人，即以文化传播为手段培养人、教育人的活动。文化本身就内在地蕴含了教育的意义。张曙光教授指出："作为动词的文化，是指人陶冶、教化自身的现实活动。文化是人的有意识的生命符号化表现。"[3]文化育人的目的在于，为学生的发展和终身幸福奠基，为他们的成长打下丰厚的精神底蕴，帮助他们抵达心灵的远方，使他们在时代发展、社会进步、经济转型、职业频变的动态演进的社会环境中更具适应的弹性和张力，以驾驭自己的生命之舟驶向理想的人生彼岸。

但对"文化育人"概念的明确提出和强调，似应是新近的事。从传统的教育方针看，强调德、

智、体、美、劳全面发展,并没有文化的事;从高校的办学职能看,一直以来都是强调培养人才、科学研究、服务社会三大职能,也没有文化的份儿。这与文化的地位和价值是不相适应和有失偏颇的。当今时代,"文化"已成为理解当代人类生存方式及其嬗变的"钥匙"。尤其是"在多元文化与文化一元一体化博弈日益激烈的今天,中国文化应该唤醒文化自觉,拿出文化自信,实现文化自强"[4]。因而文化育人概念的提出时逢其机、顺理成章。对文化育人概念的价值解读,可以从以下三个维度入手。

(一) 文化育人是对高校职能的界定与丰富

传统的高校办学职能是培养人才、科学研究、服务社会。胡锦涛主席2011年在清华大学百年校庆讲话中指出,"高等教育是优秀文化传承的重要载体和思想文化创新的重要源泉。要积极发挥文化育人的作用",把提高高等教育质量"始终贯穿高等学校人才培养、科学研究、社会服务、文化传承创新各项工作之中"。文化传承创新或文化育人,遂成为高校办学功能的重要一维。"教育是人类在长期的社会实践中传承文化知识和经验等的一种方式和手段。文化是教育的内容,教育是传承文化的工具。几千年来,中华民族饱尝艰辛、历经磨难而生生不息、绵延不绝,其生存之根、力量之源就是那不朽的传统文化精神。它使中华民族的精神血脉得以薪火相传。"[5]文化传承创新或文化育人是对高校办学职能的丰富和补充,它的加盟使高等教育的办学职能更加全面、完善,有利于高等教育在传承人类文化、建设先进文化、推进文化创新方面自觉担当,发挥更大的作用。高职教育作为高等教育的重要类型,自然不能置身其外。

(二) 文化育人是对育人内容和路径的规范

文化既是育人的内容,也是育人的途径。首先,作为育人的内容,文化是人类创造的文明成果和精神财富的集成。文化的学习可以使人接受人类文明的滋溉,了解民族文化的丰厚底蕴,并在这一文化延传中找到自己的"根"。同时,文化的传承还可以提振民族自信心、培养民族自豪感、增强民族凝聚力,使我们的民族在延传不已的文化环境中自强不息,生生不已。而且,在学习和汲取优秀民族文化的过程中,每一个人都被陶冶和润育,接受民族优秀的文化基因的熔铸,使自己在成长过程中脱颖成一个大写的、文明的"人"。其次,作为育人的途径,文化育人是以文"化"人,"文化是人的文化,人是文化的人",文化的传承和接纳是高职教育的题中之义和必然路径。文化育人路径是高职教育为实现培养目标而选择和遵循的必然路径。高职教育既需要走"能力本位"的培养之路,也需要走"文化立人"的发展之路,二者路径连通,相互施以援手,才能真正抵达高质量培养人才的目的地。

(三) 文化育人是提高高职教育质量的诉求

高职教育是培养"高端技能型人才"的教育。人才是一个立面的概念。对高职人才而言,既要有高端技能,又要有文化底蕴,才是一个完整的人,一个高职教育所培养出的健全的人。而当下的高职教育,由于过于强调能力的培养,忽略文化育人的倾向明显,培养出的多是有思想、没文化或文化贫弱的"单向度"的人,造成了人才培养质量的低下或异化。我们固然不能把高职学生培养成有文化、没技能的学科化的人(事实上也培养不成),也不能矫枉过正,把他们打造成有技能、没文化的"工具人"、"机器人"。因而文化育人观念的提出,有助于我们矫正和防范高职教育过度职业化的倾向;有助于我们在平衡统一的辩证理念指导下,正确处理技能与文化之间的关系,把握高职教育发展的正确方向;有助于我们在高职教育更加重视内涵和质量诉求的前提下,培养出全面、和谐、可持续发展的高端技能型人才。

二、高职教育对文化育人的偏离与迷误

高职教育对文化育人办学职能与诉求的偏离和迷误的原因在于,一是人们非此即彼、执其一端的思维方式,强调"职业性"就全然不顾"人文性",谈及"人文性"就又忽视了"职业性",弄得两者之间总是互相抵牾,钟摆式两极回荡。二是把高职教育当成是适应社会需要的工具性存在,却看不到其作为高等教育内在的、超越性的价值理性,这样"见物不见人"的高等教育很难行之久远[6]。三是过于强调职业生存与就业目标,忽视了大学教育完善人生、升华人性的功能,似乎求学读书就是为了谋求一个条件好、待遇高、收入高的职位。对大学工具理性的过于强调导致了对价值理性,文化育人的忽视。而教育中一旦缺失了文化育人的成分,必将导致教育的简单化、平面化、机械化、工具化、功利化以及去过程化,去个性化。教育的超越自我、升华人性、发展价值、生成取向的诸般作用就会大打折扣。

高职教育对文化育人办学职能与诉求的偏离和迷误的主要表现在于:

(一) 职业性的强化与高等性的贬逐

在我国,由于高等职业教育起步较晚,人们始终在如何"办像"和办出特色上寻

找"感觉",也经常听到关于高职教育"克隆本科"(指办学模式上)或办成"本科压缩"(主要指教材建设上)一类耳熟能详的批评。这些实际上都是在批评高职教育对本科教育的"路径依赖",缺乏自身特色和个性。高职教育由于无法在"高等性"上胜过本科,因而只有在"职业性"上做文章。这是高职教育职业性被强化的主要原因。强调职业教育的"职业性"本来并没有错,现在的问题是不当强求,把它置于凌驾于高等性之上的不当地位,打压"高等性"。只要稍微多提一点高等性,就被指责为模糊焦点,本科余孽,学科教育的阴魂不散。可怜高等性,在职业性的话语强势面前,只能噤若寒蝉,不敢发声。高等性和职业性原本为有机统一的和谐整体,现却被人为地撕裂,异化为鱼与熊掌不可兼得的对立关系。高等性是本质内涵,职业性只是核心外延,当高等性的人才规格被强行剥离,只剩下一点职业性的"皮相"特征时,这还是高等职业教育吗[7]?

(二) 工具性的兴盛与人文性的式微

当下的高职教育太过强调教育服务经济的功能,强调教育的社会性价值,人变成了发展经济的"宝贵资源"或"人力资本",变成了促进社会进步的工具。工具理性主义的泛滥使教育对象成为适应既定社会目标并为经济发展服务的工具,培养的重心也放在工具性的技能和知识上,包括教育本身也变成了"制造劳动者的机器",就像在大工业生产的流水线上,人只是作为一个部件被机械地加工着、摆布着。而人的价值理性、精神建构、人文底蕴则变成了被"遗忘的角落"。一些学校以突出高职教育办学特色为由头,任意削减和压缩人文课程,或将其边缘化。如有的学校将大学语文等课程砍掉,让位于专业课和实践课。人文教育的式微已成为高职教育异化的严重警号,由此造成了学生视野狭窄、精神委顿、理想缺失、素养低下,造成了"学生也倾向于采用这样一种纯工具理性的态度,把教育仅仅看成是未来生活道路增加工资的手段"[8]。可见,缺乏人文关怀的高职教育充其量只能培养精神贫乏的职业者和忙碌的逐利人,它无助于人的内在心灵世界的塑造,无助于人的人格建构和精神升华。

(三) 实利性的凸显与发展性的消泯

实利性,实用功利之谓也。当下的高职教育过于追求实用功利性,急功近利,目光短浅。比如将职业教育"以就业为导向"的办学方针异化为"职业教育就是就业教育",让人感觉到似乎职业教育就是把学生推向社会,糊弄就业就完事了。这就完全窄化和矮化了高职教育,把它降到了单纯以求职和谋生为目的的唯物质主义的水准。诚然高职教育必须关注学生的生存本领和职业存在，即"为个人谋生之准备"（黄炎培语），这是最以人为本的现实关怀。但职业教育作为一种教育，绝不能仅仅关注功利性的职业目标，还必须"谋个性之发展"，关注人的一生发展，重视人的生活所需要的"形而上"和"形而下"构成的张力，为学生的精神建构和终生幸福奠基。就是说，"我们不应当把学生当作手段，而应当把学生的发展本身当作目的"（罗素语），这才是更高境界的终极关怀。有学者指出："人类的精神不能没有根基、支撑点、皈依之所，人的生存要是没有了精神家园，人就成了精神的漂泊者、永恒的流浪儿。"[9]高职教育必须把实利性的谋生教育和发展性的谋道教育结合起来，才能全面和谐地发展人的一切天赋力量和才能，并打开学生成长的广阔的精神天地。

三、高职教育文化育人的实现路径

文化育人是高职教育的重要一维，它"正是以构筑并守护精神家园的方式，形成了匡正、平衡和弥补社会发展进程的精神力量。高职教育因其目标定位的世俗功利，所以更需要人文精神的价值引导，人文精神应该成为高职教育内在的灵魂和底蕴"[10]。高职教育文化育人必须有自己的行动路径和实现方式，这就需要从指导理念、实现手段和特色创生几方面进行总体设计，以保证文化育人目标的实现。

（一）理念转向——高职文化育人的辩证视野

首先，理念是指导高职文化育人活动的思想观念。康德说："一个理念无非是关于一种在经验中无法遇见的完美性概念。"[11]就是说，理念是基于经验和超越经验的，它是人们把握世界的一种方式，是人的行为先导和准则。因而高职文化育人必须建立于正确的辩证理念或视野之上，才能正确行事。辩证视野是最无片面性弊端的一种理论视野和思维方式。它有助于打破非此即彼的思维方式和观念形态。文化育人与技能育人应该是两个并行不悖的概念。技能是就业生存的本领，文化是生成发展的根基，它们是"星与星在同一高空的交辉，根与根在同一深土的挽手"。而我们却总是把它们对立起来、割裂开来。这种思维方式，造成技能排斥文化空间，文化挤兑技能地盘，两相伤害，两败俱伤，这是我们应着力防范和规避的。

其次，还应树立有助于文化与技能和谐统一的辩证观念。同时，在摒弃"把学生降格为技术世界中的齿轮"的职业教育纯功利的工具化倾向时，也不能因为纠偏，又回到理论知识教学为主的学科化教学的老路上去。正确的做法是，要在整合哲学理念的指导下，正确认知我国的高职教育，把它看成"不仅仅是以能力的养成为基础的教育，而是一个包括人格的培养以及文化的传承在内的复杂的系统，是一种以人、社会和自然的和谐发展为基础和目的的教育"[12]。就是说，我们必须以融技术训练与文化修养于一体，融职业发展与个性发展于一体，融人、社会与自然的和谐发展于一体的辩证统一观来看待职业教育，使它们有机结合，做到"科学人文化、人文科学化"。果如斯，才能在职业教育领地开辟人文绿洲，在文化育人场域建构职业技能，使二者相得益彰，联袂前行。

（二）课程改革——高职文化育人的根本保障

文化育人不是空洞的诉求与口号，也不是泛泛的号召与期许，而是需要实实在在践行和落实的一种育人实践。而实践是需要运行机制、载体形式、方法手段加以保证的，这就是课程。可以说课程是文化育人的主渠道或主阵地。

首先，高职文化育人应有特定的人文课程加以保证。王洪才教授强调，所谓人文性，即人的文化属性。文化育人目标的实现，必须有相应的人文课程加以保证。绝不能因为高职教育是"能力本位"教育，就大量删削和裁撤人文课程，给专业课程和实践课程让路，那样势必架空学校文化育人办学职能的落实和学生人文素质的培养。因而必须在课程体系中为人文课程的开设保留一定的门类，并达到一定的比例。没有这样的刚性要求，人文课程由于失去了其根基和地位，文化育人的目标就会被釜底抽薪，学生人文素质的培养就会沦为空谈。

其次，高职文化育人应有创新的课改形式加以保证。应当看到，高职课程开设始终存在着文化知识和专业技能两维培养目标的博弈和悖论，而且就学生的智能特点和学业水平看，也存在着长于应用而短于理论的状况。因此高职人文素质课程的开设必须加以改革，努力在形而下的"实用性"和形而上的"超越性"之间找到契合点。"努力把高职学生培养成为具有与他们所受教育层次相称的文化积淀与文化教养的人。"[13]一是人文课程的内容选择应该是源于生活和贴近生活的，不能选择那些高深的理论知识，而应该将人文教育从大量事实、概念、原理中解放出来，唤醒学生真正内在的人文需求，提高他们基本的人文素质，帮助和鼓励他们理解历史上高尚的人文理想和人文精神，切实增强他们对消费主义、功利主义、享乐主义及虚无主义的批判力和抵抗力，使他们真正建构起自己的人文世界。二是要对人文课程的结构进行优化。职业教育课程结构通常可由以夯实基础为目的基础模块，以专业培养为核心的专业模块，以技能训练为重点的实践模块和以提高素质为关键的选修模块四部分组成。其中基础模块和选修模块都是涵盖人文教育的课程模块。职业教育既要彰显和突出专业与实践课程教学，培养学生谋职就业的岗位技能，又要保证人文教育的课程比重，重视学生的"养成"和"发展"，为学生的终身幸福和可持续发展奠基。同时，还要经常性地安排高品位、系列化、精品化的文化育人的学术讲座，与课程教学互补。三是对人文课程实施改革。人文课程的教学不能再沿用传统的灌输式教学方式，而应该以职业领域为目标，工作过程为导向，以创新的形式为载体，解构学科理论知识，重构职业人文知识，这样学生能够切身感受到人文知识与自己的职业关联，学习的积极性就会被激发调动起来。同时教师还应该多采用辩论、主题探究、情境教学等创新的教学方式，使学生由被动的"要我学"转变为主动的"我要学"，提高人文课程的教学效果。

最后，高职文化育人应有丰富的隐性课程加以保证。文化育人不仅要重视学校显在的正规课程的优化改革，还要借重隐性课程进行功能拓展。一是要创设环境，营造人文教育氛围。我国台湾清华大学王俊秀教授曾于1999年对台湾地区141所大专院校的校园文化状况进行调查，发现大多数院校十分重视校园文化建设，特别注重将校园物质环境建成各校的"人文窗口"[14]。营造人文氛围，可以精选一些富有教育性、哲理性、感召性、务实性的校园文化口号做成灯箱或标牌，放在显著的位置，让学生受到潜移默化的教育和影响。例如柏拉图的"教育非它，乃心灵转换"，萨特的"人实现自己多少，他就有多少存在"，"捡起一片纸屑，净化一次心灵，升华一次人格"，"把简单的事情做好了就不简单，把容易是事情做成了就不容易"，"努力学习，让父亲的头上少一根白发，让母亲的脸上多一丝笑容"。二是要开展活动，提升人文素质水平。"丰富多彩的校园文化活动，能够满足大学生欣赏美、追求美、创造美等多层次、多文化的高水准的心理需求。"[15]如组织校园文化艺术节。通过演讲比赛、辩论比赛、诗歌朗诵比赛，以高品位的文化内涵滋养心灵；通过校园歌手大赛、器乐演奏比赛、班级合唱大赛，用优美的欢歌感动校园；通过小品剧比赛、舞蹈、书法绘画比赛等，借高雅的艺术提升素质。组织多元学生社团，如文学社团、艺术社团、各类体育社团等。通过开展丰富多彩的校园文化活动，开阔学生的视野、陶冶学生的情趣、锻炼学生的品格、提高学生的能力，为学生人文素质的拓展提升打下良好的精神底蕴。

（三）文化嫁接——高职文化育人的特色路径

高职文化育人的实施当有自己的鲜明特色，否则就枉为"另一类型"的教育。这一特色就是在校企合作中寻求与企业文化的嫁接与传导，使高职教育在"合作办学、合作育人、合作发展、合作就业"中彰显自己鲜明的特色。正如教育部鲁昕副部长在第六届"文明风采"颁奖讲话中所要求的:"要把现代工业文化融入校园文化,把中国优秀传统文化融入校园文化,将现代企业文化融入教学过程,实现企业文化与校园文化的对接。"实现高职校园文化与企业文化的对接,创建文化育人的特色路径,必须思考并回答"为何要进行文化对接"和"怎样实施文化对接"两方面的问题。

首先,文化育人为何要整合企业文化?第一,整合企业文化是学校文化育人出特色的根本。企业文化与校园文化是两种完全不同的异质文化。校园文化是一种教育文化,而企业文化是一种经营文化,它是基于教育的经营文化和基于经营的教育文化的双向整合,这种整合使两种文化融为一体,体现出鲜明的合作文化特色。例如,江苏扬州商务高等职业学校"积极推进工业文化进学校、企业文化进教室、专业文化进现场、高雅文化进宿舍、素质文化进社团,熔铸校园文化精髓,全方位、立体式地构建了传统文化与现代文明交相辉映的富有地域特色和职教特质的校园文化,在社会上树立起一块独特的校园精神符号"[16]。这种"五进"文化也体现了鲜明的整合特色。第二,整合企业文化是学校服务于企业和经济发展的根本要求。高职办学的价值取向是服务于企业和经济社会的发展,文化育人也不能背离这一宗旨。如果高职培养的企业人都不了解、不熟悉企业文化,这样的人才就是与企业要求还有"落差"的人才,就是还存在着文化盲区和死角,不懂企业的人才。再者说,校企深度合作,如果连企业文化都不了解,就无法合作办学,更遑论深度融合。第三,整合企业文化是学校培养的人才适需切用的关键。鲁昕副部长强调,要"把工业文化融入职业学校,做到产业文化进教育,工业文化进校园,企业文化进课堂"。这种多元的文化对接,有助于学生了解职业要求,领悟企业文化,找准自己的定位,具有远比课堂教学大得多的教育力量。换言之,它不仅能够激励学生的学习和创业精神,而且还可以使他们明确自己在今后工作中的定位,亲身感受职业精神是一个人从事职业的根基,增强自身的责任感和使命感,并明确未来的就业方向和压力,从而加强自己的学习动力,激发自己的学习兴趣。

其次,文化育人怎样整合企业文化?文化育人对企业文化的整合应该是多元的、全方位的。一是企业理念文化的整合。如杭州职业技术学院的友嘉机电学院高调标举企业的"做事准则"文化。这些准则是:"服务准则:忠诚胜于能力;责任准则:责任就是使命;思想准则:有志者事竟成;机遇准则:强者制造机会;合作准则:团队高于一切;道德准则:荣誉至高无上;竞争准则:进退自如;智慧准则:智取胜于力敌;承挫准则:百折不挠才能成功;细节准则:细节决定大成败;行为准则:没有任何借口;执行准则:服从无条件;评价准则:赢在执行力;生存准则:学会适应环境;胆识准则：超越昨天才有明天；进取准则：学习是终生的事业。"这些准则被做成巨大的标牌悬挂在机电学院楼门厅的墙上，使得每一位进出的学生天天都能看到它，这样的耳濡目染让准则内化为学生的一种行为规范、一种自然习惯。二是管理文化的整合。如滁州职业技术学院借鉴企业的"6S"管理文化，将"整理"（SEIRI）、"整顿"（SEITON）、"清扫"（SEISO）、"清洁"（SEIKETSU）、"素养"（SHITSUKE）、"安全"（SAFETY）六个方面的管理，引入到学生的寝室、教室、餐厅、实训场所的管理，取得了良好的效果。它使学生能够及早感受企业文化，接受企业文化，融入企业文化，与企业的价值观、企业意识相适应，与企业的管理要求相适应。这样可以使学生超前接受企业制度文化的规束和熏陶，毕业后真正实现与企业的零距离对接、适应和融合[17]。三是制度文化的整合。企业制度文化所要求员工的责任感、纪律性、奉献意识和尊重人、讲团结、顾大局的团队意识，对于改变高职院校学生不同程度地存在的责任感淡薄、纪律涣散、斤斤计较的实际问题和以自我为中心，缺乏共事能力和畏难怕苦的问题，也具有重要作用。同时，作为企业文化精髓的"质量第一"、"信誉为本"、"顾客至上"的质量意识、诚信品格、服务理念，对于高职院校的文化教育来说更是不可或缺的。

参考文献

[1] 王洪才. 大众高教育论——高等教育大众化的文化——个性向度研究 [M]. 广州：广东教育出版社，2004：53-54.

[2] 王小平. 出发：与智慧同行 [M]. 北京：机械工业出版社，2004：224.

[3] 张曙光. 生存哲学：走向本真的存在 [M]. 昆明：云南人民出版社，2001：319.

[4] 许嘉璐. 唤醒中国人的文化自觉 [N]. 中国教育报. 2011-08-20.

[5] 韩振峰. 文化传承创新是高等教育的重要功能 [N]. 中国教育报. 2011-06-06，（9）.

[6] 安心，刘拴女. 呼唤工具理性与价值理性融合的质量观 [N]. 中国教育报. 2011-08-22.

[7] 张健. 职业教育的追问与视界 [M]. 芜湖：安徽师范大学出版社，2010：29-30.

[8]〔美〕马克·莱索. 我们仍然需要面向思的教育——海德格尔论技术时代的教育 [J]. 蒋开君译. 教育学（人大复印报刊资料），2011，（6）：27.

[9] 孙美堂. 文化价值论 [M]. 昆明：云南人民出版社，2005：187.

[10] 刘宗劲. 高职教育内涵建设的路径选择：突破与深化 [J]. 职业技术教育（人大复印报刊资料），2011，（6）：46.

[11] 康德. 论教育学 [M]. 赵鹏，何兆武译. 上海：上海世纪出版集团，2005：6.

[12] 顾振华. 论高等职业技术教育的基础观——实用主义教育思想对我国高职教育的影响之一 [J]. 职教论坛，2004，（6）：18-20.

[13] 顾林刚.高职应立足职业特色加强职业人文教育[J].职教论坛,2011,(26):5.

[14] 何锐连.校园文化建设与高职人文教育[J].高等教育研究,2006,(6):83.

[15] 董凯静,吴智育.以科学发展观统领校园文化建设[J].教育与职业,2012,(17):165.

[16] 马成荣.职业学校文化:蕴涵、构建与表达[J].中国职业技术教育,2012,(1):40-41.

[17] 张健.高职教育文化生态环境的建设与创新[J].当代职业教育,2010,(5):10.

孔子文化：职业教育文化滋养的源泉

童山东　唐高华

提　要　孔子文化是中国传统文化的集中代表。当前职业教育的教育对象的主要文化需求指向和孔子文化作为传统文化的集中代表所展现出来的对教育文化润泽的品质，显示了孔子文化是职业教育文化滋养的源泉，为职业教育中的德性教育、诚信教育、能力本位追求、团队合作精神培育等方面提供了文化养分。

关键词　孔子文化、职业教育、文化滋养、源泉

作者简介

童山东，深圳信息职业技术学院高等职业技术教育研究所，教授；唐高华，深圳信息职业技术学院，讲师

睿智的思想文化能穿越时空，经世而长存，历久而弥新。孔子文化作为我国传统文化的集中代表，和我们的生活相辅相融，是滋养中华民族的乳汁。在 21 世纪的今天，孔子文化所蕴含的理念与主张，能在一定程度上润泽职业教育文化，为当今职业教育的发展提供文化养分。将孔子文化中那些具有生命力和时代价值的理念融入职业教育中，能不断完善人文道德规范、提高文化修养、丰富校园文化内涵，有助于构建文雅的学校、造就儒雅的教师、培养高雅的学生。根据当代职业教育对象的主要文化需求指向，结合孔子文化的传统文化的代表性以及孔子文化理念对教育的渗透、润泽功能，可以看出，孔子文化是当代职业教育文化滋养的源泉。

一、职业教育的教育对象的主要文化需求指向

教育和学校作为社会的文化系统，具有文明传承、人伦教化的功能，其教育对象有着特殊的文化需求。职业教育的教育对象的生源特征和人才培养目标的定位，使得其文化需求指向具有明显的趋向。

(一) 厚德强能、敬业乐群

"厚德",是指推崇品行、品德,强调学生成才先成人,重才且尚德,做一个品德高尚、人格健全的人。"能"指能力、才能、技能,包括专业能力、求职能力、工作能力等。"强能",是指重视能力的培养和提高,"强能"符合职业教育的发展特色和培养目标定位。

"敬业乐群",指对待工作或学业,应当专心致志、全身投入,既要热爱所业、尽责所业,同时又要善于与同学、同事融洽相处,有高尚情操和群体合作精神。"敬业"旨在人格的培养,"乐群"则强调个人与社会的关系。我国职业教育先驱黄炎培先生认为"敬业乐群"是职业道德教育的基本要求。在他看来,职业教育从内涵上看,应包括职业知识的学习、技能的训练和职业道德的培养两个方面,离开职业道德的培养,职业教育就失去了意义。他认为"职业教育的第一要义是为群服务"。

"厚德强能"是立足工作岗位的资本,"敬业"是做好本职工作的重要前提和可靠保障,"乐群"是做好工作的润滑剂。时代社会对工作的规范化要求以及对职业院校学生未来工作岗位的能力要求,使得"厚德强能"、"敬业乐群"成为当前职业院校学生的主要文化需求指向。

(二) 职业道德、综合素质

《教育部关于全面提高高等职业教育教学质量的若干意见》(教高 [2006] 16 号)中明确指出,高职教育要加强素质教育,强化职业道德,明确培养目标。因此,高职院校要坚持育人为本、德育为先,把立德树人作为根本任务。要以《中共中央国务院关于进一步加强和改进大学生思想政治教育的意见》(中发 [2004] 16 号)为指导,进一步加强思想政治教育,把社会主义核心价值体系融入到高等职业教育人才培养的全过程,高度重视学生的职业道德教育和综合素质培养。

当前,越来越多的用人单位重视人才的职业道德和综合素质,据一些用人单位反馈,目前高职毕业生在这些方面还有许多值得完善的地方。因此,要针对高等职业院校学生的特点,培养学生适应社会的素质与能力,高度重视学生的职业道德教育,重视培养学生的诚信品质、敬业精神和责任意识,培养出高素质的技能型人才。

(三) 团队精神、合作精神

团队精神是指团队成员团结一致,互相帮助,为了一个统一的目标,大家自觉地认同所必须担负的责任，并愿意为此奉献自己的才能，共同创造团队最大最优的绩效。一直以来，团队精神在社会发展中发挥着重要的作用，正如马克思所说，"我们知道个人是微弱的，我们也知道整体就是力量"。

现代社会越来越注重团队合作精神。特别是在企业发展中，团队精神居重要位置。团队精神反映一个人的素质，团队精神需要每个成员各就各位，通力合作，协同合作是团队精神的核心。据调查显示，近年来用人单位选聘人才时，绝大部分用人单位在选聘条件里都提到了"团队精神、合作精神"这一素质要求，而且许多企业把"团队精神、合作精神"排在选聘条件的最前列。

职业教育培养的是在生产第一线的生产、管理技能型人才，未来的就业去向大多数为企业。在培养过程中，要倡导"先做人、后做事"，强调团队合作的重要。只有具有敬业精神、团队精神的人，才能成为社会和企业欢迎和认可的人。

二、孔子文化是中华传统文化的集中代表

历史发展到今天，孔子文化已成为中国传统文化的重要组成部分，孔子文化思想已是先民智慧的象征，是中国优秀传统文化的源头活水。孔子文化作为中国优秀传统文化中的一面旗帜，构筑了中华民族的文化心理内核。孔子文化张扬德性文化、注重和谐理念、崇尚诚信为本等特征，体现了它是传统文化的集中代表。

（一）张扬德性文化

一直以来，中华传统文化十分注重德性的张扬。其中，孔子文化在德性的张扬方面尤为突出，孔子文化中的"仁、义、礼"的价值观念对德性文化做了最好的诠释。

孔子曰："仁者人也，亲亲为大；义者宜也，尊贤为大；亲亲之杀，尊贤之等，礼所生焉。"（《礼记·中庸》）在孔子看来，仁以爱人为核心，义以尊贤为核心，礼就是对仁和义的具体规定。其中，仁是孔子思想的核心，"仁者，心也"，即"仁"是内在的品德，是主观的自觉修养状态，是内在心理和道德和谐、完善的最佳状态。孔子提出"仁者爱人"、"克己复礼为仁"，把"仁"、"义"、"礼"的思想渗透到整个社会生活领域。

孔子文化强调一切以仁为本，以礼为先。"不学礼，无以立。"（《论语·季氏》）道出了礼的地位和作用。孔子认为，礼的精神主要体现为"仁"、"恭"、"敬"、"让"、"情"等方面，"仁"是礼的最根本的精神内容。孔子曰："人而不仁，如礼何？人而不

仁，如乐何？"（《论语·八佾》）意谓不仁的人，怎么能谈得上礼乐呢？他提出"非礼勿视，非礼勿听，非礼勿言，非礼勿动"（《论语·颜渊》），要求人们用"礼"来规范自己的言行，把做人放在第一位。此外，他从孝、悌、谨、信、泛爱、亲仁等方面，对人的思想道德品行提出要求。他依据人在道德修养上的差别，把人分为"君子"和"小人"，并多次提到两者的区别，如"君子喻于义，小人喻于利"（《论语·里仁》），"君子坦荡荡，小人常戚戚"（《论语·述而》）等，引导人们按照君子的风范做事。

在德性教育的内容上，孔子文化十分注重目的性和针对性，重视立志教育。强调修身为本："自天子以至于庶人，壹是皆以修身为本。"（《礼记·大学》）认为自修其身，然后才能实现治国、平天下的理想，达到提高整个社会、国家道德水准的目的。孔子文化非常强调修身克己，认为一切理想人格的实现都要从提高自身的修养开始。主张克己、自省、仁爱、忠信、孝悌、慎独等，在修己方面还强调忠、信、智、勇、恭、宽、敏、直等，构成了一个由个体出发的人生道德的大系统。

（二）贯穿和谐理念

孔子认为，"礼之用，和为贵"（《论语·学而》）。这里的"和"既有谦让、礼让之意，又有协调之意。"和为贵"，就是处理任何事情、任何关系都要恰到好处。"和也者，天下之达道也"（《礼记·中庸》），这是天下一切事物的通理，也是中国传统文化一项基本的精神内涵。

孔子强调孝悌观念以增进家庭和谐，在孔子文化里，孝悌是仁的根本原则。"弟子，入则孝，出则悌"，"事父母能竭其力"（《论语·学而》），"今之孝者，是谓能养。至于犬马，皆能有养，不敬，何以别乎？"（《论语·为政》）这些阐述教导人们，对父母要做到"孝"，对兄弟姐妹要做到"悌"，就是要敬爱。如果大家都能这样去侍父母、待姐弟，那么，作为社会细胞的每一个家庭将会和谐团结，整个社会将会形成一种尊老爱幼的良好风气，从而形成一种和谐友爱的社会氛围。这样以家庭的和睦促进社会的和谐。

孔子提倡以忠恕之道促进人际关系的和谐。在孔子文化里，忠恕之道是"仁"的实现途径，强调"己预立而立人，己预达而达人"（《论语·雍也》）和"己所不欲，勿施于人"（《论语·卫灵公》）。这些思想启迪人们，在与人相处时要学会推己及人，换位思考，凡事要能够设身处地地为别人着想。这既是人们加强自身修养的体现，同时也有利于人与人之间形成友好和谐的关系。

(三) 崇尚诚信为本

诚实守信，是孔子思想的伦理基础。孔子在《论语》中多次阐述诚信问题。孔子阐发的诚信论，对中国人的人生观、价值观产生了广泛而深远的影响。

孔子认为，"民无信不立"（《论语·颜渊》），诚实守信是孔子"四教"（文、行、忠、信）和"五德"（恭、宽、信、敏、惠）之一。他一再告诫自己的弟子要"谨而信"、"笃信好学"，"言必信，行必果"（《论语·子路》）。他认为，在人际交往中，要以诚相待，"与朋友交，言而有信"（《论语·学而》）。一个人如果不讲信用，就无法在社会上立足。"人而无信，不知其可也。大车无輗，小车无軏，其何以行之哉？"（《论语·为政》）他认为，具备恭（庄重）、宽（宽厚）、信（诚实）、敏（勤敏）、惠（慈惠）五种美德，才可以成为仁者。可见，在孔子看来，要成为仁者，信是不可或缺的。

怎样才能取信于民呢？孔子认为，"道千乘之国，敬事而信，节用而爱人，使民以时"（《论语·学而》）。强调了治理一个大的诸侯国，应该要谨慎行事以让人民感受到其诚恳信实，进而使他们能信赖。他反复申论，"上好信，则民莫敢不用情"（《论语·子路》），即管理者讲究信用，则下属就不敢不说真话。可见，在孔子看来，诚信是国家治理和人际交往最基本的信条。

三、孔子文化对职业教育的文化滋养

教育是文化的载体，文化是教育的灵魂和底蕴。职业教育文化具有更多的职业、技术和市场色彩，这样的文化环境对经济的发展和人才的培养具有更大的孕育和催化作用。职业教育在培养人才、传承文明的过程中，需要专业技术的支撑，更需要文化的滋养和丰富。孔子文化作为两千年来古代圣贤的经验与智慧之结晶，对职业教育的文化滋养，主要体现于对厚德强能、敬业乐群等方面的论述与阐析。孔子文化在道德养成、人格修养、诚信、乐群等方面的观点和理念，为当代职业教育提供了丰富的文化养分。

(一) 孔子"德"文化对职业教育德性教育的滋润

孔子教育思想的一大特点就是强调德育，是用以"仁"为核心的伦理思想教育学生，使他们成为具有理想人格的志士仁人、君子。孔子文化思想中提倡的"仁义礼"、"温良恭让"贯穿于中华伦理的发展中，成为中国价值体系中的最核心因素。

孔子强调对人要用道德加以教化，要导之以德，先教人学会怎样做人，进而成为"仁人"。"夫子温良恭俭让以得之。夫子之求之也，其诸异乎人之求之与？"（《论语·学而》）道出了孔子提倡待人接物的准则——温和、善良、恭敬、节俭、忍让五种美德，为职业教育中的学生德性教育、日常规范提供了良好的范本。

孔子文化注重道德教育中教育主体的主观能动性，即自我教育，如讲究克已自省、自我修身等，为职业院校探索道德教育模式提供了智慧；其次，孔子文化中有关道德教育的内容和教育方法，如学思并重、慎言躬行等注重道德教育实践的理念，对加强职业教育中的道德教育改革，提高道德教育的效果具有重要的参考价值。在职业院校中进行孔子文化的教育理念的熏陶，能帮助人辨别基本善恶、理解道德文明、明确人生价值观念、提升人伦道德，完成个人人格健全的道德规范。

总之，孔子文化的德性教育思想包含的崇仁重义、尚礼贵诚、重智尚勇、贵和执中、自强厚德、爱国奉献、治世理想等方面的理念，与现代教育对德育目标的导向以及职业教育中对学生素质要求的内容大致相同，孔子文化的德性教育向我们展示了一个由道德规范内化为自身生命本质和素质的过程。它使我们意识到，在德性教育过程中，只有帮助受教育者立志修德，在德性内容和方法上注重科学，注重情感，才能实现受教育者道德规范为内在生命本质和素质的预期目标。这为职业教育中德性教育的开展提供了很好的养分。

（二）孔子文化的诚信论对职业教育诚信教育的启发

孔子在《论语》中多次阐述诚信问题，如"民无信不立"，"主忠信，徙义，崇德也"（《论语·颜渊》），"人而无信，不知其可也"（《论语·为政》）等，并提出要"谨而信"、"笃信好学"。孔子把诚信视为个人必备的道德，认为诚信对于个人而言，就是讲信用、守诺言。他认为，与朋友交，要"言而有信"；在社会交往中，要"言必行，行必果"（《论语·子路》）。

由此可见，孔子把诚信作为立身之本、成事之本，把"言忠信，行笃敬"的统一作为完美的诚信人格。通过彰显诚信在道义上的重要性，促使人在诚信上达到道德自律和文化自觉。

孔子文化中有关诚信的重要性、诚信的要求等理念，为当代职业教育提供了有益的启迪和价值审思。在现代市场经济条件下，一个企业要想在激烈的市场竞争中立足并不断做大做强，诚信无疑是其第一要义，诚信为本是企业安身立命的基石。在社会崇尚诚信为本的时代背景下，为社会培养人才的职业院校的诚信教育显得尤为重要。

孔子文化中的诚信理念对职业教育中的诚信教育发挥着重要的指引和推动作用。

(三) 孔子文化的强能观对职业教育能力为本的启示

在人的能力技艺方面，孔子讲究"君子不器"(《论语·为政》)，就是说君子不应该像器具一样，不能拘于一才一艺，而要通于艺、游于艺。

在能力的获取方法上，孔子提倡"学而时习之"(《论语·学而》)，"习"就是通过反复不断地练习与实践，将他人或前人的知识、经验转化为自己的知识或经验的过程。按我们现在说法，通过"学"(认知)与"习"(实践)才能获取能力，通过动手技能的练习过程，使能力得到强化和发展。

在人才培养、能力的训练方法上，孔子提倡"因材施教"，注重根据学生的不同个性实施不同的教育方法。孔子说："不患人之不己知，患不知人也。"(《论语·学而》)他认识到"知人"的重要，因此他十分重视"知"学生，认真分析学生个性，然后因材施教。通过因材施教，培养有才干的人。

孔子文化作为一种教育思想，提倡知识、能力培养的反复训练与实践，注重在人的差异基础上通过不同的教育方法促进每个人的发展，是孔子留给后世的弥足珍贵的教育思想财富，给当代职业教育提供了人才培养理念的指引和实际操作上的启发。

(四) 孔子文化的乐群观与职业教育强调团体合作精神的培育

孔子文化中洋溢着浓郁的友爱、乐群、和谐的气息。"有朋自远方来，不亦乐乎？"(《论语·学而》)一语道出了孔子的好客与友善。"泛爱众，而亲仁"(《论语·学而》)指出要对大众有普遍的温情，对有仁德的人更要亲近。希望人们把对亲人的爱扩展到社会上的每一个成员，"人不独亲其亲，不独子其子"(《礼记·礼运》)，爱人就是要将众人都作为爱的对象，不要局限于亲友。"朋友切切偲偲，兄弟怡怡。"(《论语·子路》)是说朋友之间要相互切磋督促，兄弟间要快乐相处。孔子提倡"四海之内，皆兄弟也"(《论语·颜渊》)，把亲情的范围扩大了。他主张通过"讲信修睦"，实现"人和"，建立人与人之间的相亲相爱的和谐人际关系。同时，提倡"君子矜而不争，群而不党"(《论语·卫灵公》)，即君子矜持但不与人争斗，乐群而不结党营私；"君子和而不同，小人同而不和"(《论语·子路》)，希望建立一种和谐的共生关系。

孔子文化也阐述了何以乐群。孔子认为，"德不孤，必有邻"(《论语·里仁》)。是说一个有德行的人是绝不会孤立的。这种思想对我们为人处世有着很好的启迪，告诫人们要着手提高自己的道德修养，保持高尚的道德情操。如此修身处世，才能营造出和谐友好的人际氛围。

  在现代社会，乐群不仅是对个性修养的一种提倡，同时也是对有效进行学习和工作的一种潜在要求。孔子文化中的乐群观点与理念，丰富了职业教育人才培养的内容与方法，对学生的良好人际关系的形成、良好氛围的营造和团队合作精神的培育都是一个很好的借鉴与启示。

参考文献

[1] 杨朝明，宋立林. 孔子家语通解［M］. 济南：齐鲁书社，2009.

[2] 杨朝明，王德成. 孔子思想是两岸交流的文化基石［J］. 两岸关系，2007，(2).

[3] 伊大猜. 孔子思想与我国当前社会主义精神文明建设［J］. 华北水利水电学院学报（社科版），2008，(10).

基于民航文化内核 构建文化育人体系
——以广州民航职业技术学院为例

吴万敏　陈　曦

提　要　高职教育的根本任务是培养高端技能型专门人才，其中，文化育人是高职人才培养的重要工作。根据高职院校或服务于行业或服务于地区的特点，行业高职院校探讨并构建基于行业文化内核的高职文化育人体系，是行业高职院校培养适应行业需要的具有行业职业素质和职业能力的高端技能型专门人才的关键。

关键词　高等职业教育、民航文化、行业标准、文化素质教育、体系构建

作者简介
吴万敏，广州民航职业技术学院院长，研究员；陈曦，广州民航职业技术学院学工处书记

高职院校的根本任务是培养高端技能型专门人才，其中，文化育人是高职人才培养的重要工作。在学生培养过程中，只有把专业知识、专业技能的培养与文化素质教育有机结合起来，才能保证高职人才培养质量。基于上述认识，广州民航职业技术学院在实施国家示范性高等职业院校建设和办学模式综合改革中，开始构建文化育人体系，重点开展了基于民航文化内核的文化素质教育体系构建与实践。

一、民航高职院校开展基于民航文化内核的文化素质教育的逻辑与要义

教育部在《关于全面提高高等职业教育教学质量的若干意见》（教高[2006]16号）等文件中，对高职教育推进素质教育工作提出了明确要求。行业高职院校服务面向行业，民航高职院校的根本任务是培养适应民航业需要的具有良好综合素质的专门人才；基于民航文化开展文化素质教育是民航高职院校落实教育部上述精神的根本举措。

（一）民航业属性与工作特点

民航业是高投入、高风险、高技术应用、国际化的交通运输服务性行业。民航行业的属性决定

了其工作特点：一是安全责任重大。民航运输事关国家和人民生命财产安全，事关经济建设、国防建设和航空事业的发展，事关国家的良好声誉和形象，"没有安全，就没有民航的一切"。二是任务繁重。根据预测，到2020年，我国民用航空飞行量将翻两番，这将给我国民航从业人员数量、质量带来巨大挑战。三是工作专业性强，对从业人员能力素质要求高。现代科技的发展无不在民航领域得到及时与广泛应用，技术装备先进程度高，对民航从业人员的专业知识和技能提出了愈来愈高的要求。

（二）民航文化与从业人员职业素质

民航业行业属性决定了民航文化的内涵与外延。民航文化是民航在人类文化、社会文化和经济文化背景的影响下，在本行业独有的运行方式和物质技术条件基础上，逐步形成的适合民航战略发展需要的价值观念、思维方式、行为规范、内部环境和外在形象的综合体现，主要涵盖安全素养文化、优质服务文化、职业道德文化、纪律管理文化、技术教育文化、规则制度文化等。民航文化的根本内核为：一是民航安全文化。安全文化是存在于单位和人员中的特征和态度的总和，它确定了"安全第一"的观念。安全是民航业永恒的主题，是民航行业文化的重要内涵。二是优质服务文化。服务文化是民航文化的重要组成部分。民航极为重视牢固树立真诚服务、规范服务和服务至上、公众至上等先进理念，强化以公正、廉洁、热情、高效为标准的优质服务意识和依法行政意识。

民航文化是维系民航安全以及高品质运行的关键影响因素，落实到民航系统每一个职类、职种、职位的管理、技术、操作岗位员工身上就体现为具有良好的综合素质：一是高度的工作责任心，二是强烈的安全意识，三是良好的心理素质，四是过硬的技术能力。民航业需要专业技术人员适时掌握发展中的科学技术，以民航机务维修人员为例，相关人员需要具备对航空器运行系统的异常、超载、性变、故障、失效、超限等非寻常状态做出准确判断，并具有进行相应的调节、转换、维修能力。

民航高职院校培养的是准民航从业人员，特别是民航一线服务人员，要把以安全文化、优质服务文化为内核的民航文化植入到高职学生培养的全过程，才能培养出拥有较高文化修养、适应民航业对从业人员职业素质要求的民航高端技能型专门人才。

二、民航高职院校文化素质教育体系构建的理念与原则

（一）民航高职院校文化素质教育体系构建的理念

"理念"是一个"形而上"的概念，具有指导性、前瞻性、系统性、规定性等特

点。文化素质教育理念是"理念"在高职院校文化育人中的具体体现，是一种理性的思维、一种终极的探索。

实践中，我们将文化素质教育的理念概括为：以民航文化为导向，坚持育人为本，德育为先，铸魂立人，厚德树人，把社会主义核心价值体系和具有鲜明特色的民航核心价值体系结合起来，将其贯穿于学校文化素质教育体系中，提高学生的综合素质和可持续发展的能力。具体来说，一是以人为本。"以人为本"就是以生为本、以师为本，给青年人以机会。高职院校的建设和发展一定要以人与人才的培养为主旨，根据人与人才发展的变化而不断更新。二是生命关怀。生命关怀使我们把高职院校作为一个生命从整体去发展。生命关怀赋予高职院校发展以内涵，同时有助于克服我们在文化素质建设中的短视行为。生命关怀理念就是要求高职院校关注个人的生命体验，培养理性和情感和谐发展的人。三是德育先导。文化素质教育应发挥一种德行教化的作用，这是高职院校育人的主要体现。在我国教育中，德育一直被放在首位，这不仅符合我国教育的社会主义性质，而且符合教育规律。文化素质教育一定要发现其有助于德行教化的因素，并自觉地以德行教化为目标来进行自我建设。

（二）民航高职院校文化素质教育体系构建的原则

1. 目标性原则。目标是人们在一定时间内所预想并要在行动中达到的结果，简单地说就是想要达到的目的。组织的目标总是与组织的任务紧密相连的。文化素质教育的目标总是与高职教育的历史使命和任务分不开的。高职教育的文化素质教育应充分发挥文化素质教育的引导作用、聚合作用、激励作用、规约作用和辐射作用。

2. 特色性原则。特色是一事物区别于他事物的显著特征和标志。一个事物未能凸显自己的特色，或许可以存在与发展，但其生命力是不旺盛的。高职教育特色形成实际上是高职院校发展的一种结果的体现。高职院校的文化素质教育要根据学校实际，按照高职教育规律、学生的需求和特点，结合学校的定位、人才培养目标及服务行业的特点，构建具有自身特色的文化素质教育体系。对于民航院校来说就是要认真分析民航文化特征，把它与学院的文化素质教育体系深度融合，形成具有民航特色、本院特有的文化育人体系。

3. 系统性原则。文化素质教育体系建设作为一项战略性、长期性的工作，是一项综合性的系统工程，必须运用系统论的方法整体设计，分步推进，分层落实。比如高职院校文化素质教育要高度重视基地和队伍建设。高职教育强调校企合作、工学结合的办学模式，具有鲜明的多样化和开放性特征。要充分利用行业、企业支持，为高职院校的文化素质教育提供基地，参与人才培养并对学生的文化素养、职业素养做出检验。有条件的学院要尽可能组建人文社科学院，组建以文、史、哲、艺术等教师为主的专兼职师资队伍。

4. 创新性原则。高职院校的文化素质教育体系要与时俱进，根据时代的发展变化而不断创新变革，才能够培养出合格人才。对于高职教育文化素质教育的发展来说，没有现成的路标，也没有既定的模式，一切都需要高职院校在不断的探索与创新过程中克服困难，有所为，有所不为，一步一步走出一条符合自身特点、切实可行的发展道路，并在适当的情况下采取一些超常规的措施，实现文化素质教育的跨越式发展。创新的路径则是根据文化素质教育体系之要素，从其中发掘创新的元素。广州民航职业技术学院便是根据民航文化，创新具有符合高等教育规律和民航特色的学院文化。

三、基于民航文化内核的文化素质教育体系构建的探索与实践

体系是由相互作用、相互依赖、相互制约的若干组成部分结合成的具有特定功能的有机整体。为了实现自身的稳定和功能，体系既需要以一定方式取得、使用、保持和传递能量、物质以及信息，也需要对其各个组成部分进行组织。文化素质教育体系是由文化素质教育理念、原则、组织、师资、课程、活动、基地等要素构成。文化素质教育体系建构就是对这些要素及其要素结构进行系统优化，使要素处于良好状态。

（一）构建规范完善的组织管理及师资队伍保障体系

要确保基于民航文化内核的文化素质教育体系建设能科学规范地顺利进行，必须有科学、有效的组织管理体系和师资队伍做保障，否则难以达到预期效果。笔者所在广州民航职业技术学院在国家示范性高职院校建设中，构建了基于行业标准的人才培养模式，提出了在高职教育中文化素质教育与专业教育并重的总要求。为此，专门组建了学院文化素质教育工作领导小组，根据飞机机电、民航运输、电子工程技术等7个专业的专业特点，邀请了企业专家参与，与学院相关领导、专业带头人、素质教育导师共同组成各专业的学生文化素质教育指导委员会，组织、规划、指导学生文化素质教育工作；指导开展了校企合作共育高端技能型专门人才研讨会、职业技能大赛、企业名师讲坛等活动。

学生文化素质教育工作的开展仅有组织机构是远远不够的，还必须有一批热爱学生工作的老师具体去组织实施。从2004年起，为了适应学生工作实际需要，广州民航

职业技术学院党委做出决定，改"兼职年级主任制"为"专职学生工作素质导师制"，以"职业化、专业化、专家化"为建设目标，坚持以政治强、业务精、纪律严、作风正的标准，严格按照生师比为200：1比例配备，选拔了一批德才兼备、乐于奉献、潜心教书育人、热爱学生工作的硕士毕业生担任学生工作素质导师，并着重加强了素质导师的职业化、专业化建设。此外，为了强化基于民航文化为内核的学生文化素质教育，特别是参与顶岗实习学生的素质教育，学院还聘请了30名行业、企业的能工巧匠、技术骨干担任兼职素质教育导师，共同参与开展学生的文化素质教育活动。通过专兼职导师的共同努力，有力促进了学院大学生文化素质教育工作，收到了较好的成效。

（二）构建理论课程、实践平台及其保障机制体系

通过构建文化素质教育的课程理论体系、活动实践体系及其保障机制体系，形成了德育为先、全程育人、全方位育人的文化素质教育体系。

1. 系统规划文化素质教育课程体系。把文化素质教育课程做了系统的分类，并充分发挥全体教师的积极性、主动性，把教师的文化素质特长转化为文化素质教育的特色。针对不同年级、不同专业的学生开设了不同的特色文化素质教育课程。如开设了"民航概论"、"现代企业组织管理创新"、"商务应用写作"、"音乐鉴赏"等35门涉及人文、科学、艺术、专业技能、航空航天等知识的课程，编写并公开出版了《民航职业道德》、《民航职业素质教程》等校本教材，开发了《民航职业素质培养方案》、《学生职业素质教育实施手册》等配套素质教育方案。开办了"儒林阡陌"名家讲坛，邀请了校内外名家、民航企业专家到校做专题报告。通过构建文化素质课程体系，让学生对民航的素质要求及职业道德要求有充分的认识，为培养学生的文化素质打下了理论基础。

2. 搭建文化素质教育的实践基地平台。高职教育的最大特点是强调学生学习的实践性，高职生的文化素质教育是高职教育的重要组成部分，也必须有实践平台做支撑。我们通过校企合作，在校内外建设了人文素质教育基地、爱国主义教育基地、社会实践基地、志愿者服务基地、职业道德和企业文化实践基地、学生职业素质培训基地、大学生就业创业见习基地、心理素质教育基地、素质拓展训练基地等九大类近30个基地，还修建了舞蹈室、钢琴室、音乐室。学生通过参与大量的实践活动，培养了自身的思想政治、职业道德、科学精神、人文、心理等方面素质。实践基地平台的建设和使用，有利于学生成为符合行业要求、满足社会需要的高端技能型专门人才。

3. 构建生动活泼、丰富多彩的活动实践体系。学生第二课堂活动是大学生开展文化素质教育的最直接、最有效的载体,也是学生喜闻乐见的活动平台。经过长期建设,学院搭建了职业技能比武节、"走进航院,放飞理想"新生节、"航院多彩金秋"社团科技文化节、民航企业文化节、"12·3"心理文化节、"我爱我家"宿舍文化节、"5·25"心理健康日等"六节一日"品牌文化活动平台,组建了学院"蓝天之梦"艺术团及各二级学院的艺术分团,开展了"高雅艺术进校园"活动。这些文化素质教育活动的开展,提升了学生综合素质,为培养民航高端技能型专门人才打下了坚实基础。

(三)实施专业模块式、阶梯层进式、素质板块式的文化素质教育方案

针对行业特色和学生特点,学院开发并实施了专业模块式、阶梯层进式、素质板块式的文化素质教育方案。

1. 开发九大专业(群)文化素质培养模块。在长期办学过程中,依据民航各岗位胜任特征形成了飞机机电设备维修专业、民航运输专业等九大专业(群)文化素质培养模块,开发了相应的培养方案,各二级院系根据培养方案分别开展了具有专业文化特征的素质教育活动。这种依托专业(群)开展文化素质教育的方式在实施中取得了良好成效,使广州民航职业技术学院的高职教育特色鲜明、行业特色明显,为企业输送了符合岗位需求的专业人才,提升了学院学生的职业竞争力。

2. 制定并实施阶梯层进式的文化素质教育方案。在实施专业模块式的文化素质教育体系时,还针对高职教育规律和学生特点,制定并实施了阶梯层进式的文化素质教育方案,即大学一年级注重基本文化素质的培养,大学二年级注重民航文化和专业文化素质的培养,大学三年级注重专业实践能力的培养,每个阶段重点不同,但在培养过程中又是相辅相成的。九个专业(群)的三年文化素质培养方案根据学生实际特点和培养的专业要求,按学期划分培养阶段,明确各阶段的工作目标、内容和要求。各二级院系又据此分别开发并实施了本院系学生文化素质教育实施方案。这种阶梯层进式的文化素质教育有效保证了文化素质教育逐层深入的有序培养,实现了大学生文化素质教育的系统化和全程化。

3. 形成并实施素质板块式的文化素质教育体系。学院以文化素质为基础,围绕着思想政治素质、职业道德素质、职业技能素质、职业心理素质、科学精神等五大素质板块构建了学生文化素质教育体系。各专业文化素质培养方案都针对这五大板块明确了具体培养措施,积极开展文化素质教育实践活动,营造具有浓厚民航文化的校园育人环境,全面培养学生的安全意识、敬业精神、诚信品质、社会责任感、服务意识、

遵纪守法意识和团队合作精神，确保民航高端技能型专门人才培养目标的实现。

（四）营造具有行业化、专业化、国际化的特色文化素质教育氛围

随着基于行业标准的人才培养模式的不断创新，广州民航职业技术学院通过合作与交流，充分将民航文化、企业文化吸收到校园中，努力营造行业特征明显、专业特点突出、国际特色鲜明的文化素质教育氛围。

1. 营造体现民航行业文化的文化素质教育氛围。培养学生的"安全第一、优质服务"的民航文化意识，并将这种意识贯穿于人才培养的全过程。校内实训充分模拟民航企业的生产现场，严格按照安全管理要求和行业服务标准来进行；校外实习让学生直接到民航企业的相关岗位上，熟悉实际安全操作规程和操作流程并提升服务水平。

2. 营造体现民航专业文化的文化素质教育氛围。为了使学生成为民航特有专业的准从业人员，按照民航生产单位对机务、安检、空乘等专业人员的要求来培养学生。例如飞机维修工程各专业学生统一佩戴胸卡，穿着实训服，恪守"敬业爱岗、诚信务实、遵章守纪、认真负责、严谨规范、精益求精、吃苦耐劳、团结协作"机务作风；空乘专业学生实行基于行业标准的形象与行为规范的岗位专业化管理，身穿空乘专业服，积极参加各种有益的社会实践活动，深受各界好评。

3. 营造体现国际化的文化素质教育氛围。为了提高学生适应未来发展并成为国际化人才，先后与我国香港、澳门、台湾等地区和加拿大、新加坡、韩国等国家进行合作与交流。在一年一度的加拿大圣力嘉学院空乘专业毕业典礼中，在近年来毕业生境外就业招聘面试中，在众多的国际交流中，广州民航职业技术学院学生们表现出民航院校特有的良好国际文化素质。

参考文献

[1] 吴卫锋. 根植于民航行业文化的高职校园文化建设略论［J］. 长沙航空职业技术学院学报，2011，(6).

[2] 陈云涛. 高职院校文化育人体系的构建与思考［J］. 高教探索，2009，(4).

[3] 刘洪一. 误区与路径——高职教育中的文化素质教育问题［J］. 中国高教研究，2011，(2).

[4] 吴万敏，姚琳莉. 论行业高职院校基于行业标准的高技能人才培养模式之必要性［J］. 高教探索，2010，(6).

高职院校引入企业工作价值观教育的机制与策略探略

张效民　谭属春

提　要　在高职院校开展企业价值观教育，必须建立长效机制：一是要争取政策支持，二是要坚持校企互动互利，三是要搭建合作平台，四是拓宽引入途径。高职院校引入企业工作价值观教育的原则有源于企业高于企业原则、有利于学生成长成才原则和因地制宜原则。

关键词　企业价值观教育、产学合作、校企互动、机制、原则

作者简介
张效民，深圳职业技术学院副院长，深圳市政协副主席；谭属春，深圳职业技术学院教辅党委书记，研究员

　　高职院校人才培养的特征决定了高职院校人才培养过程必须引入企业工作价值观教育。随着以校企合作、工学结合为核心的高职教育人才培养模式改革的不断深入，企业文化尤其是企业工作价值观对高职院校人才培养的影响越来越大，在高职院校中引入企业工作价值观教育也越来越受到各高职院校的重视。但是，目前的校企融合基本上还处于教学与科研领域方面的合作，在文化层面的相互渗透与融合还远远不够，仍然处于自发阶段。对于高职院校与企业工作价值观融合的结合点在哪里，如何建立校企文化融合的有效机制，通过哪些途径来渗透与融合等问题，还有待进一步深入研究和探讨。

　　近年来，深圳职业技术学院充分利用珠三角地区优秀企业注重文化建设的优势，在与企业合作过程中特别注意引入珠三角地区优秀企业的工作价值观教育，强化对学生职业素养的养成教育，取得了较好的成绩。本文试图结合深圳职业技术学院的探索和实践，就高职院校引入企业工作价值观教育的机制与策略问题进行初步的探讨。

一、高职院校与企业工作价值观相互融合的结合点

高职院校不是企业,两者的目标与任务不同,价值追求不同,内部组织结构、运作模式也不一样。将企业工作价值观引入高职院校不能盲目,关键是要找准两者互相融合的结合点。高职院校的根本任务是培养人才,学校的一切工作最终都要为培养人才服务。高职院校人才培养的目标是生产、建设、管理、服务第一线的应用性人才,具有鲜明的职业性、复合性、岗位性、技术性特征。企业文化"一般指企业长期形成的共同理想、基本价值观、作风、生活习惯和行为规范的总称,是企业在经营管理过程中创造的具有本企业特色的精神财富的总和"[1]。其中,企业工作价值观是企业及其员工的价值取向,是指企业在追求经营成功过程中所推崇的基本信念和奉行的目标,是企业主体或多数员工一致赞同的关于企业意识的终极判断,是企业精神的灵魂,企业文化的核心。

企业工作价值观的内容十分丰富,既包括企业和员工对企业的愿景、使命、生存和发展的基本理念,也包括员工对待企业和工作的认识、态度、作风和习惯;既包括企业和员工对待客户和顾客的认识和态度,也包括企业对待员工的认识和态度等等。而且不同企业的工作价值观又都有自己的特色和侧重,可以说是异彩纷呈。但是,从我们对珠三角优秀企业工作价值观的对照分析来看,其中有一个十分重要的共同特点,就是注重以人为本,重视人的作用,把人当作提高质量和生产效率的根本源泉,而不是把自动化技术程度当作根本;重视人才的培养与成长,不仅注意在使用人中培养人,而且十分注重对员工的教育和培训,重视员工个人发展和自我价值的实现。如华为公司以"成就客户,艰苦奋斗,自我批判,开放进取,至诚守信,团队合作"六条作为核心价值观[2]。正因为如此,华为公司在对待人的问题上,主张"以人为本,尊重个性,集体奋斗,视人才为公司最大财富而不迁就人才;在独立自主基础上开放合作和创造性地发展世界领先的核心技术体系,崇尚创新精神和敬业精神;爱祖国、爱人民、爱事业和爱生活,绝不让'雷锋'吃亏;在顾客、员工和合作者之间结成利益共同体"!TCL公司的核心价值观是:"为顾客创造价值,为员工创造机会,为社会创造效益。"万科的核心价值观是:"创造健康丰盛的人生。客户是我们永远的伙伴,人才是万科的资本,阳光照亮的体制,持续的增长和领跑。"[3]这两个企业核心价值观都十分重视员工的作用,把为员工提供一个成就自我的理想平台作为企业追求的重要目标。比亚迪公司的核心价值观是:"公平、务实、激情、创新。坚持以人为本,坚信员工是

比亚迪最大的财富。"[4]为提高员工素质,公司于 2004 年兴建了比亚迪技工学校,让员工能够再次感受教育带来的巨大改变,为员工自我价值的实现创造更多的机会。

因此,重视人才的培养和人才素质的提高是高职院校和企业工作价值观的共同点,只是高职院校主要是在教育中培养人,而企业则侧重在使用中培养人。人才培养是高职院校教育与企业工作价值观教育的结合点。高职院校要从有利于学生成长、有利于学生职业素养提高这个角度来引入企业工作价值观中有利于人才培养的因素。高职院校校企合作的一切出发点都要围绕如何提高学生的综合职业素质来展开。企业也要着眼企业的长远发展,不仅要把调动员工的积极性、发挥员工的作用作为企业生存和发展的根本,而且要把培养人、促进人的成长与发展作为企业的重要任务,把参与学校人才培养作为企业不可推卸的职责;作为企业人才战略的重要组成部分,主动参与高职院校人才培养工作,把本企业的优秀工作价值观输送到高职院校,又从高职院校人才培养中吸取营养,不断完善和丰富本企业的工作价值观,从而实现高职院校与企业工作价值观的相互渗透和有机融合。

二、建立高职院校引入企业工作价值观教育的长效机制

机制泛指一个工作系统的组织或部分之间相互作用的过程和方式。建立高职院校引入企业工作价值观教育的长效机制,就是要建立高职院校引入企业工作价值观教育的长效方式和有效途径。企业工作价值观存在于企业,如果不通过一定的途径与方式,高职院校对企业工作价值观就不可能真正了解,也不可能真正引入企业工作价值观。更为重要的是,企业工作价值观教育,并非以在课堂上给学生灌输就能够起作用,而必须营造真实的工作环境,让学生亲身体验企业工作价值观;必须将企业工作价值观中有利于人才成长的因素渗透到学校教学、管理和服务的各个环节,对学生实施严格的养成教育,才能达到目的。

因此,要建立有效的企业工作价值观教育的引入机制,实现高职院校人才培养与企业工作价值观的有机渗透与融合十分重要。结合深圳职业技术学院的实践,笔者认为应重点从以下几个方面着手:

(一) 争取政策支持

高职院校引入企业工作价值观教育,不是简单几个观念的引进问题,必须有产学合作作为基础和后盾,没有广泛、深入的产学合作,引入企业工作价值观教育就会陷

入空谈，难以达到预期目标。而产学合作是一项非常复杂的系统工程，涉及学校、社会、企业和学生等各方面的关系和利益，没有政府强有力的政策保障，产学合作就很难真正深入、持续地开展下去。国外发达国家产学合作之所以成功，与政府政策、法律上的支持是分不开的。我国产学合作之所以落后，发展不平衡，一个非常重要的原因就是政府有关产学合作的法律和政策不完善，缺乏强有力的政策支持和保障。因此，笔者认为，进一步完善产学合作的法律和政策，加大产学合作的支持力度，是推进高职院校引入企业工作价值观教育的一个重要条件。这其中既要有刚性的法律规定，又要有柔性的激励政策。如，国家应该通过相关法律，严格规定企业必须承担产学合作的任务，而职业院校也必须走产学合作之路，让行业企业参与学校人才培养的全过程；明确产学合作中校、企双方的权利和义务，为产学合作提供强有力的法律保障。政府下拨给职业院校的经费中，有一部分以学生实习券形式下拨，保证学生到企业实习的时间，而企业则凭承担学生的实习任务获得的实习券即可抵扣企业应交的税收，对支持职业院校学生实习、支持学校实训设备的企业实行税收优惠或专项补助政策，将企业用于产学合作的费用纳入企业经营成本进行税收减免或冲抵税收等等[5]。这样就能激励校企双方积极推进产学合作，保障学生有足够的时间到企业接受企业的工作氛围和工作环境的熏陶，亲自体验企业工作价值观。

（二）校企互动互利

高职院校引入企业工作价值观教育，是产学合作的一项重要内容。实践证明，任何合作要想持续发展，都必须建立在合作双方互利互动的基础之上，否则就难以持久地坚持下去。因此，建立互利互动的利益驱动机制是高职院校能够成功引入企业工作价值观教育的内在动力。这就需要高职院校与企业双方合作过程中，在满足自身利益的同时，尽量多考虑对方的利益，最大限度地满足对方的利益，这样双方的合作才能持久、深入，高职院校引入企业工作价值观教育才能真正落到实处。

从高职院校来说，一是要按照行业、企业用人的要求来反思和调整专业人才培养目标和规格，完善专业人才培养方案；让行业、企业参与专业人才培养全过程，努力培养符合企业需要的高素质应用型人才。二是要充分利用高职院校的人才、科技、信息等方面的优势，解决企业的技术、管理、经营方面的难题，开展新技术、新产品的开发。通过为企业服务，一方面提升企业的竞争力，另一方面也为企业文化，尤其是为将企业工作价值观引入学校人才培养打开通路。三是要利用高职院校的教学资源对企业员工进行培训，提高员工的技术技能水平和文化素养，并让员工吸收校园文化的长处，进一步丰富和提升企业文化。四是让企业获得经济利益，如获得政府减免税、贴息贷款等政策性优惠，通过与学校的合作获得直接的经济利益等。五是要注意提高企业及其产品的知名度，树立企业良好的社会形象。

作为企业来说，首先是要提高认识，参与学校人才培养工作；深化校企合作，不仅是企业应尽的社会责任和义务，而且有利于企业的长远发展。其次是要全方位、全过程参与学校人才培养工作，帮助学校深化专业教学改革，真正使学校办学水平和人才培养质量得到提高，尽量帮助解决学校办学过程中的实际困难等等。

总之，校企双方都应该充分利用各自的优势和条件，在满足双方核心利益的前提下，寻找合作项目，促进双方合作的深入发展，形成强大的利益驱动机制。尤其是高职院校，在校企合作过程中，更要发挥主体作用，善于发现和满足企业的个性化需求，积极主动地开发校企合作项目，不断深化校企合作的内涵。只有让企业在合作中获得实实在在的利益，才能真正调动企业参与产学合作和学校人才培养工作的积极性，产生校企合作的内在动力。企业工作价值观也就自然会融入校园文化和学校人才培养工作中。

（三）搭建合作平台

高职院校引入企业工作价值观教育，必须要有一定的组织机构作为载体或平台才能实现。目前部分高职院校建立的董事会、专业管理委员会、联合办学董事会、专业指导委员会、产学合作委员会、校内生产性实训基地、校外实训基地、产学研联合体、订单式培养机构、与企业合作办学的专业或院系等产学合作组织机构，都可以作为引入企业工作价值观教育的载体或平台。有了这样一些载体或平台，就可以顺利地将企业工作价值观引入到学校人才培养工作中，实现企业工作价值观教育与学校人才培养工作的有机结合，促进学生职业素质的提高。

以深圳职业技术学院为例，自建校起，深圳职业技术学院每个专业都成立以行业、企业专家为主体的专业管理委员会，其主要职责为：一是根据深圳经济发展的需要和行业的要求，确定本专业的培养目标；二是确定本专业与上岗有关的知识能力结构标准；三是审定专业教学计划；四是审定专业各门课程教学大纲和技能训练大纲；五是审定专业知识和技能考核的标准及方法；六是研究教学中出现的重大问题并及时指导解决；七是协调管理校内教学和校外实习，实行产学结合；八是指导、推荐毕业生就业。此外，深圳职业技术学院还要求每个专业都要挂牌建立3个以上校外实训基地，这些挂牌的校外实训基地，不仅承担学生的校外实习、专业教师的顶岗实习等任务，还和学校有关专业开展科技研发、员工培训、专业、实训室共建等合作，逐步发展为产学研联合体。目前学校各专业共计挂牌建立的校外实训基地达到 1175 个。通过这样一些合作形式，使学校与深圳市 1800 余家著名的企事业单位建立了密切联系，集中了深圳各行各业 1100 余位专家共同参与深圳职业技术学院的人才培养工作，非常自然地把行业、企业对专业人才素质的要求、企业工作价值观引入到学校各专业人才培养工作中，有力地促进了学生综合职业素质的提高。

（四）拓宽引入途径

高职院校引入企业工作价值观教育不是一般的教育理论或教育理念问题，也不是在课堂上进行企业工作价值观灌输就能解决问题的，而是校企深度合作培养人才的一种教育改革实践。其根本目标是要提高学生的综合职业素养，促进学生的全面发展。因此，必须开辟多种途径，将企业价值观教育渗透到高职院校人才培养的各个环节中。

首先是营造真实的职业环境，强化学生职业素质的养成教育。实践教学是引入企业工作价值观教育的最佳途径。为此，学校在校内实践教学基地的每个实训室，从设备、厂房、建筑、工艺流程、管理水准、人员配置和要求、工作标准及质量和安全等方面都要注意模拟职业环境，营造浓郁的现代企业工作氛围，尤其是要把企业对员工的要求和现代企业文化渗透到学生实训过程中。通过实训不仅能提高学生的技术技能水平，也能养成学生良好的职业素质。

例如，深圳职业技术学院工业中心的"机械加工实训车间"，除设置金属加工生产需要的生产设备外，还按生产工艺需要，使用黄白相间的斑马条将涂有地面漆的场地划分为操作区域、讲训区域、物流区域、物流通道、人流通道等，按 ISO9000 要求，从物料准备、工艺流程、品质控制、包装仓储到跟踪技术服务等全过程地训练学生；实训车间的墙上装挂着所有的操作规程，横梁立柱上贴着"生产必须安全，安全才能生产，提高品质意识，遵守现场纪律"等标语警示[6]。整个实训室与实际生产的机械加工车间环境几乎一样。学生上实训课要求"打卡考勤"，课前、课后集合训话，实训现场推行"7S"（整理、整顿、清扫、清洁、素养、安全、节约）管理方式等，让学生受到现代企业管理与规范严格的训练[7]。具体到每个实训项目或一门实训课程，也有明确的职业素养方面的要求。上述这些要求和内容就包括了许多企业的工作价值观。这样，就把企业工作价值观教育很自然地融入到了校内实践教学和学生的技能训练当中，在这种严格的训练当中使他们养成良好的职业素养。

其次，要不断深化校企合作、工学结合人才培养模式改革。学生通过校内的实训或教育只能完成一些基本的职业素质的训练，对企业工作价值观有个初步的了解与体验；而要使学生真正了解企业，感受现代企业氛围，把企业工作价值观教育内化到其职业素养中，还是要让其走向社会，在实际工作岗位中接受锻炼。因此，校企合作、工学结合是高职院校引入企业工作价值观教育的重要途径。工学结合的形式很多，如学校直接承接企业的生产任务，让学生实地参与企业生产和产品开发；或企业与学校合作，将企业生产车间与学校实训室融为一体，使学生在真实的生产环境中完成生产和实训双重任务等。但最重要的，还是要充分发挥校外实训基地的作用，把学生半年顶岗实习落到实处。一方面，学生经过校内的学习和实训，已经掌握了基本的职业技能，具有直接上岗操作的能力，不会给企业生产带来太大的影响；另一方面，学生到企业顶岗实习，完全融入企业的生产过程，真正体会到企业工作价值观和企业对员工要求的每个细节，从而提高自身的职业素质，毕业后就能马上适应企业的工作。

然后是加大企业文化和企业工作价值观的宣传力度，营造良好的企业文化氛围。如利用校园的空间如教室、走廊、黑板报等，将某一企业的文化作为专题进行展示，或将几个或许多企业的企业文化成果进行综合展示[8]。在校园营造浓郁的企业文化氛围，让学生在这种气氛熏陶下潜移默化地接受企业文化的影响。如举办企业名人专题讲座、专题报告、企业文化论坛等多种形式的企业名人进校园活动，对学生进行企业价值理念、品牌文化、企业核心竞争力、企业对人才素质的要求等相关内容的教育，让学生自己去体验企业文化及企业工作价值观，反思和查找自身的素质与企业要求之间的差距，从而促进自身综合职业素质的提高。

最后是将企业工作价值观教育渗透到学生日常教育与管理的各个环节。如在学生日常行为规范和大学生日常管理过程中渗透企业文化和企业工作价值观的有关内容，使其贯穿学生大学生活的全过程。按照全员育人的原则，将企业工作价值观渗透到学校管理、服务各项工作中，融入企业元素，不断提高学校的管理水平和服务质量，让学生在亲身感受优秀的企业工作价值观给他们带来优质服务的同时，也潜移默化地受到影响和教育。在校园文化和校园环境建设中融入优秀的企业文化理念和因素，使学生处处受到企业文化的熏陶。这些举措都会起到提高企业工作价值观教育的作用。

三、高职院校引入企业工作价值观教育的原则

高职院校引入企业工作价值观教育既有必要又有一定的基础，但学校和企业毕竟是两种不同性质的组织，两者的目标是完全不同的。而且各种不同企业之间，其企业

文化、价值观差别很大，良莠不齐，十分复杂。这就给高职院校引入企业工作价值观教育增加了一定的困难，必须进行分析甄别，而不能盲目照搬。具体来说应该遵循如下原则：

（一）源于企业、高于企业的原则

高职院校引入企业工作价值观教育切忌盲目照搬、简单移植，而要贯彻"源于企业，高于企业"的原则，这一原则包括如下几层含义：一是要去其糟粕，取其精华，引入企业工作价值观中优秀的、有利于学生成长成才的内容。且不说企业千差万别、良莠不齐，就是某些优秀企业，受社会环境和利益驱动的影响，其工作价值观也并非全部都是优秀的、合理的，有些企业文化用文字表达的东西与实际情况还有很大距离。因此，高职院校在引入企业工作价值观教育过程中，不仅要注意分析甄别，引入其中优秀的内容对学生进行教育，而且在学生到企业见习、顶岗实习过程中，还要教育学生也要学会用批判的眼光来看待和接受企业工作价值观，避免受企业的一些不良风气和习惯的影响。二是我们引入企业工作价值观教育，并不是一味地去迎合企业工作价值观，更不是照搬企业工作价值观，让学生全盘接受，而是指在学校教学和人才培养工作的各个环节都要注意融入优秀的企业工作价值观，从中汲取营养，使学校培养的人才更加符合企业对人才素质的要求。三是要对企业工作价值观进行综合研究。每个企业都有其文化和工作价值观，都有自己的特点。面对众多优秀企业的文化和不同特色的企业工作价值观，如果不进行综合研究，我们在引入过程中就会无所适从，难于取舍。

因此，高职院校在引入企业工作价值观教育的过程中，必须充分发挥高职院校的主体作用。不仅学校要有专人从事企业文化的研究，各个专业也要有专业教师进行相关职业或行业的企业文化研究[9]。按照学校人才培养的目标和企业对人才素质的要求，对不同企业的文化和工作价值观进行比较、分析、提炼和综合，然后再有机地融入学校的教学、管理、服务各个环节中去。这样才能真正实现企业工作价值观与学校人才培养工作的有机融合，真正提高学校人才培养的质量。

（二）有利于学生成长成才的原则

高职院校的根本任务是培养适应企业需要的高素质应用型人才。高职院校引入企业工作价值观教育本身不是目的，目的是要提高学生的综合职业素质。应该说企业文化与高职院校校园文化也有许多共同点，尤其是在对人才培养方面有许多值得相互借鉴的地方。但高职院校与企业毕竟是两种不同性质的组织，两者的任务和职责是完全不同的。因此，高职院校引入企业工作价值观教育不能为引入而引入，而是一切都要围绕学生成长成才这个中心来引入。具体来说，一是引入企业工作价值观教育不能生搬硬套，而要将其转化为学生能够接受的内容。企业工作价值观毕竟是在企业生产过程中体现出来的，离开了企业那种特殊的工作环境，学生不一定能够准确地理解和接受。这就要求学校尤其是教师在引入企业工作价值观教育中，一定要对企业工作价值观的有关内容进行分析、综合和消化，将其转化为学生能够接受的内容，有机地融入到专业教学内容和学校管理、服务各环节中去，才能对学生成长成才发生作用。二是要形式多样，切忌单一呆板。当前我们处于一个信息高度发达的信息化社会，学生接受信息渠道多，知识面广；当代大学生又大多出身于独生子女家庭，他们思想活跃，自我意识比较强。因此，在高职院校引入企业工作价值观教育仅凭简单的灌输说教是解决不了问题的，必须根据形势的不断发展和高职院校学生的特点，采取灵活多样的，为广大学生所喜闻乐见的教育形式，从学生自身成长的需要出发，把企业工作价值观有机地融入其中，才能真正让学生所接受，并内化为学生的职业素质。三是要注意把握教育的时机。一般来说，学生刚入校进行入学专业思想教育时，对一切都感到较新鲜，是引入企业工作价值观教育的较好时机，可以通过带学生参观校史展览、参观有关企业，请企业知名人士和已经毕业的校友来校做报告等途径对学生进行企业工作价值观的初步教育。此后，学生在大一时到企业见习期间，学校每年六七月份的毕业生校园招聘会，学生在校内实践教学基地的技能训练以及其毕业前的顶岗实习等，也都是引入企业工作价值观教育的较好时机，如果能够充分利用，往往能够收到事半功倍的效果。

（三）因地制宜，突出特色的原则

由于各高职院校所处的地区社会经济发展情况、社会经济结构不同，高职院校内各系各专业的具体情况存在很大差异，对应的岗位对人才素质要求也不一样。因此，高职院校引入企业工作价值观教育一定要打破"一刀切"与"千人一面"的思维定式，应突出本校本专业的特色。各学校要根据本地区社会经济发展对人才素质的要求以及产业结构的特点，有针对性地引入企业工作价值观教育，开展校园文化建设。各系各专业也要根据不同行业企业的要求，从各自的具体情况出发，找出适合于自身文化建设的切入点，建立起自己的目标，建立起自己的"系文化"甚至"专业文化"。"应该把相应行业企业的不同素质要求渗透于本系各专业的每个教育教学环节中，强化专业知识教育与企业文化的联系，教学计划、教学大纲、实践环节、考试考核、文化活动等都要体现出对专业素养的养成教育。"[10]只有这样，才能把企业工作价值观教育落实到各个专业的教育教学工作中去，才能把企业工作价值观教育与专业教育有机地结合起来，真正达到提高学生职业素养的目的。

参考文献

[1] 刘大纶. 论校园文化与企业文化的内在联系［J］. 江苏经贸职业技术学院学报，2006，(3)：20.

[2] 李信忠. 华为非常道［M］. 北京：机械工业出版社，2010：43.

[3] 知名企业企业核心价值观［DB/OL］. http://www.docin.com/p-37599107.html.

[4] 李佳怡. 王传福与比亚迪［M］. 杭州：浙江人民出版社，2008：202.

[5] 谭属春. 试论高职教育产学合作的长效机制［J］. 黑龙江高教研究，2010，(7)：81，82.

[6] 邱川弘. 高职高专实践教学基地建设的研究［J］. 实验技术与管理，2000，(6)：25-28.

[7] 谭属春. 论高职教育实践教学的原则［J］. 实验室研究与探索，2009，28，(6)：333-334.

[8] [9] 张燕红. 以校企文化的融合促进高职校园文化建设［J］. 当代教育论坛，2001，(11)：42.

[10] 祝红. 配合企业文化的高职校园文化建设探究［J］. 市场周刊·理论研究，2008，(1)：14.

高职院校专业文化建设探究

杨百梅

提　要　专业文化建设是高职院校加强内涵建设的重要组成部分,但专业文化建设目前还没引起各高职院校的重视,主要是对专业文化建设的内容及如何建设还没有一个系统的设计。本文对专业文化建设的内涵、地位作用、基本特征、建设的内容和策略,专业文化主要载体的建设和专业文化管理机制的建设等进行了系统研究分析,对高职院校加强专业文化建设有一定的启发。

关键词　高职院校、专业文化、专业文化建设

作者简介

杨百梅,淄博职业学院院长,教授

一、引言

按照文化的定义和内部结构划分,本文所论的专业文化是指专业师生群体创造并共同享有的物质实体、价值观念、意义体系和行为方式,是专业师生群体的整个生活状态,从内部结构上可分为专业精神文化、专业物质文化、专业制度文化、专业职业文化、专业人文文化。

二、专业文化的地位作用

专业文化是校园文化的子文化。专业文化作为学校校园文化的缩影,它不仅要打上具体院校特色文化的烙印,同时也会带有不同专业文化个性的色彩。由于专业不同,职业差异所带来的价值取向和职业文化也不一样。高职院校专业文化形态要服从并充分体现高职教育的主流文化,专业文化建设绝不能游离于院校的校园文化之外。

专业文化是高职院校专业建设的重要内容。一个成熟的专业应该具有成熟的专业文化,优秀的专业文化是专业成熟的标志。传统的职业文化已经无法满足现代职业生活的需求,而新的现代职业文化又没有完全建立起来,因此更加迫切需要

高职院校在专业建设过程中加强专业文化建设，建立职业本位的专业文化，培养一批打上专业文化烙印的高技能人才，促进新的现代职业文化的构建。

优秀的专业文化是推动专业建设的重要力量。优秀的专业文化能促进高职院校的产学研结合，有利于充分利用社会资源为专业建设服务，能升华教师的师德，能使学生热爱自己的专业与未来的职业。职业本位的专业文化是高职特色校园文化的核心。职业本位的专业文化是校园文化的高职特色之所在。因此，只要各个专业都建立了各具职业特色的专业文化，校园文化的高职特色自然就会显现出来。

总之，通过专业文化建设，师生的专业理念得到进一步凝练升华，职业本位专业文化特征更加显现，学生职业认知得到明显提高，以专业文化为核心的特色校园文化初见成效。

三、专业文化的基本特征

（一）职业性

高职院校专业是根据职业或职业岗位群设置的，高职教育是有明确职业指向的教育，每一个专业都明确地指向一个或多个职业岗位。因此，高职院校的专业文化有很强的职业性。

（二）开放性

由于高职院校专业文化在很大程度上服从于相应的职业文化，这就要求专业文化具有很大的开放性：一是专业文化内容要吸收职业文化的核心价值理念；二是专业文化建设过程要尽量依靠职业文化的环境；三是职业文化和专业文化会相互影响。

（三）实践性

高职院校培养的是面向生产、建设、管理、服务第一线需要的高技能人才，职业技能与职业素质的养成只有通过实践才能实现。实践是培养高技能人才的主要手段，实验、实训、实习是三个关键环节，因而在实验、实训和实习不同的环节，专业文化导向性应有所不同，但其核心指向应是职业技能和职业素质。

（四）融合性

现代社会越来越强调人的全面发展与职业生涯相协调。职业是人生的一种信仰，是人的生命价值的具体体现，而且无论何种职业，对从业者都有知识能力与道德素质两个方面的要求。因此，高职院校的专业文化应该是科学精神与人文精神的有机融合。

（五）多样性

高职院校专业文化形式是多样的。高职院校的专业设置是与行业对接的；专业口径相对狭小，再加上区域内许多行业规模不大，职业岗位需求量小，专业设置名目繁多，校园内专业文化的多样性则更为突出，从而使高职院校各专业以职业性格为标志的个性文化成为一种普遍而独特的校园文化。

四、专业文化建设内容和策略

（一）专业精神文化建设

精神文明层面的专业文化建设，一是学院层面的精神文化建设，主要包括办学理念、办学目标、办学指导思想、办学定位、办学精神；校风、教风、作风、学风；校训、校徽、校歌。二是专业层面的精神文化建设，包括专业理念、培养目标、培养规格等方面的内容。

1. 搜集整理学院文化精神。一是理念识别系统，主要包括办学目标、办学指导思想、办学定位、办学理念、办学精神、校训等核心办学理念；二是视觉识别系统，主要包括徽标、标准字体、色彩系统等基础要素和环境设计、办公用品、广告传播、交通工具、网站等一系列应用系统，其中核心是徽标；三是校风、教风、作风、学风、校歌等。

2. 提炼专业理念。专业理念的提炼必须依靠本专业团队成员的集体智慧，可通过"头脑风暴法"实施，但应按照科学的步骤，在掌握大量必备信息的基础上进行。主要步骤如下：第一，了解专业定位。专业定位包括专业所对应的职业岗位（群），专业培养目标和培养规格，特别是专业的综合职业能力即专业能力、方法能力和社会能力。第二，了解职业岗位（群）理念。调研了解专业所对应的职业岗位（群）的职业理念是什么。第三，了解主要工作过程。实质就是说清基于岗位的主要工作的工作过程，包含6个要素和6个步骤。6个要素即工作对象、工作内容、工具方法手段、工作环境、劳动组织和工作结果是什么。6个步骤即资讯、决策、计划、实施、检查、评估是如何进行的。第四，了解岗位具体要求。对工作人员的要求有哪些？工作原则是什么？

工作人员与团队及周边协作如何进行？第五，提炼专业理念。可采用"头脑风暴法"，在充分了解上述信息的基础上，每人将自己的想法写在纸上，然后集中汇总，提炼出大家一致认可的专业理念。然后采用知识管理信息加工的方法，对以上信息反复研究加工，用浅显易懂、朗朗上口、简明扼要的几句话概括，在征得团队成员认可的基础上，提炼升华为专业的核心理念。

3. 专业精神文化建设载体。精神层面的专业文化建设，必须选择合适的载体，主要载体有学习、活动、专栏和网站。组织学习，就是系统学习学校层面的文化精神内涵和专业层面的文化精神内涵。开展活动，就是组织开展各种活动，例如知识抢答竞赛、征文比赛等，加深对精神文化的普及，将精神文化贯穿于日常各种教育教学中，使大家耳濡目染，置身于精神文化熏陶中。创设专栏对专业来说，重点是本专业的精神文化建设，可以在教学楼、实训楼和宿舍楼等学生经常出入的地方以墙壁悬挂、黑板报等形式，图文并茂地介绍专业精神文化，例如专业理念、专业在学校的发展历史，中外著名企业家、管理学家、本地区相关企业等。建立网站，网络文化已成为学校文化的重要组成部分。学校可以在校园网上建立专业文化专栏，设立专业建设主页，还可以和相关的企业网站链接，构建为专业文化服务的网络平台。

（二）专业物质文化建设

物质文明层面的专业文化建设主要是环境建设、氛围建设、专业特色建设等，应进行系统规划设计，让学生在潜移默化中体会和感悟学校的办学理念、学校精神和专业精神，使学生得到充分的专业文化的熏陶。

1. 职教环境布置。环境布置要体现职教特色，主要包括以下几个方面：一是专业的发展历史和取得的主要成果；二是往届优秀毕业生事迹；三是专业领域的著名技术能手、技能标兵；四是行业的新技术、新工艺的发展趋势；五是市场人才需求信息；六是专业领域的名人格言警句。

2. 企业氛围营造。根据专业定位的职业岗位（群）特点，各教学、实验实训场所须精心营造企业氛围，主要包括以下几个方面：一是企业真实工作环境和职业氛围的营造；二是本专业所对应的行业企业精神；三是企业安全生产规范；四是企业环境保护要求；五是企业产品介绍；六是企业的管理方法。

学校可以将校内的实训基地营造成具有真实工作环境和浓厚职业氛围的场所，按行业标准张贴安全标语、生产流程、安全规程。在实训基地的管理上也可以参照企业的管理方法，师生必须穿工作服、戴安全帽等，必须严格按照操作流程上岗实习。

3. 专业格言创意。根据专业理念，精心设计各具不同、极具创意的励志格言。例如：机电专业——"锤炼品格，锻造人生"；电子专业——"不当万金油，争做万用表"；计算机专业——"网络连着你我他，信息社会全靠它"。

4. 博物馆建设。有条件的学校可以借助企业力量，建立专业发展博物馆，收集一些企业的典型设备、最新设备的图片资料等，向学生展示专业发展进步的过程，彰显专业特色和育人理念，营造浓厚的专业学术氛围，激发学生学习专业知识的兴趣。也可借助虚拟现实技术，在网上创办虚拟专业博物馆，可通过音频、视频、动画等现代多媒体技术，同样能使学生感到置身其中的效果。

（三）专业制度文化建设

1. 规章制度建设。专业制度文化是指以专业建设和管理为目标所拟定的专业所有师生共同遵守的办事规程和行动准则，主要包括：教学管理规定、主要教学环节的质量标准、人才培养质量监控办法、专业指导委员会章程、学生管理规定等。

2. 职业规范建设。主要包括专业教师的职业规范和职业人的规范。一是教师职业规范，即教师从事教师职业的职业规范；二是学生职业规范，主要指学生将从事职业的职业规范，即专业定位的职业岗位（群）的职业规范。

3. 工作守则。主要包括职业岗位的岗位职责、工作程序、工作标准等。

（四）专业职业文化建设

1. 创设职业文化专栏。具体内容已在前面"专业精神文化建设载体"部分中有过介绍。

2. 进行职业生涯规划。开展职业生涯指导，定期邀请优秀毕业生回校报告自己的就业或创业的经历，提升学生对职业生涯规划的重视程度。为每个学生指定一名职业指导教师，具体负责学生在校三年期间的职业指导；帮助学生制订"学生个人职业生涯规划"并监督职业生涯规划的执行情况，视情况指导学生进行调整。每位教师具体负责指导学生数量一般不超过 20 名，并纳入教育教学工作量。另外，还可以通过举办学生职业生涯设计大赛等活动，提升学生职业生涯设计水平。

3. 培植职业情感和道德。一是从实际出发，以加强职业道德教育为目标，定期举办主题班会、演讲比赛等。二是举行"企业家讲座"，定期邀请企业老总或部门负责人结合企业实战经验做专题讲座，培养职业情感和职业道德。三是开展社会实践，利用各种假期开展实践活动，使学生了解社会，体会个人价值的存在，培养学生忠于职守、团结友爱、助人为乐的职业道德观,强化诚信、守纪、敬业等基本的道德要求。

4. 开展技能比赛活动。一是校内定期举办各种技能大赛,以专业为主体,建立院系专业三级大赛运行机制。例如每年举行一次毕业生技能展示大赛。二是组织学生参加各种高水平技能大赛,特别是国家高水平专业技能大赛。三是创造条件鼓励或资助学生取得高级别职业技能证书,例如高级工、技师证书。

(五) 专业人文文化建设

一是要构建有利于师生学习与生活的物理空间和虚拟空间的人文环境文化。二是要营造团结友爱、和谐共处、互利协作、积极向上、关心他人、尊重他人、宽容别人、善待自己的人际文化。

(六) 专业文化主要载体建设

专业文化建设内容必须通过合适的载体呈现出来。其主要载体有教学楼、实训楼、宿舍楼,具体可分为教师办公室、学生教室、实验实训室、走廊楼道、学生宿舍等。

1. 教师办公室专业文化建设。其主要内容为:一是制度上墙,例如教学环节质量标准、教师工作规范、教学事故处理规定等;二是办公桌椅的布局,应整齐规范;三是专业理念氛围营造,例如将提炼出的专业理念以比较醒目的形式张贴于室内显著位置;四是张贴体现专业理念、专业精神的格言警句;五是有条件的系(院)可采用学校标准字、标准色和校徽统一办公用品标识。

2. 学生教室专业文化建设。其主要内容为:一是专业领域的名人格言警句;二是专业理念或体现专业理念精神的短语;三是学生管理制度。

3. 实验实训室专业文化建设。其主要内容为:一是实验实训设施按照企业真实工作环境和职业氛围进行布置;二是按行业标准张贴安全标语、生产流程、安全规程;三是主要产品介绍;四是张贴职业规范、岗位职责、工作守则、工作程序、工作标准等;五是张贴企业精神、专业精神的标语;六是有条件的系(院)执行企业的管理方法,如穿工作服、戴安全帽等要求,严格按照操作流程上岗实习。

4. 走廊楼道专业文化建设。其主要内容为:一是张贴专业领域著名的技术能手、技能标兵的画像;二是行业的新技术新工艺及发展趋势介绍;三是本专业的人才需求信息和趋势;四是专业发展历史和取得的主要成果;五是专业领域的名人格言警句;六是合作企业的介绍等。

5. 学生宿舍专业文化建设。其主要内容为:一是设置专栏介绍学院办学理念、学院精神和专业精神；二是张贴体现精神文明以及职业道德具有专业特色的励志格言，营造和谐氛围，使学生在潜移默化中得到专业文化的熏陶；三是张贴有利于营造团结友爱、和谐共处、互利协作、积极向上、关心他人、尊重他人、宽容别人、善待自己的人际文化的标语。

（七）专业文化机制建设

建立由学校→系（院）→部三级专业文化建设管理运行机制，逐步形成自身特色的专业文化建设管理运行机制。学校成立校园文化建设领导小组，负责全校校园文化建设的统筹、协调、指导、检测和评价；各系（院）成立专业文化建设领导小组，在学校校园文化建设领导小组的直接领导下开展工作，重点负责本系专业文化建设的统筹、协调、指导；各专业成立专业文化建设实施小组，负责本专业文化建设实施；各级文化建设小组的成员须由校企双方人员组成，比例原则上为1∶1。

参考文献

[1] 张青. 论大学中的专业文化建设 [J]. 中国石油大学学报（社会科学版），2007，(4).

[2] 朱发仁，傅新民. 高职院校职业本位的专业文化建设初探 [J]. 职业教育研究，2007，(4).

[3] 李占文. 高职院校专业文化建设探析 [J]. 辽宁高职学报，2006，(8).

[4] 邵文文. 高职文秘教育中的专业文化建设浅谈 [J]. 山东省经济管理干部学院学报，2006，(6).

高职院校专业文化、课程文化建设及其研究现状

朱怀忠

提要 高职院校开展专业文化和课程文化建设与研究是高职传承先进文化、培养服务区域经济人才职能的需要，但目前有关高职院校专业文化、课程文化建设的研究现状不容乐观。本文力求对高职院校专业文化和课程文化建设及研究以理论厘定、理念提炼，且融合了地域、行业、企业文化等内容。

关键词 高职院校、专业文化、课程文化

作者简介
朱怀忠，山东工业职业学院院长

文化一词具有十分宽泛的内涵，因而迄今为止还没有一个令人满意的定义。追本溯源，在汉语中文化的本义就是"以文教化"，它表示对人的性情的陶冶、品德的教养等等。一般认为广义的文化内涵包括以下四个层面：一是物态文化层，由物化的知识力量构成，是人的物质生产活动及其产品的总和，是可感知的、具有物质实体的文化事物。二是制度文化层，由人类在社会实践中建立的各种社会规范构成。包括社会经济制度、婚姻制度、家族制度、政治法律制度，家族、民族、国家、经济、政治、宗教社团、教育、科技、艺术组织等。三是行为文化层，以民风民俗形态出现，见之于日常起居动作之中，具有鲜明的民族、地域特色。四是心态文化层，由人类社会实践和意识活动中经过长期孕育而形成的价值观念、审美情趣、思维方式等构成，是文化的核心部分。

自 20 世纪 90 年代中期以来，随着工商管理学的兴起，国内掀起了文化研究的热潮。在此大背景下，关于"学校文化"、"校园文化"的研究一浪高过一浪；针对普通教育"课程文化"的研究也取得了一定进展。然而具体到高职院校专业文化

和课程文化建设的研究文献则是寥若晨星，高职院校文化建设实践成果更是凤毛麟角，许多院校甚至连体现大学文化的"章程"都没有。实际上，专业文化、课程文化是高职"专业"和"课程"的精髓；对高职院校而言，专业文化、课程文化建设既是学校文化、校园文化建设的基石，又是学校文化、校园文化建设的具体体现；优秀的专业文化、课程文化对专业建设和课程建设能够起到很好的引领作用。

一、高职院校开展专业文化、课程文化建设及其研究的意义

（一）高职院校完成文化传承职能的需要

湖南女子学院党委书记易银珍在《人民日报》撰文指出："大学是文化传承的重要载体。从我国来看，以儒学为主要代表的中华优秀传统文化，在很大程度上是由于官学和书院的教学传习和典籍整理才得以保存并绵延至今的；从西方来看，那些历史悠久的大学是知识传承和文化保存的重要组织。"奥尔托加·加塞特也在《大学的使命》中提出，大学教育应包括"文化传授、专业教学、科学研究与新科学家的培养"三项职能。同时，奥尔托加·加塞特还认为，虽然大学要有合理的分工与定位，大学通过履行不同的职能培养不同层次的人才，但是文化传授是大学最基本的、首要的功能。

历经十多年的快速发展，我国的高等职业教育早已占据了高等教育的半壁江山，为我国的经济和社会发展提供了大量的技能型、应用型人才。面对当前高等职业教育从"规模"向"质量"转型的关键时期，我们切不可将目光仅仅停留在"就业导向"上，满足于培养学生从事某种终身不变的职业；而应当承担起文化传承的大任，注重将学生培养成为有文化品味的、有教养的人。高职院校要完成这一使命，就必须搞好专业文化和课程文化建设。

（二）高职院校学生形成优秀职业文化的需要

所谓职业文化是人们在长期职业活动中逐步形成的价值观念、思维方式、行为规范以及相应的习惯、气质、礼仪与风气，它的核心内容是对职业使命、职业荣誉感、职业心理、职业规范以及职业礼仪的自觉体认和自愿遵从。当前企业聘用人才的六大基本标准是：以德为先、务实为本、良好的团队精神、较扎实的基础知识、认同企业文化和较好的发展潜力。这说明现代企业越来越重视人才的职业文化素养。高水平的职业技能只有与高水平的职业道德、职业心理等职业文化素质结合起来才能得到最佳

发挥。

作为高等职业院校，不仅要提高学生的知识和能力水平，更要注重学生的全面发展，塑造其良好的职业人格，培养其职业精神，帮其形成优秀的职业文化。这些都离不开良好的专业文化和课程文化的熏陶。

（三）高职院校内涵建设的需要

如果说文化是一个国家的"软实力"，学校文化是一个学校的"软实力"，那么专业文化和课程文化就是一个专业和一门课程的"软实力"。众所周知，在高职院校内涵建设和质量工程中，专业建设和课程建设具有无可替代的基础性地位，它们是高职院校各项建设工作的重中之重，而专业文化和课程文化是专业建设与课程建设的内核和灵魂，是学校可持续发展的动力来源。高职院校专业建设包括人才培养方案（实施性教学计划）的制订、双师型教师团队建设、实验室及实训基地建设、教学模式与教学手段改革、课程建设与开发、（校本）教材建设等等。

（四）高职院校培养高端优秀技能人才的需要

首先，优秀的专业文化和课程文化能促进高职院校的产学研结合，有利于充分利用社会资源为专业建设服务。由于高职院校专业文化和课程文化具有极强的职业性特点，因此专业文化和课程文化与相应的职业文化具有很多相通之处。在校企结合的过程中，学校与企业将会有更多的共同语言，将会极大地提高校企结合的效率，使高职院校更大限度地利用社会资源为教学服务，为专业建设、课程建设服务。其次，优秀的专业文化和课程文化能升华教师的师德，有利于培养高职院校的"双师型"专业带头人。优秀的职业文化有一个基本理念——敬业。高职院校通过建立优秀的职业本位的专业文化、课程文化，可以进一步强化教师队伍的敬业精神，使敬业精神不仅体现在传统意义的教学岗位上，更体现在与专业相对应的职业环节的教学活动中，通过这种带有职业性特点的专业文化、课程文化的熏陶，使专业教师迅速成长，成为具有良好师德的"双师型"专业带头人。最后，优秀的专业文化、课程文化能使学生热爱自己的专业与未来的职业。敬业是大多数人事业成功的重要原因，一个人无论选择何种职业，成功的关键都取决于其工作态度，一个人对职业的态度决定了他在职业上的成就。热爱自己的职业是敬业的前提，因此，高职院校要使学生热爱有明确职业指向的专业，憧憬自己未来的职业，通过建设优秀的专业文化、课程文化，给予学生职业精神的熏陶，培养学生良好的职业素质。

二、国内关于高职院校专业文化、课程文化的研究现状

2011年,姚辉波在《高等职业院校专业文化建设初探》一文中指出,高职院校应将专业文化建设贯穿人才培养全过程,并对高职专业文化建设的指导思想、目标、内涵和保障措施等进行创新性探索。2010年,章萍在《基于校企合作视角的高职专业文化建设研究》中指出,高职专业文化是高职校园文化的核心,是专业建设的灵魂和推动专业建设的重要力量。2009年,郑益仙等在《五年制高职专业文化建设的问题与对策》中指出,五年制高职院校专业文化建设的现状不容乐观,在认识上与具体操作中还存在一些问题。为此,必须提高对专业文化及其建设的认识,明确专业文化建设的目标,加大对专业文化及其建设的研究力度,并寻求一些可操作性强的应对策略。2009年,苏雪梅在《西方发达国家高等职业教育课程文化特色及其启示》一文中指出,突出职业性的课程物质文化,强调科学合理与可操作性的课程制度文化,体现能力本位与人格本位结合的课程精神文化,是美、日、德三国高等职业教育课程文化的特色。2009年,蔡丁等在《产学合作视野下的高职课程文化建设》一文中指出,构建具有特色的高职课程,首要任务便是树立先进的高职课程文化观。在产学合作视野下的高职课程文化建设,就是要融合企业的物质文化、精神文化和制度文化。

综合上述文献可以看出目前有关高职院校专业文化和课程文化建设的研究仍存在以下不足:

1. 研究的重点仍然停留在高职院校专业文化建设和课程文化建设的指导思想、目标、意义、内涵、保障措施等层面,对高职院校专业文化和课程文化建设缺乏理论支撑,深度不够。

2. 有研究者以某一具体专业为例对专业文化建设进行了研究,也有研究者仅以五年制高职为例来研究其专业文化建设,研究的视角略显局限,广度不够。

3. 由于我国高职专业文化建设、课程文化建设研究基础十分薄弱,建设思路不清晰,目前在实践中还存在四"重"四"轻":重物质文化建设,轻精神文化建设;重技能培养,轻人文教育;重制度管理,轻文化熏陶;重突击建设,轻文化积淀。

4. 专业文化与课程文化两者的关系目前尚有待于进一步深入研究。

三、高职院校专业文化、课程文化建设及其研究重点

针对目前的现状,专业文化、课程文化建设及其研究的重点应放在以下几个方面:

（一）理论研究方面

有研究者指出，目前存在于我国国人中的文化主要有三种：一是以马克思主义为代表的当代中国主流文化；二是几千年流传下来的中国传统文化；三是以基督教为代表的西方主流文化。这三种文化相互影响、相互融合，共同作用于人们的日常行为中。其对高职院校专业文化和课程文化建设当然也具有深远的影响。因此，我们首先是在这三种文化的框架内厘定高职院校专业文化、课程文化的内涵、体系建设和研究范围；探寻专业文化、课程文化的理论依据，要"从意识形态领域探寻这种积累积淀的规律"，围绕"专业的核心价值，找出与之相关的要素并研究诸要素之间的关系"。

（二）高职专业文化与课程文化建设理念的提炼

"理念决定思路，思路决定出路。"因此专业与课程理念是专业与课程文化的核心和建设的逻辑起点，是专业内部全体成员信奉并为之努力的价值理念，也是为达到培养相应职业合格人才的目标而形成的专业发展的思想观念。每个专业都应有自己独特的专业理念，但是认识和明确专业理念并不是一件十分容易的事。对专业的认识可以从多个角度、多个视角、多个层面加以理解，随着认识的深入以及社会经济与相关专业的发展，对专业的认识会不断升华和完善。专业理念需要挖掘与整理，使其从隐形到显形，从而使专业的全体成员能够明确专业理念，通过专业理念引领专业建设，提高人才培养的质量。

（三）高职专业文化、课程文化的"三对接"研究

一是对接当地的区域文化。职业教育是推动区域经济社会发展的助推器，培养高素质技能型人才，服务区域经济社会发展是高等职业院校重要的目标定位。实现与区域文化的对接，是培养适合区域文化、融入区域社会，从事生产、建设、管理、服务第一线的高素质技能型专门人才的内在要求。同时，某一特定的地域、区域文化对人的价值观形成也会产生或多或少的的影响，"一方水土养一方人"，说的就是这个道理。山东是孔孟之乡，儒家文化源远流长，"山东人"这一品牌和良好口碑，与儒风充溢的齐鲁文化不无关系。因此，高职院校的专业文化和课程文化建设必须注意吸收和对接当地的优秀区域（地域）文化。对山东工业职业学院而言，除了有博大精深、源远流长的儒家文化背景外，还地处齐文化的发祥地——淄博，因此，在专业文化、课程文化建设中也必须融入齐文化的精髓，即变革性、开放性、多元性、务实性和智慧性。

二是对接行业文化。我国不少高职院校都曾多年服务于某些特定行业企业，由于其办学的行业指向性，学校文化已深深根植于这些行业企业，文化的形成反映着行业企业的生产环境、行为方式和精神风貌，体现着明显的行业特征。如钢铁行业素以"铁的记录、钢的意志、火的热情"为其行业文化特征。所以，冶金类专业教育要及早营造这种文化氛围，并定向性培养、熏陶专业人特有的军人般的坚强、吃苦耐劳、爱岗敬业等优秀品质。

三是对接企业文化。企业是高等职业院校教育服务的需求主体，高职教育能否办出特色，培养的人才是否满足企业的需要，在很大程度上取决于企业的参与程度，取决于学校与企业文化的融合程度。就高职文化建设而言，培养职业能力是文化之本，锻造职业精神是文化之魂，营造产学合作生态是文化之链。山东工业职业学院隶属于山东钢铁集团公司，专业文化和课程文化建设必须体现山东钢铁集团企业文化特色，贯彻其"共创、共进、共赢"的核心价值观，培养具有团队意识、合作精神的专业技能人才。尤其是"订单式"专业教学，可以将专业文化与企业文化有机结合，企校根据企业需求联合开发既具有专业特点又渗透企业文化的课程体系，实现人才培养与企业需求的"零距离"对接。

众所周知，专业建设、课程建设既是高职院校建设的重点，也是难点；要建立起专业建设、课程建设可持续发展的长效机制，就必须重视专业文化、课程文化的引领作用，认真做好专业文化、课程文化建设的理论研究和实践。

参考文献

[1] 姚辉波. 高等职业院校专业文化建设初探 [J]. 中小企业管理与科技，2011，(25).

[2] 章萍. 基于校企合作视角的高职专业文化建设研究 [J]. 工业技术与职业教育，2010，(4).

[3] 郑益仙. 五年制高职专业文化建设的问题与对策 [J]. 职业教育研究，2009，(6).

[4] 苏雪梅. 西方发达国家高等职业教育课程文化特色及其启示 [J]. 教育与教学研究，2009，(5).

[5] 蔡丁. 产学合作视野下的高职课程文化建设 [J]. 四川职业技术学院学报，2009，(2).

大学生诚信问题及对策思考

张振华

提 要 诚实守信是每一位公民最基本的道德规范之一。我国新世纪的大学生的思想道德主流是积极向上的，但诚信问题也很严重。弄虚作假、考试舞弊、骗贷逃贷、人际关系淡漠、与他人交往存有戒备心理等诚信问题不时出现。治理大学生诚信问题是一项系统工程，高职院校应加强教育，打造校园诚信文化，建立失信行为惩戒机制，实施校务公开等。

关键词 高职院校、诚信文化、大学生、诚信教育

作者简介
张振华，内蒙古鄂尔多斯职业学院院长，教授

诚实守信是中华民族的传统美德，也是当今社会包括大学生在内的每一位公民最基本的道德规范之一。然而，进入新世纪以来，大学生的诚信问题越来越引起高教界乃至全社会的高度关注。因此，总结和归纳大学生在诚信方面存在的问题，分析其产生的原因，探究其解决问题的办法和途径，对于加强和改进大学生思想政治教育，贯彻落实胡锦涛总书记提出的关于全面贯彻党的教育方针，坚持育人为本、德育为先、能力为重、全面发展，着力增强学生服务国家服务人民的社会责任感、勇于探索的创新精神、善于解决问题的实践能力，努力培养德智体美全面发展的社会主义建设者和接班人具有重要的现实意义和深远的历史意义。

一、诚信的含义

诚信属于意识形态的范畴，它包括诚实和守信两个方面，两者是相互联系、相辅相成的。它是既可一分为二，又可合二为一的道德规范。

诚实简单来说就是忠诚老实，不弄虚作假。它主要是待人处事时的道德准则，这一准则要求人与人交往时说真话，向别人传递真实信息，不掩盖或歪曲事实真相[1]。

守信就是遵守承诺，说话算数，实践自己的诺言。言必信，行必果。守信是中国传统道德中的精华，是最基本的道德要求。我国传统文化中非常重视守信问题，把守信作为做人之本、立政之基。人无信不立，政无信不威。所谓信，即诚实无欺。《国语·周语上》说："礼所以观忠、信、仁、义也……信所以守也。"《论语·学而》道："与朋友交而不信乎？"孔子把"信"作为"仁"的重要表现之一，要求"敬事而信"，"谨而信"（《论语·学而》）。在《论语·为政》中，孔子认为："人而无信，不知其可也。大车无輗，小车无軏，其何以行之哉？"其主张与人交往，言而有信。"信"是儒家着重提倡的道德规范之一。

诚实守信是我国传统道德的根基，铸成中华民族的道德之魂。诚信守信归纳起来，包含了以下几个方面的含义：一是诚实无欺，主要指人的自我修养以及由此形成的个人内存的道德品质、德行和道德境界。二是相互信任，主要指信任他人或被他人所信任，这是社会中一般的道德要求。三是信守承诺，通常指能够履行对他人的承诺，是对特定对象的责任。所以相互信任、信守承诺主要指人们在交往中的行为规范和外在行为表现。

诚信是中华民族的传统美德，是现代文明的重要基础。诚信作为一种道德要求，是一切道德的基础和根本，是人之为人的最重要的品德，是一个社会赖以生存和发展的基石。中共中央印发的《公民道德建设实施纲要》把"明礼诚信"作为最基本的道德规范之一来要求全体公民，明礼诚信也是构成社会主义核心价值体系的重要内容之一。新世纪的大学生，作为接受教育最充分的社会主义公民，是社会主义事业的接班人，国家未来的建设者，更应该身体力行，领文明之先风，树时代之风尚，不做有损国家和集体利益、个人名誉的事情。

二、大学生诚信方面存在的主要问题及原因

总体来说，新世纪的大学生能够做到诚实守信，其思想道德主流是积极向上的。据有关调查资料显示，有83.8%大学生十分重视诚信问题，认同诚信品质是大学生的重要品质之一。11.4%学生处于中间阶段[2]。可见，新世纪的大学生，诚信品质总体上来说是好的，品质极差的仅占少数。然而，尽管如此，在进入新世纪以来，随着社会主义市场经济的发展和高等教育的大众化，部分大学生在享受高等教育发展带来的可喜机遇的同时，也存在着不容忽视的问题，那就是大学生诚信缺失的现象时有发生，且日益严重，主要表现在以下几个方面：

（一）弄虚作假、考试舞弊严重

一是大学生考试作弊。这已经是不争的事实，而且作弊者队伍越来越庞大，手段也越来越先进。作弊方法层出不穷，从夹带、偷看、交头接耳发展到使用现代通讯工具。尤其是在四、六级英语考试和计算机等级考试中，不少地方还出现了以营利为目的，有组织、有中介的作弊团伙，有些大学生冒名顶替充当"枪手"。二是学术抄袭司空见惯。抄袭作业、剽窃论文等等对于不少大学生是家常便饭，"天下文章一大抄，在于会抄不会抄"和"文章＝剪刀＋浆糊"的观点，在大学生中的认同率极高。三是履历造假。为了找到一个理想的就业岗位，一些大学生在毕业推荐表上做文章，伪造各种荣誉证书和社会实践经历，有的甚至篡改学习成绩，假简历、假荣誉、假证书、假优干、假三好，甚至还出现了假党员。四是投机取巧追逐名利。在评奖评优、享受特困生补助、入党、竞选干部、保送研究生等问题上，一些大学生投机取巧、弄虚作假。五是作弊心态发生了变化。过去学生认为考试作弊是不光彩的事情，所以作弊时偷偷摸摸。而现在学生作弊时则十分坦然，好像考试作弊、抄袭论文、履历造假等是理所当然的事情。

（二）信用意识缺失，违约、毁约时有发生

一是拖欠学费。大学生拖欠学费是一个十分普遍的现象。国家提出不让一个大学生因贫困而辍学的要求，体现了党和政府对广大大学生的关心和爱护，但却成了许多学生拖欠学费的理由和根据。有的大学生家庭经济并不困难，但就是不交学费，个别大学生甚至将家长让其交学费的钱用来下饭馆、进网吧等挥霍。恶意欠费现象在许多高校普遍存在，所欠学费的人数和金额随年级的增长而递增。二是骗贷逃贷。据有关调查资料显示，国有商业银行国家助学贷款坏账比例高达10％，远远高于普通人1％的比例。由于坏账率过高，导致许多高校被银行列入暂停发放助学贷款的"黑名单"。更有甚者，隐瞒家庭真实情况，出具虚假贫困证明骗取助学贷款。三是随意违约。高校图书馆图书期刊被盗被撕现象时有发生，一些学生看到有用的、感兴趣的文章，懒得拿去复印或摘抄，而是趁管理员不注意时随手撕下占为己有，有的学生还自诩"窃书不算偷"，心安理得，感觉良好。助学贷款到期不予归还，甚至更名换姓逃避还贷，毕业离校后杳无音信。有的同学的学杂费、住院医药费都是所在学院为其垫付，毕业后也一走了之，再无任何消息。有不少同学为了解决就业问题，提前与用人单位签订就业合同，但毕业后还参加各种招聘会，遇到待遇更好的单位就随意毁约。还有为数

不少的同学随意跳槽，而且跳槽不与企业打招呼，让企业措手不及，影响学校与企业的合作关系[3]。总之，有上述失信问题的大学生尽管数量不多，但却严重地破坏了大学生的整体信用形象。

（三）人际关系淡漠，与他人交往存有戒备心理

据报载，北京某大学在对420名学生的调查中发现，在"对他人的态度上"，有近一半的受访者缺乏对他人的足够信任感和安全感。在对"与陌生人打交道时要小心"回答中，表示完全赞同的高达45.8%，而完全反对这一说法的只有0.5%，完全同意"在这个竞争的年代里，如果不保持警惕，别人就可能占你便宜"的占32.7%，部分同意的占38.6%，完全不同意的只占2.6%。由于缺乏真诚与信任，沉迷于网络虚拟世界，而不愿意在生活中与他人交往者有之；背地造谣中伤，偷看他人日记，甚至盗窃财物者有之；为抢夺升学、留学机会而不择手段者有之；对恋爱态度不很严肃，更多地抱有一种游戏态度，多角恋爱，甚至因恋爱不成而轻生自杀或是凶残报复的事件在高校时有发生[4]。人际关系的淡漠导致有的学生孤僻、冷漠、紧张、不合群、缺乏责任感，甚至引发心理疾病，使学校的管理难度加大，不稳定因素增加。

上述问题尽管发生在部分或个别大学生身上，但使我们不能不痛心地感到，诚信危机正侵蚀和扭曲着一代莘莘学子的心灵，扰乱了学生正常的思想观念和思维方式，造成了严重的危害。弄虚作假、考试舞弊违反了公平竞争规则；信用缺失，不诚信行为不仅降低了大学生的道德水平，同时也降低了社会对大学生的信任度，从而严重败坏了高等教育的声誉和社会风气。

大学生诚信问题实际上是社会、家庭、学校诚信缺失的一个缩影。造成大学生诚信问题的原因是多方面的，既有历史的原因，也有现实社会环境、大学教育、家庭环境等客观因素的影响，以及学生自身的主观原因。归纳起来主要有：

从历史来看，封建残余思想对大学生诚信有所影响。长期以来，在中华民族的文明发展史上，虽然形成了"童叟无欺、相互礼让"等讲诚信的传统美德，但人们的诚信意识也存在着扭曲的一面。如"山中有直树，世上无真人"、"逢人只说三分话，未可全抛一片心"等流传至今，在一定程度上影响大学生诚信观念的确立。

从现实来看，信用环境的欠缺削弱了大学生的诚信意识。如政治领域中的贪污受贿、买官卖官、数字政绩；经济领域的掺杂施假、坑蒙拐骗、偷税漏税；从前几年媒体披露的黑心棉、毒大米、毒奶粉、地沟油到最近的达芬奇家具、塑化剂、苏丹红等一系列严重事件，都在挑战道德底线，拷问社会诚信[5]。文化领域的泡沫学术、学术

界东拼西凑的"专著"和博士生导师的剽窃现象，网络、影视、报刊的虚拟世界和光怪陆离的假新闻、假文凭、假证书、假学历、假职称、假广告、假文风、假商标，以及人们对盗版书、盗版光盘、盗版软件的默认和使用等，使社会生活中人与人之间的人情虚假、互不信任[6]。总之，从国家信用到金融机构信用，从企业信用到家庭、个人信用，几乎都沦落到被质疑的境地。大学不再是"世外桃源"，社会诚信的缺失必然影响大学生诚信。另外，社会用人机制上的偏差，诱发学生以假信息投其所好。用人单位在接收毕业生时往往要求太高，片面追求人才的"高消费"；一些学生和家长为了谋得一个好工作、好职位，造假制假，既欺骗用人单位也欺骗学校。

从学校教育来看，诚信教育的不足，弱化了诚信素质的培养。长期以来，在我们的学校教育中，无论是基础教育还是高等教育，虽然在理论上强调学生德智体美全面发展，但在实践中，由于面临着升学或就业等压力，学校偏重于知识的传授，忽视对学生的思想政治教育，德育教育往往流于形式。教书与育人分离，理论与实践背离，教育不能贴近学生和社会的实际，教育手段、方法简单，满足于老师课堂上的空洞灌输。有些学校内部管理不规范，有些学校本身存在招生舞弊、乱收费等不诚信现象，在对违纪学生处理、奖学金评定、党员发展等工作中出现走后门、开绿灯等不公正现象。教育工作者对新形势下德育教育研究探索不够，自身思想道德水平不高，缺乏职业道德，甚至自身也存在不诚信行为等，所有这些都给学生的诚信造成了恶劣的影响。

从家庭教育来看，一方面，学生家长在对子女的教育过程中，只注重其学习成绩的好坏，忽视对其思想道德的教育和日常行为的规范、矫正；另一方面，家长自身的不诚信行为等严重影响着子女，对子女的人生观、价值观产生直接的影响。

从大学生自身的情况来看，新世纪的大学生大多是独生子女，思想活跃，易接受新思想、新事物，但同时又任性好强，辨别能力相对较弱。而且他们在年龄、心理、生活阅历等方面尚不成熟，极易受社会上所谓"老实人吃亏"等不良现象的影响，价值观发生倾斜。

三、治理大学生诚信问题的几点思考

大学生的诚信问题不是孤立现象，它与整个社会的大环境密切相关，信用问题的最终解决也有赖于整个社会信用环境的根本好转。因此，治理大学生诚信问题不仅是一项系统工程，需要社会、学校、家庭等方方面面的共同努力，而且是一项长期而艰巨的任务。对此我们不能有丝毫的懈怠，必须付出长期的努力。然而，就学校本身来说，打造校园诚信文化，建设诚信校园，目前至少可以做好以下几个方面的工作：

（一）加强教育

要进一步加强和改进大学生思想政治教育，把诚信教育贯穿于大学生思想政治教育的始终，切实提高大学生诚信素质。

一要以教师为主导，学生为主体，充分发挥教师的表率作用。开展诚信教育，关键在教师。教师作为"人类灵魂的工程师"，是对大学生进行诚信教育的主体。教师要率先垂范，以自己学术和人格的双重魅力，给大学生做诚实守信的榜样。教师要为人师表，言传身教，在教学和科研工作中忠于职守、认真负责，绝不能敷衍塞责、弄虚作假。每一个教师不但要以自己的知识、智慧和才能来教育学生，而且要以自己的人格魅力来影响学生，以诚信的人生态度和价值取向来感召学生，以自己的言行引导学生，从而使他们在耳濡目染、潜移默化中趋向群体认同，自觉克服和改变不诚信的行为和现象。

二要发挥课堂教学的主渠道、主阵地的作用，强化诚信教育课程。高校应将诚信课程列入教学计划，结合不同的专业特点，把培养大学生的事业心、责任感、平等竞争的意识、独立自主的人格和对规则的虔诚态度等内容融入有关课程的讲授中。比如在《思想道德修养》、《社会主义市场经济》、《邓小平理论概论》、《形势与政策》等有关教程中强化诚信教育的内容。

三要改进教学方法，选取正反典型开展案例教育活动。一方面可以从不诚信的反面案例教育入手，让大学生充分认识不诚信的危害，为大学生设立诚信行为警戒线。与此同时，通过树立并表彰诚信的正面典型，使广大同学身边就有学习的榜样。

四要充分发挥校园网在思想道德建设中的作用，利用网络的优势，在网上开展相关的教育活动，寓教于乐。教育学生树立正确的网络道德，开发健康积极的信息资源，使网络成为高校一个新的重要思想文化阵地。通过以上教育活动，使绝大多数学生自觉做到不想和不愿失信。

（二）建立和完善相关制度机制

要建立完善的诚信制度和约束机制，做到用制度管人、用机制约束人，从而使广大大学生守信。诚信素质的培养，少不了加强教育，但仅仅靠教育是不够的，必须辅之以制度约束和信用评价。建立诚信的关键是在人和制度之间建立一套良性互动的诚信约束机制，使它能够对学生的各种行为起到真正的约束作用。

一要为学生建立诚信档案,记录学生在校期间的基本经历、学习成绩、助学贷款、获得的荣誉、处分等各类素质表现,并以此与各类评奖评优、就业等挂钩。有条件的高校可以实行电子化管理,以增加诚信教育的透明度和实效性。在学生毕业时,信用档案跟随学生人事档案一并交给用人单位,从而将学生的信用记录延伸到社会,使诚信电子档案成为大学生的人生第二身份证,成为在师生及社会监督下进入社会的通行证。

二要建立诚信评估机制。将学生在校期间各种带有纪律遵守、履约等行为进行认真归纳分析,建立科学的指标体系,并在每学年对广大学生的诚信状况进行定量记载和定性评价,以其作为学生评优以及进行信用贷款的主要依据。

三要建立诚信惩戒机制。将诚信状况与综合测评、奖学金评定、研究生保送、三好生评选、入党申请考察、信用贷款等相结合,对一般的失信行为,学校予以警告,并采取限制评优、贷款等措施;对于严重的失信违纪行为,设置直至予以开除学籍的"高压线",从而对学生的失信行为真正起到制约作用。

(三)实施学校校务公开,加强监督

阳光是最好的防腐剂和杀虫剂。凡是涉及学生利益的诸如推优、评奖入党、保研、奖助学金评定、特困生补助、助学贷款等,学校都要进行公示,自觉接受广大师生的监督。要充分利用校园广播、宣传栏、板报、墙报、网络等对诚信的先进典型进行表彰,对不诚信的行为进行曝光。

(四)营造学校、家庭、社会相结合的诚信环境

加强大学生诚信教育需要营造学校、家庭、社会相结合的诚信环境。学校要充分利用校园教育资源,积极组织开展多种形式的实践活动,营造全方位的校园诚信文化教育环境,实现他律与自律相互促进。如组织学生在全校范围内开展以诚信为主题的演讲比赛,举办诚信主题班会,开展"诚信"方面的征文及签名等系列活动,有效推动大学生诚信建设的开展。使大学生在实践过程中深刻认识诚信在经济社会生活中的地位和作用,深刻体会诚信在人的成长、事业发展中的重要性和紧迫性,自觉地把诚信认识化为诚信意识,主动把诚信理念变为诚信行为,在日常的同学交往中、在学习和考试过程中做到言行一致、拒绝作弊、诚实守信。利用网络组织开展以诚信为主题的网上征文比赛、班级网页设计大赛、诚信论坛等活动,鼓励大学生参与相关的探讨,寓教于乐。引导大学生树立信用至上的价值观以及公平竞争的市场意识和信守规则的

法治理念，从而使更多的大学生把诚信作为自己的自觉意识和行为。家庭成员尤其是父母要不断提高诚信修养，注意养成自身良好的诚信行为习惯，从小事做起，从细微处做起，并注意与子女交流诚信心得，为子女诚信教育营造良好的家庭环境。社会诚信教育环境的营造需要不断加强全社会的诚信宣传、教育，营造优良的诚信舆论和文化环境。学校、家庭、社会之间要统一诚信教育的指导思想和目标，三者之间要建立有效的沟通联络机制，共同努力，相互支持，共同进步。

总之，治理大学生的诚信问题是一项复杂的系统工程，需要社会、学校、家庭和每个学生的共同努力。只有这样，才能有效预防和治理大学生的失信行为，建设诚信校风，构建诚信校园，为大学生的健康成长和成才创造一个良好的社会环境和校园环境。

参考文献

[1] 辞海（平装本）[M]. 上海：上海辞书出版社，1999.

[2] 谢平. 论当代大学生的诚信教育 [J]. 陕西师范大学学报（哲学社会科学版），2007，(7).

[3] 张景胜. 加强大学生诚信教育的途径 [J]. 江苏高教，2007，(2).

[4] 干璐. 高校亟须加强大学生信用教育 [J]. 东华大学学报，2007，(2)：166-168.

[5] 向欣. 关于加强大学生诚信教育的思考 [J]. 西南交通大学学报，2003，(6).

[6] 黄朝夕. 大学生诚信缺失的思考与对策 [J]. 内江师范学院学报，2003，(3).

高职教育"三维文化"育人的实践与成效
——以浙江金融职业学院为例

周建松　陈云涛

提　要　文化育人是高等院校育人的潜在命题。如何选择文化的形态并发挥文化的功效，对于高等职业教育的可持续发展具有重要意义。本文以浙江金融职业学院"三维文化"育人体系为例，结合高职的文化特点，针对性地提出了高职院校文化育人所要达到的学生人格走向、从业素养和求学环境和谐统一的某种路径。

关键词　文化育人、诚信文化、金融文化、校友文化

作者简介
周建松，浙江金融职业学院党委书记，教授；陈云涛，浙江金融职业学院党办主任，副教授

"十一五"期间，高等职业教育作为高等教育的一种类型，以培养应用型、技术性人才的定位开辟了一条全新的教育路径。伴随高等职业教育的快速发展，从规模扩张向内涵提升、从培养数量到育人质量、从行业特性到办学特质等转型升级的要求成为了高等职业教育"十二五"发展的全新命题。文化作为感染人、塑造人的一股重要精神力量，对青年学生思想观念、行为方式、价值取向、职业规划等产生了深远的影响。高等职业教育在发展过程中所积淀的高职文化，具有独特的精神内涵和文化张力，其以内在、隐性的文化元素加诸于高职教育工作的方方面面，对高职院校内涵建设和人才培养工作的影响力和渗透力日益强劲。

"十二五"阶段，如何深化高职文化育人功能，提升高职院校的育人能力和水平，是摆在各高职院校面前的现实课题。浙江金融职业学院作为全国首批国家示范性高职院校，在十余年的高职办学实践中，广泛汲取中外职业院校的办学经验和文化成果，深入分析高职文化的个性特征，结合人才培养定位，形成了融合学校文化特色和高职教育特性的"三维文化育人体系"。"三维文化育人体系"，即基于"诚信文化"、"金融文化"和"校友文化"不同的育人视角，多维度交织、

相互融合所形成的立体式系统。诚信文化重精神塑造，是育人体系之精魄；金融文化重职业养成，是育人体系之主干；校友文化重职场发展，是育人体系之广袤平台；三者既有交融又各具架构，共同推动学院人才培养工作的繁盛发展。

一、诚信文化育人：诚品为尚，立身之本

全国教育工作会议提出了"坚持以人为本，全面实施素质教育"的改革发展主题，把"培养什么人、怎样培养人"视为教育改革的关键。浙江省高等教育工作座谈会强调了"育人为本、立德树人"的教育理念，将德育工作作为浙江省高校办学和育人工作的重点。围绕高校德育工作新指向，遵循教育部、浙江省加强大学生思想政治教育、强化大学生素质教育工作的根本要求，浙江金融职业学院在人才培养过程中，立足金融行业，对金融从业人员的诚信品格和职业素养提出要求，深化以德建校、以德育人，将"诚信"这一金融业的灵魂根植于学生心间。

学院将"诚实守信"作为文化育人的关键和重点，把培育诚信职业人格和熟练职业技能兼具的金融人才作为诚信文化育人的目标，发挥诚信文化作为浙江省高校校园文化品牌的优势，以诚信精神引领人才培养；通过组织保障、诚信活动、环境营造等深化学生诚信教育，从思想认知、价值观念、行为方式等方面提升学生的品质涵养，进一步教育引导学生践行"诚信、明理、笃行"之学风，做诚信人、行诚信事。

（一）以健全机制保障诚信育人

为使诚信教育活动扎实、有效开展，学院围绕诚信内涵制定和完善各项学生管理制度，在二级学院建立诚信评价机制，为开展诚信教育做好铺垫。设立校园文化建设委员会，视诚信文化建设为重点，确定相关软、硬件建设的责任部门，系统规划、有序推进。出台《全面构建"三维文化"育人体系的若干意见》、《文化与品牌建设》等文件，把"诚信文化"作为首要内容，保障文化建设与时俱进。

学院专门成立诚信文化研究所，有效整合学校与行业的优质资源，为研究、推广诚信文化、深化诚信教育提供智力支持。校内及学院思政研究会每年的研究方向和专题论文中都有关于诚信校园文化建设的主题，成为我院科研领域的特色。不少研究论文刊发于教育类14种核心期刊，提出了诚信文化建设的新理论、新途径和新方法，开阔了学院诚信文化建设的思路，为发展诚信校园文化提供了有益的借鉴。

（二）以诚信教育培养学生品质

学院的诚信教育活动分自我教育和公众活动两个部分，以达到内外结合、兼收并蓄之效。为加强学生的自我道德教育，学院推出《学生诚信公约》、《学生诚信誓词》，开展诚信还贷宣誓活动，强化学生的自我教育和约束能力。将诚信教育贯穿于学生入学至毕业的各个阶段，保持诚信文化育人的连贯性。新生入学时开展诚信主题的始业教育和典型示范教育，学生毕业时有诚信就业等教育；平时进行失信后果教育；每学期进行学生诚信行为考评，作为评优、信贷、入党等的依据。

为有机衔接诚信教育与素质教育，学院构建以诚信教育为基本特色的职业素质教育格局，依托明理学院强化"明德理、明事理、明学理、明情理"，教育学生以诚信为本做人做事做学问；借助以订单培养为载体的"银领学院"，联合行业企业提高学生对诚信的认知；设立淑女学院为女生开展"内外兼修"课程，以诚信精神引领职业女性所需的美德与修养。

同时，学院创新德育课程建设，将思政理论课、素质教育课教学与诚信教育有机结合，根据不同专业特点，融入诚信教育内容和重点。2003年，通过向全校师生征集素材的方式，学校编印了《诚信读本》，全校学生人手一册，成为学校当时诚信教育的第一教材。2007年编写了30万字的校本教材《诚信理论与实践》，并将该课程列为院重点建设课程，使道德教育课具有极强的职业感召力。

（三）以物化载体渲染诚信氛围

学院注重发挥物质环境对学生的熏陶功效，在校园环境景观建设中注入诚信因子，营造诚信文化氛围，潜移默化地陶冶学生。学校正大门左侧有一块两米多高、镌刻着一个古朴的"诚"字的巨石，注有《礼记·中庸》的："诚者，天之道也；诚之者，人之道也。"正对学生公寓的三号门前嵌有一块汉白玉，镌刻一"信"字，侧注为"民无信不立"（孔子语）。——"诚石"（实）、"信玉"（誉）直观地阐发了"诚信"的本意，令学生们观其形便知其意，将诚信理念了然于心。学院主题雕塑刻有"不诚无物"大字，其侧面呈方鼎状，蕴涵"一言九鼎"寓意，无形中昭示了"诚信"的理念，引导学生立德、立言、立人品。纵贯南北的主干道命名为"诚信大道"，让学生明了走进浙江金融职业学院，就要在"诚信大道"上承担诚信之责。校园里的明理亭、笃行桥、精业馆、诚信讲学堂等建筑和场馆，都有对"诚信文化"的进一步演绎，使学生在漫步之间就会不经意地得到警醒或启迪，发挥着"润物细无声"的功效。

(四) 以诚信活动弘扬诚信风尚

诚信精神的培育，要从思想上确立，更要从行动中体现。学院坚持以诚信作风取信于学生、家长和社会，做诚信表率。自 2007 年发布全国第一份高校社会责任报告，承诺对学生、对社会等履行责任后，学校连续五年每年坚持诚信发布主题社会责任报告，践履社会公民的责任自觉，为学生们树立行为示范。

同时，通过开展形式多样的诚信主题活动为诚信文化育人搭建平台。学院将诚信与传统文化的"慎独"相结合，举办无人监考的"诚信考场"；定期推出"诚信伞"活动，设立自由取阅的"诚信书架"，让学生在相对轻松的日常活动中领会诚信，践行诚信。2005 年设立学生"诚信档案"，将学生的考勤率、品德操行、为人处世、诚信缴费与还贷等内容涵括其中；档案跟随学生毕业，成为衡量学生品质的重要杠杆，为诚信状况良好的学生获得更多的发展机会。2010 年，设立"诚信指数观察站"，利用信息化手段定期对学生的诚信意识、诚信行为进行评价观测，形成浙金院诚信指数，以激励学子践履诚信之风。各系也会定期开展书写诚信、诚信小品大赛等丰富多彩的诚信活动，通过不同层次的立意诠释和推广诚信文化，让更多的学生吸纳、领会诚信的内涵。

二、金融文化育人：金融为基，立业之本

金融是现代经济的核心。浙江金融职业学院以"金融"命名，金融文化作为学校文脉之源的重要地位不言而喻。金融文化育人，注重使学生密切契合专业认知与职业定向，汲取金融知识和技能本领，内化学生金融职业特质，助推学生成长为高素质、技能型一线金融专才。

(一) 金融环境，行业文化全接触

润物细无声。大学校园是学子们学习生活的场所，理应成为他们接收金融文化最自然的场所，而在浙江金融职业学院，这种自然而然的接收显而易见。任何一个走进浙江金融职业学院的人都会强烈地感受到一种扑面而来的金融文化气息——八米高的主雕塑"立"，正面观之乃古代铲形币，镌有"汇通天下"四字，提炼了金融文化的汇通之理；校园内所有主要建筑物均以金融机构的简称冠名：兴业行政楼、浦发图书信息中心、恒丰教学楼、光大实训楼、广发文体中心、中信广场等，学院西北角葱茏茂密的是"绍兴金融林"，图书馆东侧供学子们徜徉闲坐的是"嘉兴金融长廊"；校园内

立有以"孕育"命名的贝壳状雕塑,贝是人类最古老的货币,既象征着金融的渊源,也生动地展示了学校育人的关爱之情。最醒目的是,在学院主干道上,有一组桥、石、画组成的景观"金融之旅":"由此而前,你将经历一次与金融的亲切对话……";桥的两侧栏板上,镌刻着中央银行、国有银行和所有全国性商业银行的行标以及诸多知名的证券公司、保险公司的徽标名称;桥北端的一块巨石上则刻有几乎全部浙江省内地市级以上商业银行的行标;学生们无论上下课途经此处或徜徉校园之时,总会在此驻足停留,甚至思考、研讨某行标企业的发展历程,无形中增进了对金融知识的了解,提高了对金融行业的认知。

(二)融通文化,金融之旅新体验

金融文化在本义上是一种融通文化,学院为了让学生深刻体悟其中的含义,从静态和动态两个方面对学生加以教育引导。

静态方面,学院分别于 2005 年和 2010 年投资 300 余万元建立"货币金融博览馆"和"金融票据博览馆"。货币金融博览馆是省内第一家在高校建立的货币博览馆,它搜集了从先秦到现代以及国外的大量货币,陈列了诸多交易现场和交易设备;金融票据博览馆则通过建国以来票据的发展历史,形象生动地展示了人类的融通智慧和金融文化之美,给从未接触过金融业的学生和外来受训人员以极强的文化冲击力。2007 年,学院投资 60 余万元在学生发展中心建成"金苑华尔街"。街的外墙上镶嵌着显示即时沪深指数和外汇牌价的大型电子显示屏;街内,股票、债券、外汇、期货等各种理财产品展示其中,并建有模拟实战平台,引入学院金融系的"808 投资工作室",开办学术沙龙,不定期举办投资创富论坛。校园东南区特别开辟"金融文化长廊",将最新的汇率信息、国际金融动态、理财数据等进行发布,及时奉上学生们所需的各类金融信息。

动态方面,学院"一把手技能训练营"凭借浙江省高校校园文化品牌的影响力,大力推介宣传金融行业的"技能文化",通过手把手教学、手把手传承、手把手训练的特色教学提高学院学生对行业技能发展历史的认知度和对技能技巧的掌握度;同时,训练营借助特色技能的感召力,周末定期为校内学生开设点钞、传票、反假币鉴别等金融行业业务技能培训,不仅吸引了校内众多学生踊跃报名,还吸引了下沙高教园区部分高校的大学生们主动参与,有效提高了金融文化的宣讲度和普及面。学院的学生活动在每个年度的规划上非常突出金融文化的主题设定,无论是上半年的科学文化艺术节还是下半年的社团活动周,金融知识讲座、股票擂台赛、技能大赛都是其中必不可少的。活动中，生动的形式、专业的契合、增值的喜悦给了青年学子们以很大的文化暗示，融通之美得以传递，金融文化逐渐成为学生的日常生活。

（三）"银领"人生，职业规划新走向

学院根据自身人才培养特性，根据从业状态和就业环境的不同，将学生定位于不同于白领、蓝领的"银领"。"银领"既传递了一线金融人才的气质内涵，又对应金融行业的行业属性，折射出学院为金融学子职业发展定向的巧思。为实现优质"银领"的人才培养目标，学院对教学、实训、学生管理、校企合作等进行了系统规划和整体推进。

首先是金融通识教育。在浙江金融职业学院，所有学生不论专业，都要上两门课："现代金融概论"和"理财基础"；都要过两个技能关："点钞与反假货币技术"和"中文输入"。在此基础上，学院创新教学手段，加深校企融合度，创造性地提出"两个1/4制度"，即专业课程中1/4的教学内容或1/4专业课程由行业、企业专家和业务骨干讲授。实施这种制度，虽然操作起来比较复杂，教学运行和调度也有不少矛盾，学校也要投入大量财力，但教学效果好，学生喜欢听。为了拓展学生职业能力，学院获取理财规划师、银行从业人员、证券从业人员等资格证书考点资质，为学生实施"准专业证书"制度，帮助学有余力的学生无偿提供一套专业菜单，使其在既有主修专业的同时学习另外一系列课程，获得自己偏好的专业证书，成长为复合型金融人才。

为强化工学结合，帮助学生熟练岗位技能、实践专业知识，学院建立光大实训楼和金融实验楼，引企入校，厂校一体。创设现代银行柜员实训中心、金融专业校企合作综合体、会计有机体实训工场等多个校内实训基地，全真化、实景式呈现学生职业岗位工作情境，使学生的金融专业知识学习与实际职业岗位操作无缝化对接、课堂与企业工场无间隙融合，大大提升了学生的实践能力。

2007年4月，学院创设以订单培养为始点、校企合作为基石、双师团队为依托、工学结合为载体、优质"银领"为目标的"银领学院"，会同各金融机构完善订单式人才培养机制和内部管理运行机制，由行业和校方共同组建校务委员会、师资团队，共同制订教学、实训计划并优先安排订单学员入驻金融企业，使进入金融机构订单班的学生未入职场就提前感知企业文化与职业氛围；订单培养率占毕业生总数的50%以上，切实增强了培养职业金融人的针对性和实效性。此举激发了广大学生接受金融文化的全面熏陶、以一种真正的"银领"姿态迈入金融行业的积极性和自主性，在学生中形成了一股极佳的学习风气，同时在全国教育界引起强烈反响，深受高职教育界专家

好评。

三、校友文化育人：责任为重，发展之本

校友反哺母校，是一种气度的象征，更是一种责任的彰显。学院三十余年的办学历史培育了近40000名校友，占浙江省金融行业从业人员的1/4，其中多数已成为浙江省内各家金融机构的领导与业务骨干，是学院凝聚资源、传承文脉、扩大交流的重要力量。学院校友群体基于金院情缘所集结，大力发展的校友文化，获得教育部"2011年全国高校校园文化建设优秀成果奖"；因其辐射的爱校、荣校、爱生的责任之光，成为学院和谐人生态的重要组成部分；因其特有的从业背景、职场经历、行业导向，成为学院培育学生可持续职业发展能力的重要资源。

（一）有情有义，以身示范

从浙江金融职业学院（前身浙江银行学校）毕业的校友们，有一个共同的称号——"金院人"。无论在校与否，他们始终如一地用关心和支持母校发展的实际行动，诠释"金院人"的责任与意义。学院20周年校庆之际，通过校友个人和所在单位的努力，共募集资金366万余元，支持母校建设了计算机实验室、语音室，兴建了浙江省金融高级人才培训中心，设立了教师出国进修基金、特困学生资助基金等。在校庆30周年之际，校友们共募集资金200余万元，在母校新校区投资建造了11个文化景观项目，营造校友文化环境氛围；校庆35周年之际，由各地校友会捐建的学院文化景观累计达15个，校园里处处弥漫校友对母校的殷殷之情。当学子们漫步于金色校园，无论小憩于"明理亭"（温州校友捐建）、遐思于"心欣向阳"（北京校友会捐建）或徜徉在"嘉秀廊"（嘉兴校友捐建）、穿梭于"绍兴金融林"（绍兴校友会捐建），都能感受到校友们的浓浓情谊。

在学院校友总会的带领下，各届校友积极通过捐资助教、捐资助学、帮困助学等方式支持母校的办学发展。通过校友的主动沟通和组织发动，许多金融机构和企业单位出资在母校设立专项奖学金，以表彰优秀学生、鼓励学生成才成长。目前共设立了23个奖项，其中包括广发银行设立的"育才"奖学金，浦发银行设立的"浦发"奖学金，温岭农村合作银行设立的"金曙光"奖学金，浙江泰隆商业银行设立的"泰隆"奖学金，经发集团设立的"经发"奖学金等，最高年奖学金达10000元，成为校友文化育人的直接体现。

同时，校友们还为母校设立教师奖励和培训基金、优秀学生奖励基金、优秀科研项目资助基金等专项基金，助推母校金融教育事业的发展。其中，"金晖奖"用以褒奖长期在母校从事教学工作无悔三尺讲台的教职员工；"金星奖"用以表彰在本职岗位上取得显著成绩并热心校友工作的双优人才；"银星奖"用以鼓励在校学习的新校友们早日成长成材；还有招商银行设立的"金葵花"奖教金，中信银行设立的中信奖教金，光大银行设立的光大奖教金等，在学校的育人过程中打下了校友文化的深深烙印。

（二）心系母校，爱校荣校

2000 年学院升格高职办学，校名改了，校友的心不变。各地校友一如既往地给予母校关心和支持，积极推动金融行业与教育厅签署共建协议，支持人行杭州中心支行会同全省各金融机构及有关方面共同办好学院发展咨询委员会，充分利用金融系统力量指导学院的发展规划及专业建设；会同有关金融机构为学院组建专业指导委员会，参与学院的专业调整和教学管理，提供有关金融业务的信息，为师生金融科研、实习调研创造便利条件。"十一五"期间，学院争创"三年实现规范，五年形成特色，八年争创一流"目标时，各地校友与母校一同开展了"同携手、共发展，母校与您心连心"活动，凝聚校友人心，汇聚校友力量，支持母校高职办学之路。学院校友总会团结带领省内 11 个地、市的校友们每年都与学院进行恳谈活动，为母校的发展献计献策，提供智力、技术支持，为学院师生实习、实训及学生就业提供帮助，成为母校事业发展的坚实后盾。

2006 年 12 月，学院荣膺首批国家示范性高职院校建设单位，紧密繁重的建设计划如火如荼地展开；各届校友们从建设计划立项之初就建言献策、共同规划。项目建设期间，校友总会联合各地校友分会和广大校友，积极搭建集合金融行业、校友总会、职教集团优势的"行业、校友、集团"办学平台，主动参与母校示范校建设工程，在优化办学规划、提升实训空间、完善专业建设方案等方面不遗余力，助推学院成功建成示范院校，并于 2009 年 1 月以优异成绩通过示范验收，顺利迈入高职教育发展的新台阶。

（三）关爱学子，传承文脉

2007 年，学院启动了"千名学生访校友、千名校友回课堂、百名校友上讲坛、百名校友话人生、百名教师进企业"为主题的"2300"校友文化育人活动，至今已有 10000 余名在校学生，走访、采访了 10000 余人次校友，其中不乏全国五一劳动奖章获得者、全国劳动模范、宁波首席工人等先进人物。通过访校友活动，学生们感知校友们为人、立业、做事的经验，感受榜样的力量；通过校友上讲坛活动，校友们向学弟学妹们传授行业最前沿的技术和信息，提高学生们的实践锻炼能力和职业发展能力；通过话人生活动，校友们分享了自身的拼搏足迹和成长故事，帮助学生形成正确的价值观、职业观、人生观。校友们不仅向学生传授知识，同时交流分享人生体验和行业心得，以自己成才成长的经历启发在校学生，指导学弟学妹们进行科学的职业生涯规划，使浙金院的优秀文化传统得到了良好的传承，带动了学院育人质量的提高。通过与校友们的亲密互动，学生们强烈地感受学院文化的流动和传承，直观地感应学校精神和"金院人"的精神品质，极大地提升了自豪感与归属感。

"订单班"是校友文化的又一输出途径。通过校友的共同努力和社会各界的支持，学院订单培养合作发展迅速，学院订单班的班级数和学生数从2003届1个订单班、12名学生发展到2011届的40个订单班和上千名学生。订单班作为校友文化育人的载体，集中输送校友所从事职业的职业文化、职业理念，为学生创设良好的职业环境，使育人工作呈现一种良好的生态。近年来，学院历届毕业生就业率都保持在95%以上。根据第三方麦可思数据有限公司的调查，学院2010届毕业生对母校的满意度为95%，对母校的推荐率达84%，居全国高职院校前列。

文化是一本打开的关于人的本质力量的书，人在大学阶段的成长和发展亟须文化的浸润、引导、驱动和完善。浙江金融职业学院以诚信文化、金融文化、校友文化为核心构建的"三维文化"育人体系，通过发挥文化尚德、增智、励志、传道、怡情、养心、明理、崇义等功能，实现培养青年学生精神品质、职业能力和可持续发展能力的育人目标。"三维文化"育人体系在高度上，致力于职业精神文化（诚信文化）的构建；在深度上，致力于职业能力文化（金融文化）的构建；在广度上，致力于职业生态文化（校友文化）的构建，使学生的人格走向、从业素养和职业发展环境在一个切实的育人目标下达到了和谐统一。

教育为基，职业为要，技能为先：职业教育的文化诠释

谷朝众

提要 准确把握高职教育内涵，科学确定高职人才培养目标，采用科学高效的人才培养方式培养人才是高职院校提升人才培养质量的"三部曲"。鹤壁职业技术学院根据自己对高职教育内涵和本质的把握，确定了"社会人"、"职业人"、"技能人"的人才培养目标。通过选修课、校园文化和技能竞赛等人才培养要素，瞄准毕业生的就业岗位（群），着力提升学生的综合素质、通用技能、职业素养和专业技能，取得了良好的人才培养效果。

关键词 高等职业教育、人才培养目标、人才培养路径

作者简介
谷朝众，鹤壁职业技术学院院长，教授

高等职业教育作为我国高等教育一个重要类型，承担着为社会培养大批高素质应用型专门人才的任务，在我国经济社会发展中发挥着重要作用。随着我国产业经济结构的调整和优化升级，社会对高职人才培养质量的要求越来越高，经过十多年的快速发展，高职教育已经进入了调整结构、丰富内涵、提升质量和增强效益的关键时期，这些都要求高职院校要持续创新人才培养模式，不断深化教育教学改革，在强化内涵、提升质量上不断探索创新。近年来，笔者所在的鹤壁职业技术学院认真研究高职教育教学规律，在改革人才培养模式、方式，全面提升人才培养质量方面进行了大量实践探索。

一、强化对高等职业技术教育的理解

这些年来高职教育发展迅速，但是发展的质量不高且发展不平衡却是一个不争的事实。纵观办学效果成功和不太成功的院校，除了区位、资金、产业行业背景及师资等硬件的差异外，办学理念和教育教学观念的差异也是非常重要的一个方面，其中对高职教育基本概念的认识和教育教

学规律认识不足是一个关键因素。

在高职教育发展的过程中，无论是学术界还是高职院校都在从理论和实践两个层面对高职教育进行研究和探索，国内一些高职院校也创立了林林总总、各式各样的人才培养模式和教育教学模式；课程建设、教学改革推陈出新，虽有成功的案例，但不少院校的教学改革效果都不甚理想，教学改革呈现出既百花齐放，又相对混乱的局面。笔者认为，出现这些问题的根本原因是高职院校对高职教育内涵和实质的把握不准确，致使人才培养目标和教育教学目的不明确。

关于高等职业技术教育的概念，众说纷纭，至今没有一个统一的定论。比如《教育大辞典》把高等职业教育定位为培养实用技术或技能型人才的教育，原上海市教育委员会的薛喜民则把高等职业教育界定为高等教育、职业技术教育、职业技术教育的高等阶段。但从字面上理解，高等职业技术教育首先是教育，是高等教育，所以必须有高等教育的元素，因此我们认为那些片面强调高职教育与普通高等教育的区别，过度强化职业教育的职业技术层面而忽视高等教育对人的生存与发展能力的促进、对人生活情趣和生活质量能力提升的帮助，忽视学生综合素质和通用能力培养的做法是不可取的。因此，高职教育必须以教育和高等教育的基本元素为基础，强化人本、人性教育，强调人的生存和发展能力的培养，讲求人的全面发展和可持续发展。

其次它是一种职业教育。职业教育就要突出其就业市场导向，建立与行业、产业、企业的联系，强调校企合作，瞄准岗位需求目标施教。这个要与普通本科院校，特别是研究型大学那种"象牙塔"式的教育区别开来，它必须是一种与产业经济和行业企业"共舞"、互动甚至相互融合发展的教育形式。职业教育是高等职业技术教育的重要因素，也是关键要素，因此，"职业为要"是我们对高职教育的第二层理解。不仅要培养学生的职业技能这种"硬实力"，还要培养学生的职业情怀、职业意识、职业精神、职业道德、职业准则和职业习惯等，增强学生的"软实力"，要从学生职业生涯发展和持续提升的角度去全面培养学生的能力。

另外，它还是一种技术教育。高职教育培养的是一线操作人员，从事的是直接操作型的工作，学生的实践操作能力不仅是学生顺利就业和高质量就业的必要条件（敲门砖），也是他们区别于其他类型院校毕业生的比较优势（杀手锏），更是高等职业技术教育毕业生素质能力结构中的核心要素（核心竞争力）。高职教育必须坚持技能为先的教育理念，强化实践教学，尤其要针对具体岗位（群）的需要努力提升学生的专业技能水平和动手操作能力。我们对高等职业技术教育的理解简单地说可以用"教育为基、职业为要、技能为先"（见图1）来概括。

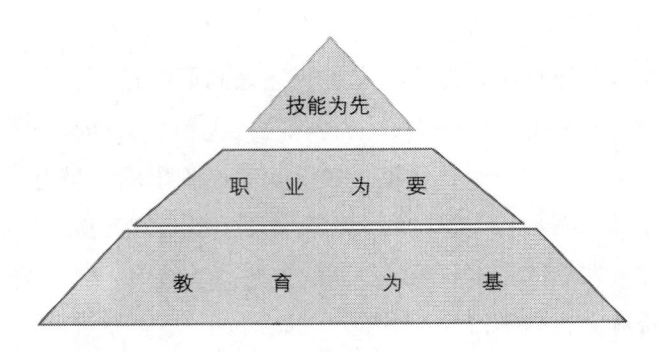

图 1　高等职业技术教育概念诠释示意图

二、科学确定高职等职业技术教育人才培养目标

根据上述对高等职业技术教育的理解，我们确定了"社会人"、"职业人"、"技能人"的人才培养目标（见图2）。

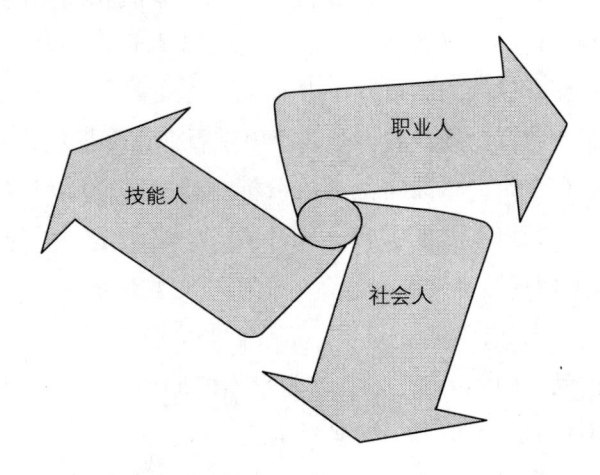

图 2　高等职业技术教育人才培养目标示意图

本文所谓的"社会人"是指能够适应社会环境、参与社会生活、懂得社会规范、履行社会角色的人。教育的本质就是促进人类个体健康成长，实现生命个体由自然人向社会人的高度转变。我们确立这样一个目标就是要实现教育的目的，强调职业教育的人本性，突出对学生的丰富、提升和完善。"职业人"是指参与社会分工，自身具备较强的专业知识、技能和素质等，并能够通过为社会创造物质财富和精神财富而获得合理报酬，在满足自我精神需求和物质需求的同时，实现自我价值最大化的人。"职业

人"的人才培养目标要求我们把职业素养作为人才培养的重要目标,包括对学生职业意识、职业道德、职业习惯和职业技能等方面的培养。而"技能人"则是指具有专业技能和实践操作能力的人。

在确立了"社会人"、"职业人"和"技能人"的人才培养目标的基础上,我们对培养的人才素质知识能力结构进行构建,瞄准毕业生的就业岗位(群)确立了以综合素质和通用技能为代表的"社会人"层面的素质知识技能体系、以职业意识和职业精神为代表的"职业人"层面的素质知识技能体系和以专业知识和专业技能为代表的"技能人"层面的素质知识技能体系(见图3)。鉴于职业教育的就业导向性,我们在确定毕业生的知识素质能力结构模型时强调了就业岗位(群)的指向性,强调围绕就业岗位(群)构筑毕业生的知识素质能力模型,围绕毕业生的就业能力、职业发展能力、社会适应能力和学生自我提升与发展能力等设计人才培养目标体系。

图3 人才素质知识能力结构示意图

三、制定科学高效的人才培养路径

围绕确定的人才培养目标,鹤壁职业技术学院大胆改革教育教学、积极探索实现人才培养目标的路径和方法(见图4)。

一是构建以文化艺术科为主体的选修课程体系,通过公共选修课为主要手段,培养学生的综合素质和通用技能,把学生培养成思想品德和个人修养好,行为规范和生活、学习习惯优,具有较强社会适应能力的"社会人"培养目标。学院目前共开设了包括传统武术、养生、公共关系、形体、艺术欣赏、演讲与口才、国学导读等在内的七个大类235门公共选修课,着力培养学生的人文素质和通用能力,提高学生思想、文化和生活品味。

二是构建以校企融合为特点的校园文化氛围,通过校企互融、互动的方式提升学

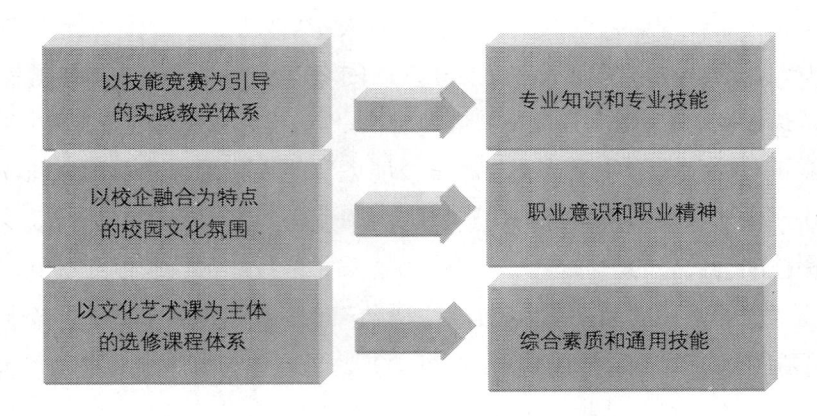

图 4 实现人才培养目标基本路径示意图

生的职业意识和职业精神，培养学生的职业技能和职业习惯，把学生培养成为优秀的"职业人"。文化育人涉及校园的方方面面、角角落落、每一个育人环节。在课堂上、在图书馆、在宿舍里、在校内实训中心、在院系办公区以及学校的每一个地方，都注意营造与毕业生目标就业企业相一致的职场氛围，打造既有大学特点又具有浓郁企业文化特色的校企融合型校园文化，让学生在这种文化环境中接受熏陶，在思想意识、行为方式及生活、学习、活动习惯上实现潜移默化的提升和转变。在学校规划建设方面注重"校中厂"的建设，把企业车间复制到学校；在校企合作方面强调"厂中校"建设，把人才培养工作放到企业的真实大环境中进行，为学生"职业性"的提升创设环境条件。比如学院通过与中兴通讯公司合作创办中兴通讯 NC 学院，在校内实训基地建设了 11 个通信类产教一体化实训室，专业课由中兴通讯公司从企业一线专业技术人员中抽调，采取案例教学法在一体化教室或校内实训车间对学生授课。与中德诺浩（北京）教育投资公司合办"中德共建汽车专业技师班"，引入德国手工业协会（HWK）汽车教育课程体系，将德国机电服务技师等职业资格证书课程体系与中国汽车相关专业的学历教育进行嵌入式套读，在实训车间建设和师资队伍培训与配备方面开展合作。学院与鹤壁市无线电四厂合作建立生产性机械加工实训基地，成立河南省通信特种车工程技术研究中心和机电工程技术研究中心；与鹤壁市京立医院合作购置了价值千万元的先进医疗设备，实现教学实训与临床治疗共用；在鹤壁市中医院设置了康复实训室，把课堂教学搬到了医院。这些措施都有力地促进了校企文化的融合，帮助学生与企业零距离接触，感受企业氛围，提升学生的职业意识，培养学生的职业习惯，以实现学院"职业人"的培养目标。

三是构建以技能竞赛为主要引导和激励因子的实践教学体系，努力提升学生的专业知识、专业技能和实践操作能力。学院从职业岗位群需求能力出发，按照知识、能力、素质三位一体模式，不断优化课程设置，并持续强化"基于工作过程"的课程内容设计和核心课程开发，以充分体现课程的职业技术性，尤其是通过开发实施一系列"教、学、做"一体化的工学结合课程来强化学生的"首岗适应，多岗迁移"能力，探索构建了"三四五"实践教学体系。近几年，学院以技能竞赛促进了实践教学的实效性，取得了良好的成效。一方面在全校范围内广泛开展由所有在校生广泛参与的普及性技能比赛。学院成立了以院长为组长的校级专业技能竞赛领导小组，要求每个专业结合专业基本技能要求，紧跟技术市场发展需要，每年度至少开展 1 到 2 项竞赛。仅 2011 年全校就组织了各种校内技能竞赛 33 大项，参赛学生 1896 人。另一方面是注重参加上级组织的职业技能大赛。2008 年学院首次征战全国职业技能大赛就夺得了 1 项全国三等奖、1 项河南选拔赛一等奖和 2 项河南选拔赛二等奖的不俗成绩。2012 年更是承办了全国职业院校技能大赛河南选拔赛的 4 个比赛项目，并在全国职业技能大赛中一举夺得 2 项一等奖、1 项二等奖、6 项三等奖，获得 5 项全国职业技能大赛河南省选拔赛一等奖的好成绩。学院以选拔参加上级组织的比赛的人员拉动学校内部的比赛，以学校广大师生参与的校内竞赛促进人员参加上级组织的比赛，形成国家、省级技能大赛与学院、院系技能比赛相互促进的良好局面。通过对技能竞赛的鼓励和支持，尤其是对在国家、省级大赛中取得优异成绩的师生给予重奖等形式，在全院上下形成重实践、强技能的良好氛围，有效地促进了实践教学质量的持续提升。

高等职业教育在我国发展时间还不长，很多方面都是在探索过程中。关键是要深刻理解高职教育的内涵和本质，认真研究和把握高职人才培养和教育教学的规律和特点，结合实际，遵循规律，才能少走弯路或者不走弯路，取得良好的人才培养效果。

参考文献

[1] 顾明远. 教育大辞典（第三卷）[M]. 上海：上海教育出版社，1991.
[2] 徐礼云. 浅谈"两课"教学如何突出高职特色 [J]. 科技信息（科学教研），2007，(25).

以思想政治育人文化为突破口
探索当代中国马克思主义的大众化

俞步松

提　要　思想政治育人文化是马克思主义大众化的重要途径，是高职教育发展的内在要求，是教育文化本质的必然回归。

关键词　思想政治教育、当代中国马克思主义、人文化、大众化

作者简介
俞步松，浙江经济职业技术学院党委书记，研究员

思想政治教育是素质教育的灵魂。如何使高校的文化素质教育与思想政治教育相结合，发挥高职院校的文化优势与特色，提高马克思主义普及与思政教育的实效性一直是高职教育界重点关注的育人的根本问题。

一、思想政治育人文化是马克思主义大众化的重要途径

近年来，笔者所在的院校——浙江经济职业技术学院，以党的十七届六中全会《决定》和胡锦涛总书记在清华大学百年校庆纪念大会的讲话为指针，不断加强和改进思想政治教育，践行"和谐职业人"教育理念，推进"绿韵工程"。开发思政文化是"绿韵工程"的重要组成部分。所谓思政文化，笔者认为，是指文化素质教育，特别是人文素质教育为思想政治教育服务，并使两者有机结合的文化。

学院积极探索新形势下思政文化研究工作，并从胡锦涛总书记十七大以来的报告中汲取精神力量，提高了对以下思政文化领域五个重要关系的认识：一是明确了社会主义理论体系与马克思主

义中国化的关系。"中国特色社会主义理论体系,就是包括邓小平理论、'三个代表'重要思想以及科学发展观等重大战略思想在内的科学理论体系","是马克思主义中国化最新成果"。二是明确了科学发展观与和谐社会的关系。"深入贯彻落实科学发展观,要求我们积极构建社会主义和谐社会。社会和谐是中国特色社会主义的本质属性。科学发展和社会和谐是内在统一的"。三是明确了社会主义核心价值观与社会主义意识形态的关系。"建设社会主义核心价值体系,增强社会主义意识形态的吸引力和凝聚力。社会主义核心价值体系是社会主义意识形态的本质体现"。四是明确了中国马克思主义大众化与理论创新的关系。"大力推进理论创新,不断赋予当代中国马克思主义鲜明的实践特色、民族特色、时代特色,开展中国特色社会主义理论体系宣传普及活动,推动当代中国马克思主义大众化";五是明确了开展优秀文化传统教育与建设共有精神家园的关系。"弘扬中华文化,建设中华民族共有精神家园。中华文化是中华民族生生不息、团结奋进的不竭动力。要全面认识祖国传统文化,取其精华、去其糟粕,使之与当代社会相适应,与现代文明相协调,保持民族性,体现时代性。加强中华优秀文化传统教育,运用现代科技手段开发利用民族文化丰厚资源。"由此,我们进一步认识到,思政文化开发所选主题都应该是中国特色社会主义理论体系即马克思主义的中国化的最新成果。

二、思想政治育人文化是高职教育发展的内在要求

学习、贯彻《国家中长期教育改革和发展规划纲要(2010—2020年)》提升了我们的教育哲学理念。高职教育作为职业教育的重要组成部分,就必须"着力培养学生的职业道德、职业技能和就业创业能力","把提高质量作为重点。以服务为宗旨,以就业为导向,推进教育教学改革","满足经济社会对高素质劳动者和技能型人才的需要"。高职教育同时又是高等教育,也应"牢固确立人才培养在高校工作中的中心地位,着力培养信念执着、品德优良、知识丰富、本领过硬的高素质专门人才和拔尖创新人才";"积极推进文化传播,弘扬优秀传统文化,发展先进文化";"积极参与马克思主义理论研究和建设工程"。胡锦涛总书记在2010年全国教育工作会议上的讲话深刻论述了《纲要》所体现的中国特色社会主义的教育本质观和价值观:"坚持以人为本,全面实施素质教育是教育改革和发展的主题,是贯彻党的教育方针的时代要求,核心是解决好培养什么人、怎样培养人的重大问题,重点是面向全体学生、促进学生全面发展,着力提高学生服务国家服务人民的社会责任感、勇于探索的创新精神、善

于解决问题的实践能力"；"要把促进人的全面发展、适应社会需要作为衡量教育质量的根本标准，努力协调好教育发展和人的全面发展、教育发展和社会发展的关系"。

教育部最近发布了《关于全面提高高等教育质量的若干意见》（教高［2012］4号），又与财政部联合发布了《关于实施高等学校创新能力提升计划的意见》（教技［2012］6号），这是进一步落实胡锦涛总书记在清华大学百年校庆纪念大会讲话精神，围绕提高人才培养质量这个核心的两个主题"质量"与"创新"而提出的系列政策措施。文件明确提出了全面实施素质教育，把促进人的全面发展和适应社会需要作为衡量人才培养水平的根本标准。再次明确了把落实文化知识学习和思想品德修养、创新思维和社会实践、全面发展和个性发展紧密结合作为人才培养的基本要求。因此，我们在加强和改进思想政治教育，全面实施思想政治理论课课程方案，推动中国特色社会主义理论体系进教材、进课堂、进头脑；及时修订教材和教学大纲，充分反映马克思主义中国化的最新成果；实施"立德树人"工程，提高大学生思想政治教育工作科学化水平；加强爱国、敬业、诚信、友善等道德规范教育方面做了有益的探索和实践。由此也进一步增强了我们以社会主义核心价值体系引领精神家园建设为指导理念，探索马克思主义中国化的信心和自觉。这也完全符合面向我国社会主义文化建设的迫切需求，探索建立文化传承创新新模式的"2011计划"（即"高校创新能力提升计划"）的要求。

三、思想政治育人文化是教育文化本质的必然回归

从教育哲学的视角考察，一些学者关于教育人文性的论述给我们诸多启示。台湾有学者指出："教育学并非纯粹的行为科学，而是一种价值科学"，"教育的对象是'人'，教育现象正是纯粹的人文现象"[1]。石中英据此提出了"教育学的文化性格"。所谓"'教育学的文化性格'是指教育学在本质上不是以价值中性、文化无涉为前提，以事实发现和知识积累为目的，以严密的逻辑体系为依托的科学活动，而是一类以价值建构和意义阐述为目的的价值科学或文化科学"[2]。德国学者朔伊尔和施密特指出："教育始终在一种社会组织中进行，每个个体的教育活动又无一不受与它对应的文化模式影响……每种文化都有其教育学传统，而在不同的文化中，教育学所涉及的范围或领域是各不相同的。"[3]石中英还从中国教育的人生教育学传统特性出发，结合教育的民族文化传统一般属性，提出"教育学的民族性格"并论证了"教育学的文化性格"与前者的关系——"民族的文化传统是教育学的根。"[4]由此我们体会到，以人为本、

德智体美全面发展的素质教育观反映了教育哲学的本质属性——具有"文化性格"和"民族性格"的中国特色社会主义教育观。

在"培养什么人，怎样培养人的重大问题上"，杨叔子院士指出："文化素质教育的作用，既作为其他素质教育的基础，更着力于人生价值的取向。从而它的锋芒针对被忽视的人文教育，解决好如何做人的问题；它的重点是加强民族文化教育，解决好如何做中国人的问题；它的核心是融合科学教育与人文教育，解决好如何做现代中国人的问题。"[5]这是对教育学的文化属性、民族性格和思政文化本质的深刻阐述。

从思政教育改革创新的教学理论视角看，在"培养什么人，如何培养人的重大问题上"，思想政治和道德品质素质教育无疑是塑魂工程。结合高职教育的特点，作为思政教育核心的"思政课"教学该如何创新？有学者提出了思政教学课程教学方法创新的思想性、实效性、时代性三原则[6]："实效性是思想政治本质能够存在的根据，即人在追求思想政治道德时真正能够为自己带来功利性的效用。""在实效性基础上对社会道德思想规范的尊重成为人的美德。这是思想政治、道德伦理的'体'与'用'两个方面的相互支撑与作用。"我们的实践证明，两课建设创新的实效性原则与高职教育崇尚传统文化中"经世致用"的"实学"思想相契合。

四、推动马克思主义大众化的创新实践：传统文化与思政文化的有效对接

近五年来，浙江经济职业技术学院把已坚持12年并取得教育部特等奖重大成果和经验的"诗教育人"项目扩展为传统诗性文化教育，并纳入文化素质教育主渠道，使之与思想政治素质、专业科学素质、身心健康素质教育和高职文化建设相结合，实施了以人文与科学相融为核心，以和谐职业人教育理念为指导的"绿韵工程"。胡锦涛总书记在十七大报告中指出，要"加强和改进思想政治工作，注重人文关怀和心理疏导，用正确方式处理人际关系"。邓小平、江泽民等国家领导人也曾多次强调思想政治素质与文化素质教育相结合的重要性。江泽民同志在全国第三次教育工作会议上的讲话中说："对干部、群众和学生必须认真进行中国历史、地理、文学知识和政治知识的教育，没有这些知识的武装，人们的爱国主义、集体主义、社会主义思想是难以确立起来的。"1986年6月18日，邓小平同志在中央政治局常委会上曾尖锐地指出："法制观念与人们的文化素质有关。现在那么多年轻人犯罪，无法无天，没有顾忌，一个原因是文化素质低。"从教育工作的视角看来，这无疑突显了思政文化的本质与内涵。

自 2006 年以来，学院思政工作者、诗教、文艺和"思政课"的老师们合作开发，每年确定一个思政教育主题，探寻这些主题在民族传统文化中的根脉，编写了一套"中华文化之根系列丛书"，包括《八荣八耻的中华文化之根》(2006 年 4 月)、《和谐理念的中华文化之根》(2007 年 3 月)、《大爱精神的中华文化之根》(2008 年 5 月)、《科学发展观的中华文化之根》(2009 年 5 月)和《创新创业的中华文化之根》(2010 年 12 月)等五册。丛书内容精简凝练，思想与时俱进，学院师生人手一册，发挥了较好的作用。同时，其作为思政文化教研探索资料，被交流到相关的学术会议与各级院校，反映及评价良好。《中华文化之根系列丛书》的研撰编印是使马克思主义中国化与中国传统文化现代化相结合，推动当代中国马克思主义大众化这一理论创新园地中的一朵实践的小花。

综上所述，认真领会胡锦涛总书记讲话和《纲要》与两个《意见》的精神实质，考察现代教育哲学和教学理论，都启示我们思政文化的研究探索工作应努力践行中国特色社会主义教育观；体现素质教育的文化性格和民族性格；遵循思政教育教学的思想性、实效性、时代性创新原则；尝试将马克思主义中国化与优秀传统文化、时代化相结合，从而推动当代中国马克思主义大众化。

参考文献

[1] 郭为藩. 教育的理念 [M]. 台北：台湾文景出版社，1980：122-126.

[2] 石中英. 教育学的文化性格. [M]. 太原：山西教育出版社，2005：188.

[3] 瞿葆奎主编. 教育学文集·教育与教育学 [M]. 北京：人民教育出版社，1993：300.

[4] 石中英. 教育学的文化性格 [M]. 太原：山西教育出版社，2005：188.

[5] 杨叔子、余东升. 素质教育：改革开放 30 周年中国教育思想一大硕果 [J]. 新华文摘，2009 (2).

[6] 张辉等. 高等职业院校思想政治理论课程建设创新研究 [M]. 北京：中国社会科学出版社，2009：118-121.

当代高职院校文化育人的实践与思考

曹毓刚

提　要　目前高职院校在文化素质教育方面存在着院校文化品质不明确，观念不清晰，途径不畅、方法单一，教育体系尚未形成四个方面的问题。高职院校必须遵循致用以学、行知并进的原则，按照校园文化建设与课程教育相结合的途径进行文化素质教育。

关键词　高职院校、文化育人、素质教育

作者简介
曹毓刚，杨凌职业技术学院党委书记

2011年10月，党的十七届六中全会审议通过了《中共中央关于深化文化体制改革、推动社会主义文化大发展大繁荣若干重大问题的决定》，对深化文化体制改革、推动社会主义文化大发展大繁荣做出全面部署，对加强社会主义思想道德建设提出了新任务新要求。在这种背景下，文化强国的各项建设工作全面展开。作为高等教育重要组成部分的高职院校，全面推进文化素质教育，全面提升教育品质成为当务之急。

一、文化素质教育对于高职教育的重要性

中华民族具有五千多年的文明史，创造了举世闻名的传统文化。市场经济的飞速发展使我国进入新的历史阶段。从理论上讲，经济发展是关键，文化建设是根基。没有利益驱动，就没有经济的快速发展；没有文化建设，就没有经济的可持续发展。因经济发展的迫切性而忽视文化建设的做法并不可取，文化建设从根本上保证了经济发展的方向与走势。从这个意义上，党中央深化文化体制改革是英明之举。我们应该从国家战略的高度理解文化建设的重要性。高职院校作为重要的文化阵地，应该坚定不移地贯彻党中央的决定。

(一) 高职教育的现实问题

高职教育迅速发展的十多年来,因为强调高技能的教育属性,文化素质教育并没有得到足够的重视。在一定程度上讲,高职教育有历史无文化,教育品质亟待提升。具体而言,高职院校文化素质教育存在如下问题:

1. 高职院校文化品质不明确

高职院校是我国高等教育单位,应该成为推行先进文化的重要阵地,但现实并非如此。我国独立建制的高职院校多是从中职转型,技能教育的办学目标根深蒂固,高职教育诞生之初就存在着忽视文化素质教育的倾向。国家大力推进文化建设的历史背景是高职院校提升文化品质的绝佳历史机遇。

2. 高职院校文化素质教育观念不清晰

很多高职教育工作者,尤其是教学一线的教师,在长期的教学过程中,由于过分强调高技能教育,因而在潜意识中出现了技能教育与文化素质教育的冲突。这种意识外化在高职院校的管理机制层面,出现了决策层对于学生文化素质的漠视。强调高技能本身并无过错,但因此忽视文化素质教育就有失公允,也是不能正确理解高职教育内涵的结果。

3. 高职院校文化素质教育的途径不畅,方法单一

根据我们对于高职教育的调查,绝大多数高职院校对于学生的文化素质教育局限于学生工作部(院团委)开展的文艺活动,途径不畅,方法单一,教育效果不明显。在新的历史形势下,我们要进一步探索适合高职教育现状的新途径、新方法,确保学生先成人,再成职业人。也就是说,我们要在文化素质教育的基础上开展高技能教育。

4. 高职院校文化素质教育体系尚未形成

目前,很多普通高等教育院校已经形成完善的素质教育体系,有专门的管理机构负责落实学校的素质教育措施,教师也能够正确理解素质教育与专业教育之间的辩证关系。在前三个问题没有很好解决的前提下,高职院校不可能形成素质教育体系。有调查显示,少数具有文化自觉的高职院校目前已经开始着手建设学院文化,并取得了较好的成效,杨凌职业技术学院就属其中之一。

(二) 文化素质教育是高职教育质量实现飞跃的根本保证

高职教育服务于经济发展,承担着培养高端技能型人才的重任。长期以来,高职教育工作者着眼于高端技能的培养,并没有深思人才的现实内涵。高职教育的教育宗

旨应该更准确地表述为培养服务于经济发展的、社会主义建设的高端技能型人才。从这个意义上，文化素质教育是高职教育质量实现飞跃的根本保证。

1. 文化自觉是文化建设的前提

文化是决定一切问题的根本。只有把经济建设建立在文化建设的基础上，经济发展才可能获得足够的国情支持与持久动力。同样的道理，高职教育只有形成不同于普通高等教育的、独特的文化传统，才可以为职业教育体系的形成指明方向。客观地讲，十多年的发展历史仅仅是高职教育的文化觉醒期。这个阶段，强调高职教育的技能属性是必然选择。在理论基础与现实条件相对成熟时，文化建设一定会走向前台。文化建设是一个积淀的过程，需要长期规划，但文化自觉是前提。

2. 文化建设决定高职教育的品质

在 2006 年教育部 16 号文件出台之前，高职教育作为一种类型教育的内涵并不明确，理论界的讨论十分热烈。归纳起来，意见不外乎三种：一是认为高职教育是高等教育，二是认为高职教育是职业教育，三是认为高职教育横跨高等教育和职业教育两个领域。现在看来，这三种意见是统一的：高职教育首先是职业教育，其次是高等教育的有机组成，再次必须形成不同于普通教育的职业教育体系。为此，高端技能教育保证高职教育的职业属性，文化素质教育决定高职教育的教育品质。

二、高职院校文化素质教育的途径与方法

在市场经济条件下，迫于生存与生活压力，很多人过分追求经济利益与眼前利益。一方面，市场的负面作用表现出扩大化倾向；另一方面，社会文化教育则有日益软弱的趋势，在全社会范围内，积极向上、努力工作的社会氛围不断淡化，弘扬正义、人心向善的道德价值观念也不断滑坡。因此，大力倡导主流文化，提升公民文化素质迫在眉睫。为此，高职院校应该承担更多的社会责任与教育义务。

（一）途径：走出与引入相结合，校园文化建设与课程教育相结合

每个高职院校的具体情况各不相同，面对不同的学生与社会环境，必须采取不同的教育途径与方法。笔者认为，高职院校必须遵循致用以学、行知并进的原则，按照走出与引入相结合、校园文化建设与课程教育相结合的途径进行文化素质教育。"致用以学"，紧扣高职教育宗旨，强调实用性；"行知并进"突出高职教育的特色，注重理论与实践的统一。"走出"是指把高职院校文化素质教育置于更广泛的领域，"引入"

是指把企业文化与社会规范引入高职院校；校园文化包括高职院校的硬件设施与软件环境、教师与学生等方面，课程教育则是单纯的理论教学与实践锻炼。

（二）方法：以杨凌职业技术学院为例

近年来，杨凌职业技术学院创建国家示范高职院校成功后，在教育教学领域与学院文化建设领域开拓创新，相继推出了一系列重大改革措施，取得了良好的效果。学院实施"百县千企联姻工程"，打造高职教育多功能平台，在全国范围内产生了重大影响；实施树典型、学典型争先创优工程，开展学习赵瑜同志先进事迹活动，在全省范围内产生了积极的影响。与此同时，学院逐渐形成了"营造氛围、熏陶灌输；动之以情、晓之以理；切身实践、导之以行"的文化教育体系。

1. 营造氛围、熏陶灌输

创建示范院校成功后，学院领导高度重视校园文化建设。自2010年以来，学院党委多次组织研究团队在省内外调研学习，先后在西安交通大学、西北农林科技大学、陕西师范大学、西北大学、西北政法大学、西安音乐学院等数十所普通高等院校进行交流、参观，讨论高等院校文化建设。通过网络在社会范围内广泛开展校训、校歌及校内建筑物命名等活动，在学生中开展班级文化、公寓文化建设活动，积极营造校园文化氛围，取得了很好的效果。

实践证明，向学生不断灌输主流文化及社会主义核心价值观教育具有显著的教育效果。高职院校学生文化素质相对偏低，不易正确分析各种社会现象，加之学生在20岁左右的年龄，心理素质不稳定，易受诱惑，因而对他们进行理论灌输十分必要。学院充分发挥思想教育学会的作用，全院动员，开设时政论坛，针对不同专业、年龄的特点，紧扣国际国内形势，结合国情、院情及就业前景，每月定期开展宣讲活动。此外，学院定期聘请社会各界专家、学者及成功人士向学生进行"三观"教育，取得了良好的教育效果。

2. 动之以情、晓之以理

思想教育辅之以情感渗透可以产生持久的教育效果。学院自2011年9月以来，配合争先创优工程，大力开展向赵瑜同志学习活动。赵瑜同志是学院研究员、小麦育种专家，五十年如一日，在偏僻的小农场培育出五个小麦良种，为农民增收36亿元。学院、系部、班级三个层面多角度宣传赵瑜老师的感人事迹，以身边人、身边事净化学生心灵。学院开展向赵瑜同志学习活动的初衷是通过树典型、学典型的方式进行校园文化建设，提升学院品质，是学院文化建设的重要措施。从目前的实施效果来看，包括教师在内，很多人感触很深，活动的综合效果正在逐步显现。

课堂教育是学校教育的主要途径。必须保证文化素质教育足够的教学课时，才能巩固教育效果。除了思想政治理论课之外，教育部对于文化课教学明确规定以"够用"为原则。各高职院校在保证专业课教学效果的前提下，从教学计划上不断压缩文化课教学课时，这在一定程度上导致了高职院校学生文化素质下降。在这种现状下，我们积极探索选修课补偿制度，学院高职教育研究室组织研究团队专项研究文化选修课的教学管理。目前为止，学院共开设文化选修课程近 30 门，每年保证 1000 小时左右的教学课时。选修课补偿制度照顾了学生的学习兴趣，使学生可以比较系统地掌握中国传统文化、企业文化等知识。

3. 切身实践、导之以行

我们常说学以致用，意思是说学习的目的是为了应用；笔者将其调整为致用以学，意思是说我们是从实用的尺度确定学习的内容，表达出对高职教育的一种理解。这对于高职院校文化素质教育也同样适用。学院党委自 2007 年实施"百县千企联姻工程"以来，成功打造了高职教育多功能平台。在这一平台上实施高职院校文化建设更有针对性。这个平台使高职教育的职业特色更加鲜明。

文化素质教育只有落实在学生日常行为中，才可以发挥出巨大的作用。近年来，学院的文化素质教育研究与实践不断深化，由公共课教学部牵头申报了陕西省教育厅攻关研究课题"工学结合条件下校企文化对接的研究与实践"。我们试图在校企合作的背景下，以企业文化规范学生行为，以社会礼仪引导学生举止。"百县千企联姻工程"实施以来，学院教师的"双师素质"（在学校是教师，在企业是工程师）不断提高，学生的"双重身份"（在学校是学生，在企业是员工）不断明确。学院正是在这个平台上，落实了文化素质教育走出与引入的结合。

高职院校文化素质教育的途径与方法还有许多需要探讨的问题。杨凌职业技术学院近年来的所作所为，取得了较好的教育教学效果，在一定程度上具有推广意义。我们将这些做法与经验总结成文，希望得到广大同行的批评指正，以达到互相学习、互相促进的目的。

工科高职院校素质教育理念与实施

左家奇

提　要　本文从分析工科高职院校的现状出发，提出工科高职院校素质教育既是一种大学理念，也是对学生在精神层面提高的方式；是促进工科高职院校学生全面发展的主要途径，必须作为工科高职院校所有大学生都应接受的非专业性教育。工科高职院校素质教育的实施要认清理念，做到"两个结合"，充分利用"三个课堂"，进行五大内容的教育。

关键词　高职院校、素质教育、理念、实施

作者简介
左家奇，浙江机电职业技术学院党委书记，研究员

工科高职院校的素质教育既是促进大学生全面发展的主要途径，也是促进学校精神文明建设必不可少的重要方面。就其内容而言，素质教育是一种广泛的、非专业性的基本知识与养成的教育，是培养人的人文修养的教育。如果说知识与技能解决大学生的就业与谋生，而素质教育则解决大学生如何做人的问题，使学生毕业后不但能利用其专业技能与能力为社会做出贡献，而且能够积极参与社会生活，勇敢承担社会责任，在追求个人幸福生活的同时为社会发展贡献自己的力量。

一、工科高职院校实施素质教育的现状

近年来，我国高职教育发展取得了可喜的成绩，同时也面临如何按照高等教育的要求实施高中阶段后的应用型技能人才全面培养的问题。近十年中，工科类高职院校重点放在对大学生进行专业"理论"与专业"技能"的升级上，在人才培养方案上突出了通过工学结合为主要模式的能力本位的教育特色。因此，长期以来素质教育既得不到重视，也谈不上与知识、技能的结合，主要有以下几方面问题：

一是工科高职院校生源复杂，素质基础参差不一，大部分院校生源由应届、历届高中生和三校（中专、职高、技校）生组成。高中类的学生受文理分科影响，理科学生不再学习人文素质课程；"三校生"则被实训技术课占去大量时间和精力，人文素质基础薄弱，人文素养总体不高。学生在接受技能型教育后，虽然独立性、自觉性意识增强，但对人生理想、社会责任意识淡薄，急功近利，缺乏奋发进取的积极态度，人文修养不高，难以得到全面发展。

二是一些工科高职院校对素质教育认识还不到位，存在忙于专业教育而轻素质、重理工而轻人文、重视竞赛而忽视人文熏陶三方面的偏差。其一，认为素质教育说起来重要，干起来次要，忙起来不要。部分领导认为，素质教育做做样子，走走形式即可。其二，认为素质教育是一种学生的兴趣活动，可以用第二课堂活动来代替，用不着摆上"正位"，更认识不到这会在学生综合素质的培养方面产生"短板效应"。其三，存在素质教育与工科专业教育无关的片面观点，认为素质教育是学生处的工作，没有必要将其纳入教学大纲，从而影响了学生的全面发展。如许多制造类企业纷纷指出机械制造专业学生技能水平很高，但普遍缺乏产品造型的人文意识，沟通能力、协调能力弱，工作思路拓展不开。

在21世纪的今天，人的从业技能、思维方法、生活方式都随社会发展而不断提高。一个受过高等教育的人，应当在思想、修养、礼仪、社交等方面有较高的水准，素质教育正是提升大学生的综合素质的重要途径。建立素质教育体系，把素质教育作为大学生必修的基础课程符合我们的国情。其他的素质教育课也应纳入教学计划，按照必修、选修课的学分要求，确保大学生素质教育得到普及提高。

二、工科高职院校素质教育理念

工科高职院校素质教育是一种"大学理念"，是对所有专业大学生"如何做人"的教育，是一种提高大学生人文素质的教育。其目的是让大学生提高人文修养，培养人文精神。高职院校在培养专业人才的同时，肩负着传播科学文化知识、弘扬社会主义精神文明、促进大学生全面发展的重要任务，素质教育是学校实现此目标的主要内容，也是工科院校培养复合型人才的重要措施。高职院校通过开设素质教育课程，建立素质教育体系，形成人文素质与技术教育的融合，对大学生全面发展具有不可替代的作用。

杨叔子院士认为，学生在学校学习具体的文化知识与进行各种研究活动固然重要，但更重要地在于让学生在思维能力上得到加强与提高，在精神境界上得到升华与充实。一个国家、一个民族，没有现代科学，没有技术，就是落后，一打就垮；而没有优秀传统，没有民族精神，就会异化，不打自垮。

高职院校素质教育内容，不应仅限于"知识"之识，还要包括人的情感、修养、意志等内在因素，应着力于全面人格的培养。因此，高职课程设计的理念应"重人文、重做人"。因此，高职院校素质教育应包括广博的文化知识、高雅的文化氛围、优秀的文化传统、职场环境体验和工学结合等社会实践。

三、工科高职院校素质教育实施的五大方面

素质教育是教育大学生如何做人的教育，应明显地区别于专业课程、技能性课程的教育模式，从高职院校人才培养特点看素质教育课程应注意以下几点：

一是高职院校素质教育课程设计体系。高职院校素质教育课程设计应包含思想政治素质、职业发展素质、人文艺术素质、身体心理素质和创新创业素质五大方面。素质教育的五大方面中，人文艺术素质教育与职业发展素质教育是基础，创新企业素质培养是重点，思想政治素质教育是方向，身体心理素质养成是前提。

二是高职人才培养方案中的素质课程体系。体系要包括思想道德课、政治理论课、职业素质课、人文艺术课、法律基础课、心理和卫生健康课、创新创业课。素质教育要有符合高职的评价标准体系。确立科学的、可操作的人文素质评价标准，在高职学生中有导向作用。高职院校普遍实施了大学生素质拓展计划，采用素质学分手册，建立大学生综合素质评价体系。该体系共设立思想道德素质、专业素质、科技素质、文化素质、身心素质和能力水平6个一级指标。

三是高职人才培养方案中的素质课程结构特点。考虑高职课时紧的现实情况，以"1+X"结构为模式——即必修课加若干门选修课的结构，明确必修课为普及，选修课重点提高。如人文艺术课以简明艺术教育为必修，普及大学生的基本素质；配书法欣赏、绘画技法、音乐欣赏、曲艺欣赏、影视欣赏等若干门选修课，供学生选择，以提高大学生对艺术的美学鉴赏水平。

四、工科高职院校素质教育的"三个课堂"

高职院校教学计划一般比较满，课时紧，大量时间用于工学结合，因而素质教育

需要创新载体，以确保必要的素质教育时间不更多占用专业教育课时。素质教育仅靠理论教学效果不明显，需要通过"课堂教学、社团活动、社会实践"立体进行。以一、二、三课堂配套的教育形式符合素质教育的特殊性。第一课堂重点进行基本知识与理论学习；第二课堂突出大学生的社团活动与技艺训练；第三课堂主要是社会实践活动的体验与锻炼，既检验了素质教育的成效，也丰富了素质教育的形式。

一、二、三课堂配套的教育形式在教学上应充分考虑高职能力本位的要求。教学与实践相结合，让学生走出课堂，参与到社会实践中去。尤其要强调素质教育与专业技术教育的融合，如政治形势教育与国民经济发展及产业升级结合；创新教育与技能竞赛结合；人文艺术教育与行业文化结合；心理教育与专业岗位心态结合；职业素质教育与就业择业结合。

一、二、三课堂配套的教育形式需要政校企合作支持，建立社会实践基地群，提高素质教育的效果。素质教育应突出"知"与"行"的统一。在拓宽学生人文社会知识的同时要加强社会实践等环节，在顶岗实习中锻炼学生的个性特长，增强学生的独立工作能力。学院在组织学生"工学交替"之外，还鼓励学生利用假期参与"接触社会、了解国情、明确责任、认识自身"的社会调查活动。浙江机电职业技术学院通过建立"政校、社校、企校"合作平台，为素质教育五大课程提供了保障。

五、工科高职院校素质教育要突出技术教育与人文教育的融合

现代高技能人才首先应该是个和谐发展的人，其次才是其所在岗位的技能专才。这集中体现了高职教育技术与人文的融合、技能与养成的并重。爱因斯坦说过："用专业知识教育人是不够的，通过专业教育，他可以成为一个有用的工具，但是不可能成为全面发展的人。"大学生首先要学会"做人"，其次才是"成才"。作为一个和谐发展的高技能人才，其价值观念、道德情操是建立在较高的人文素质之上的。因此，高职院校的素质教育要融入于专业教学中，充分挖掘专业技术本身就具有的丰富的人文精神内涵，从而实现由重知识传授为重能力和素质的培养，建立融人文教育、科学教育为一体的人才培养教学模式。

素质课程设计应符合高职人才培养的特色。选修课程应充分考虑不同专业的不同要求，形成符合不同专业特色的人文通识课程。如针对机械专业的学生开设"艺术造型"、"技术美学"等课程，让学生掌握产品形象、色彩的基本美学要素；针对管理专业的学生开设"组织行为学"、"礼仪与公关"、"广告设计"等课程，强化学生在人际

沟通、社会公关、产品营销方面的能力；等等。使工科专业的学生在进一步加深理科基础学科底蕴训练的同时，也加强人文艺术气质的熏陶和艺术素质的培养。

六、创新以素质教育为核心的"双休日工程"

浙江机电职业技术学院的"双休日工程"从精神、物质、制度三个方面着手，以优美的校园环境、多彩的文化生活，高雅的艺术情趣、浓厚的技能氛围和科学的人文精神，形成催人奋进的学校精神；通过场馆开放、科技竞赛、人文艺术教育、实用技能培训等措施及活动，使学校形态、文化神态和师生心态内外和谐，形成了"思想交流"、"学习交流"、"人文艺术教育"、"技能训练"、"学生创新"五大模块。不但丰富了学生的业余文化生活，而且也较好地解决了高教园区管理与教育上的不足，把学生从校外吸引到校园里来，减少了学生安全稳定方面的突发事件。几年来，学院校园稳定、和谐，连续保持"平安校园"的荣誉称号。"双休日工程"被评为浙江省高校校园文化品牌。2007年6月，教育部以"浙江机电职业技术学院实施'双休日工程'探索大学生思想政治教育新途径"为题在第424期《加强和改进大学生思想政治教育工作简报》上进行了专题报道，并被各级领导所肯定。同时，"双休日工程"也为全国高职院校，特别是高教园区的高职院校开展大学生素质教育提供了有益的经验。

高职院校整合校企文化的理论研究与实践探索

夏　伟

提　要　高职教育是与企业、行业关联最为密切的一种高教类型，提升职业素质是高职教育人才培养的核心任务，企业、行业的先进文化应成为高职"文化育人"的重要内容。只有整合优秀校企文化，将"校企合作、产学结合"的高技能人才培养模式向文化整合层面推进，才能真正提升技能型人才职业素质，实现高职教育质量的实质性提升。

关键词　高职教育、校企文化整合、职业素质

作者简介
夏伟，顺德职业技术学院院长，教授

对于高职人才培养的理解，有两组相关概念必须厘清。一是职业性和高等性。片面强调职业性，忽视高等性，高职教育很容易混同于中职教育甚至职业技能训练所；二是技能训练与职业素质培养。仅仅强调技能训练，高职教育培养出的可能是"才子流氓"[1]，或者是缺乏职业热情和职业兴趣、发展后劲不足的"单向度的人"。技能进步与个体发展、社会需要难以协调。我国当前的高职教育对职业性和高等性的重视皆存在不足，技能训练深度不够，职业素质培养意识不强，导致人才培养质量难以如意。整合校企文化，营造有利于技能型人才素质全面提升的文化氛围，使职业素质培养回归高职教育的核心地位，是提升高职教育质量的迫切要求。

一、提升职业素质是我国高职人才培养的核心使命

职业素质是指从业者在一定生理和心理条件基础上，通过教育培训、职业实践、自我修炼等途径形成和发展起来的，在职业活动中起决定性作用的、内在的、相对稳定的基本品质。它是劳动者对社会职业了解与适应能力的一种综合体现，主要表现在职业道德、职业兴趣、职业能力等方

面。职业素质提升既是高职技能训练的核心,也是高职文化素质教育的核心,我国社会经济发展对技能型人才职业素质提升已经提出了迫切要求。

(一) 职业素质提升是高职教育的基本要义

首先,职业能力提升是高职教育的基本内容。高等教育是"建立在普通教育基础之上的专业教育"[2],作为高等教育的一种类型,强调专业知识和专业技能是高等职业教育的基本要求。因此,职业能力提升毫无疑问应该是高职教育关注的一大重点。新中国的高等职业教育,从1980年金陵职业大学的成立开始,无不是在强化"职业性",以与普通高等教育相区别来确立高职教育存在的合理性。在三十多年的摸索之中,高等职业教育"校企合作、产学结合培养高技能人才"模式取得成功并得到广泛认可的现实根基,就在于这一人才培养模式有利于提升个体的职业技能,满足社会对技术技能的需求。因此,无需多言,提升职业能力是高职教育的基本要义。

然而,高等职业教育绝不仅仅是技能培训教育,在满足社会对职业技能需要的同时,高职教育还应满足个体自我发展的需要,这是高等教育内部关系规律的必然要求。早在1974年联合国教科文组织第18届大会通过的《关于职业技术教育的建议》中,即强调"职业技术教育应该使个性尤其是精神和人的价值、理解力、判断力、批判思考精神及表达能力得到和谐发展"[3]。1999年4月,第二届国际技术与职业大会再次提出,职业技术教育的教学内容改革,要突出强调加强基础文化和基础能力的教学,同时增强非技能性能力的教育,如合作能力、公关能力。联合国教科文组织助理总干事科林·鲍尔就明确提出"技术和职业教育与培训是人的整体素质教育的一个组成部分"[4]。毫无疑问,高等职业教育也必须注重个体文化素质教育的培养与提升。

高职文化素质教育的核心内容应聚焦在职业道德和职业兴趣方面。以19世纪教育家蒙台梭利的理解,教育是"激发生命、充实生命"的活动,由此推导,高等教育应是"深度激发生命、深度充实生命"的活动。这种"深度"既体现在所传授的是"高深学问",更应体现在教育所传的"道"上。高等教育所传之"道",应包含对社会发展、专业发展规律的深刻认识。对于"985大学"而言,要注重培养学生对社会发展、人类文明发展规律的深入理解和认识,从而形成正确的价值观念和行为规范;对于高职院校而言,则应特别注重让学生明了技能技艺对于社会发展和生产生活的影响,在此基础之后形成正确的职业价值观和行为规范。这是高职院校中职业道德教育的重要内容。

职业兴趣的培养同样是高职教育应予以特别注重的。我国近代著名职业教育家黄炎培先生很早就将职业兴趣与职业能力并提，提出职业教育的目的是要"使无业者有业，有业者乐业"。激发个体的职业兴趣和追求职业能力提升的热情，从社会需要的角度，可以更好地服务于社会；从个体发展的角度，可以如怀特海所言，"在知识与追求生命的热情之间架起桥梁"，从而使个体在职业生活中感受到人生的快乐与幸福。因此，职业兴趣的培养对于高职教育而言，同样具有重要的意义。

职业能力、职业道德、职业兴趣构成职业素质的主体，职业素质的提升是高职教育的基本要义。

（二）技能型人才职业素质提升是我国工业化发展的迫切要求

由于对"以就业为导向、以服务为宗旨"的片面理解和追求，人才培养重技能训练、轻职业素质已经成为我国高等职业教育的严重弊病，表现在学生职业兴趣不高，缺乏主动追求职业提升和技术进步的精神，主动融入就业单位的意识不强，角色进入较慢，发展后劲不足等方面。这些已成为我国工业化推进的重要制约。

世界著名经济学家霍利斯·钱纳里曾指出，在工业化进程由中期向后期过渡的阶段，"资本、劳动力要素投入的综合贡献率将下降，以技术进步为动力的全要素生产率的贡献率将逐步上升"[5]。今天，我国社会整体已经进入工业化中期，部分地区如长三角、珠三角等正在向后期过渡，经济发展对于技术进步与技艺提升的要求日益强烈。然而，在技职领域，年轻人追求技术、技艺进步的热情并不高涨。今天的年轻人更愿意去行政部门或事业单位就业，对技术技能工作缺乏兴趣。工业生产领域"十万年薪难觅高级技工"之类的报道不绝于耳。这种状况导致的直接后果是工业生产整体技术水平低下，技艺不够精良，"中国制造"长期处于"微笑曲线"的底部，甚至沦为质量低下的代名词。就连工业生产中认真负责的态度也成为了稀缺品。据统计，我国工业产品的合格率仅为70%，不良品造成的损失每年高达2000亿元[6]。

在这样的背景下，近年来社会上掀起了对建国初期"八级工"制度的回顾热潮。"八级工"作为一个时代备受追捧的技术技能精英群体，并不是学校教育能够直接培养出来的，而是一群对技术、技能有浓厚兴趣和钻研精神，并且具有良好职业道德的个体在学校学习基础之上不断钻研、不断追求的结果。概言之，具备良好职业素养是成为"八级工"的重要条件，"找回曾经的'八级工'"反映的正是工业化进程对技术技能人才职业素质提升的强烈需求。

二、整合校企文化是技能型人才职业素质提升的基本途径

受"层次论"影响，新中国的高等职业教育一开始是作为"本科压缩"的形式出现，致使高职教育缺乏特色，与普通高教区别不明显。此后对"职业"特色的强调又忽视了更深层次的文化根基，导致高职院校文化氛围淡薄，工具理性盛行，人才培养片面强调技能，忽视职业道德和职业兴趣。提升职业素质，要求高职院校整合校企文化，提升文化品位，以具有职教特色的文化氛围实现"文化育人"。

（一）整合校企文化是实现高职人才培养定位的必然要求

企业文化指的是企业在生产经营管理实践中逐步形成的，为全体员工所认可并遵守的，带有本组织特点的使命、愿景、宗旨、精神、价值观和经营理念，以及这些理念在生产经营实践、管理制度、员工行为方式及企业对外形象等方面体现的总和。企业文化和普通高校校园文化是两种不同的组织文化，由于组织目的不同，两者存在较大的差别。

概言之，企业的发展以追求利润为最大目的，企业文化必然更为强调市场意识，注重成本、时间和效率。普通高校，尤其是大学，最大目的是追求学术进步，包括人才培养、科学研究和直接服务社会等方面的所有创新和突破。这种文化首先强调创新，在追求学术新发现的过程中，时间长短和成本高低不作为重点考虑对象。

然而，企业和高校同是社会大系统的组成部分，高校的学术发展以服务于社会为重要目的，不同类型的高校，由于与企业、产业的关联程度不同，与产业、企业文化的关系也相应有所不同。高职院校作为与产业、企业关系最为密切的一类高校，与企业文化的关系最为密切。这直接表现在高职教育的人才培养定位上。以培养生产、建设、管理、服务一线的高技能人才为目的，强调应用技能，要求毕业生"上手快"的高职教育，必然要求学生能尽快融入用人单位，实现身份转换。这样的人才培养定位更多要求高职教育注重培养学生对企业文化的认同，在接受了企业核心理念的前提下，才可能真正"下得去、用得上、留得住"。

（二）整合校企文化是高技能人才职业道德培养的基本需要

由于我国高职教育学制较短，实践教学时间相对较长，且生源质量参差不齐，从1999年《中共中央国务院关于深化教育改革，全面推进素质教育的决定》中提出高职

人才培养也要注重素质教育之后,社会对高职院校人文素质教育的认识逐渐聚焦到职业道德的培养上。2004 年《关于以就业为导向,深化高等职业教育改革的若干意见》和 2010 年《国家中长期教育改革与发展规划纲要(2010—2020 年)》中,都突出明确了职业道德在高职人文素质教育中的核心地位。

如何培养职业道德?根据《辞海》中的解释,职业道德指的是"要求从业人员忠于职守,提高技术业务水平,讲究工作效率,服从秩序和领导,团结协作,以推动事业的发展"。这意味着,职业道德强调的主要是职场环境中必需的品质和精神。这些内容的培养仅靠传统校园将无法实现。高职教育要实现对学生职业道德的培养与提升,必须将优秀企业文化引入校园,营造相应的职业环境,让学生在就学期间即受到相应的文化熏陶,以形成适应新环境的道德品质和行为规范。

(三)整合校企文化是激发技能型人才职业兴趣的内在要求

受传统思想的影响,我国社会长期以来存在"重学轻术"现象,加上商业贸易发展较晚,工商业文化的积淀较为薄弱,在由农业社会向工业社会甚至后工业社会迈进的过程中,农耕文化仍占据主导地位,社会对于工商业发展所必需的理念文化和制度文化缺乏认识,对技术工作、技术进步不够重视,严重影响着技术技能型人才职业兴趣和职业热情的激发。

在这样的文化氛围中,高职教育的发展深受其害。伴随着工业化发展而发展起来的高职教育,是反映并服务于工业社会文化形态及其变化的重要高教类型。在一个对技术工作和技术工人地位缺乏应有重视的社会,高职教育的发展难免遭受歧视与不公平待遇。改变社会对技术工作、技能型人才作用认识不足的社会现状,需要高职院校自觉整合优秀企业文化,凝炼、提升出适应工业化发展需要的新的社会文化并予以传播。因为优秀企业文化是先进工业文化的重要组成部分,诸如诚信、守时、节约、敬业等优秀企业文化的精华,正是先进工业文化的重要内容。高职院校只有将企业文化的精华融入校园文化的方方面面,并以此培养人才,才可能改变传统偏颇观念,引领社会文化发展,激发起社会对技术进步与技艺提升的强烈兴趣和追求热情。

三、顺德职业技术学院整合校企文化的实践探索

顺德职业技术学院从成立开始即致力于探索一条培养高技能人才的有效路径。本着对"文化育人"这一高等教育本质的笃信与理解,学院坚持技能培养与职业素质提

升并进，以打造具有高职教育特色的校园文化为核心，整合校企文化，形成了较为浓厚的职教文化氛围，借此开展教育教学活动，取得了良好的成效。学院的基本经验和具体措施概述如下：

（一）整合校企文化的方式与举措

首先，整体设计，实践实训引入企业文化。

实践实训对于技能型人才职业技能培养的影响最为直接和突出。与教育部提出的半年顶岗实习做法不同，顺德职业技术学院根据自身对于实习实训的理解，实施三年实习不断线的做法，在技能训练之外，特别重视培养学生对企业文化的理解和认同，以全面提升其职业素质。学生入学第一年即被要求下企业见习，以了解行业发展状况，熟悉职业岗位和专业技术；第二学年以大量校内外实训提高学生专业技能，同时尽可能挖掘校内外实训基地资源，帮助学生深入感受职场文化和职业需求；第三学年以专题研究的形式将企业实习和毕业设计结合起来，全面提升学生的综合能力。

在校内外实训基地文化资源的挖掘中，学院重视引入优秀企业文化，以文化熏陶提升学生职业素质。校内实训基地引入企业管理方式，实行统一着装、打卡上下班等制度，在实训基地的场景布置上，完全企业化，树立质量标语，强化质量意识、安全意识、规范意识、诚信意识，尽可能多地给学生提供仿真的企业文化氛围，以帮助学生认可优秀企业文化并践行之。130多个校外实训基地，不仅是学生顶岗实习的基地，更是让学生深入感受企业文化的良好机会。实训过程中学院会邀请企业家和经验丰富的技术师傅给学生讲述职业生涯中遇到的困难和解决经验，让学生切实体验企业文化，学习企业老总不畏艰辛的创业精神和诚信经营的职业道德，学习工程技术人员对技术精益求精与创新的不懈追求；在顶岗实习中感受工人吃苦耐劳的态度，体验劳动的艰辛，培养学生踏实做事、诚信做人的基本品质。

其次，教学改革，课程实践体验企业文化。

专业建设是高职人才培养的核心，课程作为专业的基本组成单位，决定着人才培养质量的高下。顺德职业技术学院以课程建设为基本突破口，将优秀企业文化融入课程之中，实现素质教育与专业教育的结合，积累了一定的经验。以家具设计与制造专业为例，该专业根据高职人才培养目标，采取项目教学的形式进行课程设计与教学，在教师的带领下，学生去企业领取真实的设计任务，通过市场调研分析家具的卖点，思考设计要点，在学校工作坊由教师指点进行设计甚至制造，成品最终交给企业决定是否购买。整套流程和市场上的设计室工作流程非常相似，学生通过这样的锻炼，能较好地理解企业和市场的需求,从成本控制、市场需求、设计时限等方面综合考虑,是一种不错的职业素质综合培养方式。

家具设计与制造专业还创设了一种融毕业答辩与企业现场招聘会于一体的毕业答辩展览。每届毕业生以自己的毕业设计作品参展,对有用人需求的企业人事管理人员当面进行毕业答辩,由企业当场选择所需人才。这一方式对于学生们的影响较大,给各年级学生提供了职场教育的生动教材。对促进学生积极进取,努力提高职业技能,同时端正职业态度,取得显著效果。

再次,课余生活,社团活动渗透企业文化。

对于大学生而言,丰富且高品位的课余生活对其成长有着重要的潜在影响,这种影响有时候甚至超过正式课堂。为了更好地发挥这一潜在课堂的作用,学院结合不同专业成立了不同的协会,如市场营销专业的营销协会、工商管理专业的沙盘协会等,并推动学生社团走出校园,与校外企业、企业家协会等组织建立良好的联系。

2003年开始,学校与顺德青年企业家协会携手合作,每年成功举办"非常对话——青年企业家与学子面对面"论坛,通过邀请青年企业家与学生们分享创业的酸甜苦辣,让学生感受企业家的创业艰辛与快乐;以企业家的创业精神熏陶年轻学生,帮助他们更好地融入企业文化氛围,更好地理解企业家的角色及成长。这一活动被评为2007年广东高校(高职高专)十大校园文化品牌项目。今天,在此基础之上已经开设了"青企讲坛",定期邀请青年企业家与学生分享人生经验,以影响更多学子。

学校每年举办一次大学生科技节,以丰富的活动为学生提供了解创业、真实体验创业的环境。比如为了让学生了解创业,培养文明经营、诚信买卖的基本职业道德,科技节里设计了"创业一条街"。活动设置60个摊位公开向学生招租,要求学生必须组队租赁,所有正式表达了招租意向的学生,都要接受专门的创业就业课程培训,在课程结束之前写出商业计划书并提出财务预算,再公开招投标竞争摊位。中标者按宽松规定范围自主组织经营物品。商铺管理模拟市场运作方式,所有商品定价权归学生,所得盈利除上交必要的租金和税金,以及捐赠10%给爱心协会作为慈善基金,其余归经营者所有。整个活动从开始宣传到最终结束,历时一个月。是对学生创业能力和社会责任感的全面培养与提高,受到了学生们的热烈欢迎。

此外,还有类似于"巅峰营销"之类的论坛,给学生们提供模拟职场进行展示和锻炼;"ERP沙盘大赛"、"职业经理人大赛"等活动让学生们能设身体会职场竞争,感受职场竞争氛围和所需素质,对于人才培养均产生了良好的作用。

最后,环境熏陶,景观布置浸润企业文化。

顺德职业技术学院是应顺德乡亲们的强烈要求创办的，得到了海内外乡亲们的无私关爱与大量捐赠，这种崇学重教、无私助学的精神是学院巨大的无形资产，应成为人才培养的重要素材。同时，一所大学的校园景观布置，也应成为对学生产生潜移默化作用的重要内容，不容忽视。考虑到这些方面，学院有意识地进行了校园景观设计，以校企文化的整合营造符合职教规律、具有职教特色的高职校园。进入学校正门，迎面看到的是刻着"立足地方、崇尚品位、以人为本、办出特色"的"理念石"，"崇尚品位"鲜明地表达了学院对于发展文化的向往与追求。沿着"美的大道"进来，不远处是学院的标志性建筑"智慧门"，天圆地方的设计，提醒学子们已进入了一个智慧的殿堂。沿着中轴线继续往下，会看到日景和科技迷宫，前者形象地提醒学子珍惜时光，寸金难买寸光阴；后者以趣味的设计告诫学子，求学之路不会一帆风顺，既需要珍惜时间，也需要有克服重重困难的巨大勇气。在科技迷宫旁边，是"信合广场"，时刻提醒学生以诚信合作作为为人处世的基本准则。这些景观设计充满了教育意义，是符合职教规律的高校文化精华。在企业文化的整合方面，学院采取冠名的方式，将捐资办学的企业家和公司名称与所捐建建筑或景观结合，路边一排排香樟树挂着捐赠者的铭牌。以主要捐建者碧桂园集团命名的校内人工湖"碧桂园湖"，顺德农商银行捐建的"信合广场"，以捐资企业或个人命名的建筑如"李兆基楼"、"郑裕彤楼"、"梁銶琚堂"、"格兰仕楼"、"PICC楼"等，既让学生感受到学校与企业的紧密联系，也真实地体会到企业家的社会责任，同时还有利于激励学生树立远大的职业理想，追求职业领域的成功。

此外，学校还有意识地邀请企业相关部门的高级管理人员来给学生做就业指导，教学生如何进行职业规划。并计划从一年级开始系统设计高职学生职业生涯规划和就业指导，让学生更快更早地理解用人单位的需求，进而将自身学习与用人单位需要联系起来，明确学习方向，激发学习热情。

（二）整合校企文化的效果

经过多年的不懈努力，顺德职业技术学院校企文化融合对于人才培养产生了积极的作用。

首先，毕业生的职业道德得到了用人单位的高度认可。在多次调查中我们了解到，用人单位普遍将职业道德放在选聘技能型人才的第一位，其次是执行力、团队为主的合作精神、是否善于学习、是否勇于承担责任等。用人单位认为具备了上述素质和能力，专业技能的提升必然水到渠成；相反，仅具备良好职业技能而缺乏职业道德和职业热情的人才，常常难以发挥作用。近四年顺德职业技术学院毕业生跟踪调查反馈都显示，毕业生获得用人单位普遍欢迎的重要原因中，敬业精神、合作能力、诚实守信、沟通与合作能力等都是排在前列的重要因素，这表明顺德职业技术学院毕业生的职业道德水准得到了用人单位的普遍好评。

其次，对职业素质的强调超越了简单注重技能训练的层次，极大地调动了学生的学习积极性和主动性，激发了学生克服困难、追求卓越、精益求精的职业精神，带来了职业技能的迅速提升。据不完全统计，从 2005 年到 2012 年，我校学生获得各类职业技能大赛的多项大奖：获得国家级一等奖（含特等奖、金奖）41 项，二等奖 72 项；三等奖 81 项；获省级一等奖（含特等奖、金奖）58 项，二等奖 62 项，三等奖 71 项。这些充分证明了顺德职业技术学院探索的整合校企文化、提升职业素质路径的科学性和有效性。在校企合作、产学结合培养高技能人才已经成为高职人才培养基本模式的今天，整合校企文化、提升职业素质应成为推进人才培养模式改革的重要目标和方向。

参考文献

[1] 杨玉良. 中国大学精神虚脱　才子流氓贻害社会 [N]. 中国青年报. 2010-06-22.

[2] 潘懋元. 新编高等教育学 [M]. 北京：北京师范大学出版社，2003.

[3] 马庆发. 基于专业建设的高职课程发展研究 [DB/OL]. 福建省中华职教社网站，http：//fjzjs. org. cn/content. asp? id＝438，2009-12-07.

[4] 国家教育发展研究中心. 2000 年中国教育绿皮书 [M]. 北京：教育科学出版社，2000：140.

[5] 陈佳贵等. 中国工业化进程报告（1995-2005 年中国省域工业化水平评价与研究）[M]. 北京：社会科学文献出版社，2007：21.

[6] 苗家生. 东北呼唤高级技工人才 [DB/OL]. 光明日报网站，http：//www. gmw. cn/01gmrb/2004-03/03/content＿3246. htm.

高职院校文化素质教育的探索与思考

朱爱胜

提　要　打破高职教育中的"工具主义"教育观，就是要求全体教职人员调整教育观念，以加强文化素质教育为突破口，全面推进素质教育，不仅着眼于学生的一次性就业教育，更要着眼于学生的职业生涯长远规划。

关键词：高职教育、文化素质、探索、思考

作者简介
朱爱胜，无锡职业技术学院党委书记，研究员

以学生全面发展为根本，既是高职教育的基本定位，也是构筑具有高职院校特色的学生素质教育体系的实质与核心。如何确定高职院校教育的发展方向，特别是素质教育发展的战略重心，切实落实文化素质教育在学校教育中的地位和作用，无锡职业技术学院在国家示范性高等职业院校建设中，围绕人文素质教育的教育目标、课程设置进行了一系列的探索。

一、确立以学生为本的教育观念

在"以服务为宗旨、以就业为导向"的方针指导下，高职教育教学改革取得了长足的发展。从专业设置、课程建设，到产学结合、校企合作，再到工学交替、顶岗实习，高职学生的专业知识和专业技能不断得到强化，社会与企业对高职毕业生的认可度和接纳度不断增强，就业率不断提高。然而，通过对高职院校毕业生的跟踪调查发现，高职院校毕业生跳槽率高、工作满意度低、人生成就感不足等问题依然困扰着不少企业和学生。要提高高职院校学生的综合素质，使其真正成长为适应岗位及未来发展的高素质和高技能型人才，就必须调整教育目标，不仅要"以服务为宗旨、以就业为导向"，更要立足于高职学生的全

面发展，这也是实现高职教育健康、协调、可持续发展的关键。

基于这样的认识，笔者认为在办学指导思想上，首先必须打破高职教育中存在的"工具主义"教育观。所谓"工具主义"教育观就是在高职教育中，曲解高职教育的培养目标，忽视学生的综合素养与全面发展。打破高职教育中的"工具主义"教育观，就是要求全体教职人员调整教育观念，以加强文化素质教育为突破口，全面推进素质教育，不仅着眼于学生的一次性就业教育，更要着眼于学生的职业生涯长远规划。真正树立以学生为本的教育观，立足学生的全面发展，将学生培养为具备可持续发展的"职业人"和"社会人"，实现高职教育从"制器"向"育人"的转变。

二、构建有效的工作体系

如果说专业知识与技能是高职学生适应社会的"金钥匙"，那么，良好的科学文化素质就是高职学生发展后劲的"倍增器"。为改变高职学生基础文化知识薄弱、文化底蕴不足的现状，在加强理论研究的同时，教职人员应主动到企业和生产、管理一线调研企业用人需求和毕业生发展现状，征求用人单位对教学的意见和建议，对岗位职业能力和综合素质进行细化分析，厘清学校文化素质教育的工作思路和具体步骤。

（一）制定出台制度，明确工作定位

以笔者所在的无锡职业技术学院为例，学院制订并出台了《无锡职业技术学院大学生文化素质教育实施方案》及文化素质教育学分制评价办法、保障监督制度等一系列管理文件，对文化素质教育进行全面指导与管理。学院要求每个学生修满9学分的文化素质教育课程，并开设文、理科学生互修课，将文化素质教育课程纳入专业教学计划和人才培养方案，形成文化素质教育体系与专业教育体系相互融合的格局。组织管理上，组建了党委书记挂帅、各党总支和教学部门主要负责人参加的文化素质教育领导小组和学院、二级院系、班级工作网络。成立大学生文化素质教育专职机构，保证专项经费投入，将文化素质教育工作绩效纳入部门年度考核体系，纳入学校党委组织开展的特色党建工程，实现了文化素质教育制度化、系统化、规范化的工作目标。

（二）用多种方式提高学生综合职业素质

一是积极动员教师开设全院性选修课。学院党委成员率先开讲人文素质教育课，党员教师积极带头开设有针对性的文化素质必修和选修课程，形成一批有特色的核心

课程，如"中国商帮文化和创业经营"、"职业健康与安全"、"环境保护和可持续发展"、"企业文化与素质教育"、"开发你的创新能力"、"经济学与现代生活"、"个人与团队管理"等，实现了从数量满足到质量提升的转变。二是开办具有时代特色的各类讲座，开拓学生视野。学校开设了"星期二讲堂"，一方面由学院具有高级职称的教师、专业带头人、党员干部开设各类讲座；另一方面聘请校外人文艺术造诣较深的专家学者主讲相关讲座，扩大学生的知识面。如"世界文化遗产知识"、"无锡文化和文化无锡"、"区域文化的解读和无锡城市个性"等，引导学生关注社会发展过程中的文化主题。三是开展丰富多彩的校园科技文化活动，建设学生文化素质潜能发挥的平台。每年一度的"五四科技文化艺术节"、"读者节"、CCTV全国大学生机器人大赛、动漫设计大赛、大学生电子设计大赛、人文与自然科学知识竞赛、"高雅艺术进校园"等科技文化活动，不仅丰富了校园文化生活，还激励学生在社团活动和各项比赛中培养创新精神。四是建立校外文化素质教育基地。目前已采取与华西村等知名企业合作命名挂牌的形式，通过社会实践、工学结合、工作实习、青年志愿者活动等途径，让学生在工作中、奉献中培养职业道德和人文精神。

（三）注重校园文化建设

学院将校园文化建设视为一个多维的系统工程，大力加强职教文化建设。从校园文化的基本建设内涵，到职业环境的模拟、职业氛围的营造，再到校园文化与企业文化的对接、校园文化与区域文化的融合，实践的广度和深度不断拓展。把本土文化融进素质教育课堂，开设富有区域特色的课程和讲座，如"无锡方言"、"无锡区域文化的解读和城市个性系列讲座"等，使学生对区域文化和企业文化不断加深了解和认同。图文信息中心开辟了文化素质教育专门书库，建设了百部中外名著在线阅读资源库，一些大型人文社科优秀电视节目也可以随时点击收看。为增加校园文化氛围，学院增建了大学生文化广场，优化美化校园，提升校园育人环境的品位与格调。文化素质教育专项经费投入每年不少于15万元。

（四）建立目标测评体系

学院把文化素质教育实践和课题研究相结合，确立了以课题带动研究，通过研究促进教学的建设思路。通过对江苏省教育厅重点课题"高职院校文化素质教育体系的构建与实施"的研究，学院不断以文化素质教育实践丰富人才培养方案中的素质内涵，构建文化素质教育目标测评体系。一方面着力研究学分制下学生文化素质教育评价方式，将学生参加的社团活动、艺术或文学欣赏、社会实践活动以及各类竞赛活动纳入文化素质教育学分体系，对学生的学习过程与效果进行测评；另一方面，对教师文化素质教育课程进行质量控制和效果评估，党员教师被纳入支部党员目标管理工作。通过多角度、多方位的研究思考，制定了具体的目标、测评指标和测评手段，使文化素质教育效果从凭感觉判断走向用数据说话的科学化轨道。

三、建立科学有效的工作机制

落实文化素质教育目标，必须建立科学有效的工作机制。具体做法一是优化专业教学计划和人才培养方案，使专业教育与文化素质教育、思想道德教育相结合，培养学生从重做事向重做人转变。二是将爱国主义、社会主义、集体主义教育贯穿于学生在校生活全过程，弘扬和构建高职校园社会主义核心价值体系；开展经常性的基础文明道德素质养成教育，常年组织志愿者服务、"三下乡"活动，每年举办成功校友、企业家报告团和学生党员模范事迹报告会。三是系统开展学生创新教育，实施学生课题和项目管理，增强学生的创新创业能力，提高学生社会适应力和就业竞争力。

长期的探索与实践告诉我们，只有找准高职文化建设工作与高职人才培养工作的切入点，从难点问题和薄弱环节中找准人才培养的着力点，跳出职业教育的传统思维模式，才能推进学生的文化素质教育，实现高职学生全面、协调、可持续的发展，才能真正实现高职院校的人才培养目标，高职教育的发展才能全面步入健康、快速、和谐发展的轨道。

参考文献

[1] 傅筠. 试论高职院校文化素质教育体系的构建与实施 [J]. 无锡职业技术学院学报，2008, (10).

[2] 承剑芬. 高职文化素质教育的实践与思考 [J]. 机械职业教育，2009, (2).

[3] 刘琴. 高职生专业技能人文素养能否"兼得"[N]. 中国教育报，2007-04-10，第2版.

[4] 承剑芬. 试论高职文化素质教育评价体系的构建 [J]. 无锡职业技术学院学报，2009, (4).

试论高职院校教师的文化意蕴

张启哲　徐平利

提　要　目前，高职院校教师群体仍然没有形成完整意义上的文化特质，这种文化隐忧是造成高职院校师资队伍建设无法有效突围的根本所在。高职院校教师文化特质的形成，关键取决于这个群体所凝聚的制度取向、人文情怀和精神品质；高职院校教师应摆脱功利主义职业教育的纠缠，体验"职业幸福感"。

关键词　高职院校、教师、文化意蕴

作者简介

张启哲，陕西教育学院教育系教授；徐平利，深圳职业技术学院职教所研究员

高职院校教师的文化意蕴，是指在高职院校教师身上所体现的职业素养、人文情怀和精神品质。高职院校教师具有与普通高校教师相同的文化内涵，也有其独特的职业素养和精神品质。过去，我们一直认为高职院校"双师型"教师队伍建设薄弱，其"职业性"或"应用性"特征没有彰显出来，虽然这种判断抓住了高职院校"校企合作"、"工学结合"这个关键性问题，但是没有从文化学的角度对高职院校教师队伍的独特性进行全面分析，使得这一群体的形象始终未能呈现一种文化的立体感，甚至产生了高职院校教师科研水平不高、文化内涵不深、职业学养不够等误解。

一、目前高职院校教师的文化隐忧

只要翻开任何一本职业教育类期刊，都会看到有关高职院校"双师型"队伍建设的论文；只要仔细阅读每年各个级别的纵向课题参考选题，都会发现有关高职院校师资队伍建设的课题。如果把十年前有关高职院校师资队伍建设的论文拿来和现在的同题论文相比，你会惊异地发现，问题还是那个问题，对策还是那个对策，十年来没有什么变化。这是为什么？既然问题和对策都很清楚，为什么十年来仍然在重复呢？

这是因为，许多研究者对高职院校教师的认识始终都是"雾里看花隔一层，人云亦云享轻松"，于是形成了一种"浅层研究"现象。研究的层次浅直接导致了各个高职院校人事部门在师资队伍建设上出台政策的层次浅：一方面通过强制措施着力推动教师"下企业实践"，另一方面又与其他高职院校展开了博士、教授的数量之争；其余方面不外乎就是"出国进修"、"名师工程"、"千百十计划"之类的惯用招数。

这些从普通高校那里脱胎来的办法被支离破碎地应用于高职院校教师队伍建设上来，加之上级主管部门在教学评估、职称评定上面并没有为高职院校教师量身定做标准，致使高职院校教师始终缺乏文化独立性。或者说，目前高职院校教师在文化建构上面仍然处于一种被"格式"的状态。这种状态所造成的现象是，与普通本科大学相比，高职院校教师是低层次的。

"低层次"的高职院校教师虽然声称自己的特色在"职业应用性"方面，但是不得不常常面对与普通本科高校教师的"劣势竞争"。他们说，课题评审专家和职称评审专家基本上都来自重点大学，他们一看到高职院校的申报表就"知道是低水平的"，不予通过；发表论文也是一样，高职院校教师想在核心期刊发表论文非常困难。于是，不少高职院校在师资队伍建设的政策上面也是左右摇摆：一段时间特别强调横向课题和应用性研究；一段时间又要求教师重视纵向课题和发表理论性强的学术论文。

高职院校教师也显得很自卑，他们有的人甚至不敢承认自己是"大学教师"，因为怕重点大学的教师讥笑。在有普通本科高校（特别是研究型大学）教师参加的学术会议交流中，高职院校教师自己先觉得"低人一等"了。当然，也有一些教师显得很浮躁，他们要证明自己是"有水平"的，于是就做很多课题、发许多文章。应当说，"自卑"和"浮躁"都证明高职院校教师对自己的发展状态很迷茫，无法回答"我是谁"和"我去往何处"这两个问题，因此，高职院校教师在根本上是焦虑不安的。

毫无疑问，我们对于高职院校教师这个群体的文化建设不够，或者说我们没有从文化独特性上对高职院校教师做"精制"处理并形成"元认知"，高职院校教师始终没有得到自己的话语权。一个群体，倘若没有属于自己的文化内涵和由此形成的精神特质，就不会有值得尊重的生命价值。目前，高职院校教师群体仍然没有形成独立性的生命个性、精神品质和人文情怀，这种文化隐忧是造成高职院校师资队伍的建设无法有效突围的根本所在。

二、高职院校教师文化形成的基本元素

形成高职院校教师文化，有哪些基本的元素？换言之，我们当如何从文化学的视

角全面认识和树立高职院校教师这个群体的整体形象?

(一) 制度取向

高职院校教师的制度取向或生存制度是什么?是出国进修、下企业实践、发表论文,还是把教学内容安排得满满的,为了学生的"高就业率"而奋斗?我们看到,很多高职院校对教师的评估方式就是:教了多少课时?发表了多少篇论文?承担了多少课题?"下企业"多长时间?学生的"就业率"有多高?所有的东西都换算成为分数,然后一分一分地累计,按照分数高低进行绩效考核。他们认为,既然普通高校都对教师进行量化考核,那么高职院校"层次低一些",就要在分数的累计上面更细致一些。结果呢?高职院校真正变成了低端的"来料加工"制造企业,教师变成了流水线上的工人,连稍微有点创新的科技公司都够不上。在貌似森严的"制造车间"里,工人们消极怠工;同样,在貌似考核细致的高职院校里,教师们按照考核标准应付工作,他们可以从不"下企业"而轻松地拿到"下企业实践"的证明材料。

高职院校教师的制度取向是什么?我们认为,应当是一种能够激发教师在校企合作和工学结合的环境中获得创造乐趣的工作机制。这是一句比较抽象的语言。具体来说,就是高职院校的教师队伍管理制度应当是激励性的,引导教师找到工作的价值感。教师不一定非要整天浸泡在教学管理中,不一定非要把全部精力耗费在自话自说的专业建设上面,而是要打破传统思维定势,创造新的工作体系。比如,许多教师抱怨自己做科研太辛苦,因为高职院校学生的水平太差,不像普通本科院校的学生可以给教师做科研帮手。那么,学校的评价制度可不可以引导教师从传统的科研路径中解放出来,建立另外一种科研管理体系呢?如果高职院校教师能够从厚重的教室和实验室走出来,带领学生做"实地调研",那么教师们会发现,高职院校的学生有活力、有能力,是教师的好帮手。难道中国的科研不更需要这种切入实际的应用性研究吗?如果高职院校教师不再居高临下和千篇一律地看待学生,而是发挥各个学生的特长,从导演、采编、构图、表演和制作都由学生进行,难道学生就不能制作出一个精彩的动画片出来?我们相信,高职院校教师不是不能这样做,也不是不愿意这样做,而是考核制度不允许他们这样做。如果哪一个高职院校敢于打破传统的教师考核体系,全新建构一种新型的富有创造力的考核体系,那将对推进中国高职教育的内涵建设功莫大焉。

(二) 人文情怀

通常,人们对高职院校的理解就是"工科性院校",似乎谁在高职院校多提一点人文性的东西，谁就偏离了高职教育的本质。其实，这是人们对高职教育的误解。教育和培训不同，前者必须承担教养的功能，而后者只是纯粹的技能训练，按照美国教育批评家科顿姆的说法，"如果教育仅仅为着技能训练，那么它只会让我们变成木头人，变成傻瓜"[1]。

现在，高职教育的很多工作者和研究者都持一种"市场中心论"，即凡职业教育皆以"市场需要"为标准。这种思想有两个不足：（1）立足于学校而强调市场，仍然没有摆脱传统职教观的樊篱；（2）立足于社会需求而强调市场，对于个人自身方面的发展考虑不周。若依照此"市场中心论"发展高职教育，那么我们所建立的高职教育体系一定是不完整的，甚至会导致"人即机器"的社会状况。实际上，高职教育的毕业生缺少人文情怀已经是一个严重的问题。许多毕业生就业之后，暴露出责任心不强、忠诚度缺失、与人合作能力差等毛病，令用人单位头疼不已。

日本教育学者市川昭午研究认为，教育不仅带来经济效益，也带来非经济效益，而后者更为持久和重要。"教育带来的非经济效益多发生在劳动力市场之外。诸如，（1）发病率下降、寿命延长等所反映出的保护健康的能力；（2）通过购买证券、商品、不动产等免受通货膨胀损失所反映出的理财能力；（3）擅长采购的消费能力；（4）婚姻幸福、优生优育等家庭生活能力；（5）包括教育后代在内的家务处理能力；（6）艺术、爱好、体育等闲暇活动能力等均属此类。"[2]

倘若高职院校教师丧失了人文情怀，就会使高职院校变成单纯的人才筛选机构，而不是人才教育和成长的肥沃土壤。毫无疑问，单单停留在筛选功能上的高职教育是无法提高其吸引力的。

（三）精神品质

精神品质是一个群体文化特质最集中的体现。

通常意义上的所谓"大学精神"，指的是普通高校的"精神"，高职院校并不被包括在内，这是人们长期以来形成的潜意识——高职院校算不得"大学"。既然如此，高职院校教师谈论"大学精神"似乎有点儿理不直气不壮。由此看来，我们在这里分析高职院校教师的精神品质，不仅对于形成高职院校教师的文化品牌具有重要意义，而且对于提高职业教育的地位具有重要意义。

高职院校大学精神的主要承载者是高职院校教师，我们呼吁形成高职院校的大学精神，高职院校的教师文化必须随之建立起来。如果说我国高职教育在前20年是一个规模化成长阶段的话，那么现在就应当进入内涵式成长阶段，高职院校的大学精神应当在这个阶段慢慢积淀而成。否则"在公众的心目中,高职院校教师的工作就是依据工作流程和技术标准对学生进行职业技能训练,根本谈不上什么大学精神"[3]。

在高职院校大学精神的形成过程中,高职院校教师的精神品质如何相应形成?即高职院校教师在日常工作中追求怎样的精神境界?"高职院校教育计划的职业定向,决定了它不可能把雅斯贝尔斯所说的'哲思'放在首位,并进行深入的学术争鸣,而必须围绕技术应用和职业能力培养来规范整个教育活动。但是,高职院校的教师依然没有放弃'人格独立、学术自由'的大学精神,也不排斥学术研究,正如普通高校不排除与工作实践紧密结合一样,只是侧重点不同。因此,我们认为,高职院校大学精神的特殊性就在于,必须在共同的职业伦理和社会责任感中,在实用主义教育哲学基础上,建立一种'技兼于道'的工学之间的合作精神。"[4]

三、建构高职院校教师文化的几点思考

我们已经知道,在高职院校进行的教育活动与在企业里开展的上岗培训不同,前者强调"教育性",而后者重在"训练性"。因此,建构高职院校教师文化,必须重视这个群体的人文情怀和精神品质,并在此基础上确立教师管理的制度取向。

(一)摆脱功利主义职业教育的纠缠

由于职业教育的人才培养目标与企业的实际需要密切相连,导致许多高职院校教师把"企业效益最大化"作为人才培养的首要目标,为了创造"高就业率",他们不仅迁就企业,也迁就学生,放松了对学生可持续发展能力的培养。

任何教育类型,其本质状态一定是本真教育,如雅斯贝尔斯所说的是"人的灵魂的教育",或如苏格拉底所说的是"对每个人背后隐藏的真理的探究"。职业教育根本命题必然是"人"的教育,而不是"职业"的教育,否则职业教育目标就"只见职业不见人"。高职院校教师必须摆脱功利主义职业教育的纠缠,功利主义职业教育"把人的培养看成是制造 GDP 的工具",不能给人幸福感。

(二)体验"职业幸福感"

职业生活是人类为了追求幸福生活的存在形态,可以说,没有幸福的职业生活,就没有幸福的人生。那么,什么是职业生活的幸福感?它是人在职业生活的过程中对于工作本身的愉悦体验。"心理学实验证明,更高的收入并不能天然地激发工作热情,

相反，有时它还会成为熄灭激情的元凶；真正让一个人在职业生活中获得持久快乐的是对于工作本身的兴趣。这就是说，只有找到自己内心的愉悦，人才能获得幸福感。"[5]然而，随着职业生活变得越来越复杂，人的心理情绪也变得越来越复杂；由于可供选择的职业越来越多，许多人就心猿意马；由于金钱成为影响职业生活的主要因素，许多人就心浮气躁；由于职业种类更新太快，许多人就痛苦迷茫。

"职业教育的归宿就是人类的幸福生活本身，职业幸福感就是生活幸福感，不能给人生活幸福感的职业教育一定是失败的教育。"[6]因此，如果高职教育没有让学生认识到"职业幸福感"的意义，并给学生以"职业幸福感"体验，我们就可以说，这样的高职教育是失败的，这里的高职院校教师是不称职的。

向学生传递"职业幸福感"，教师自身必须要有"职业幸福感"体验。高职院校教师本身就是一个职业，当教师们在日常的工作中体验到"职业幸福感"时，他们就会给学生传递幸福的信息。在这个意义上，高职院校教师应当热爱高职教育事业，在这种热爱中体现出高职院校教师的人文情怀和"大学精神"，从不因身为高职院校教师而妄自菲薄。正如德国存在主义哲学家雅斯贝尔斯所说的："如果没有什么向我呈现，如果我不热爱，如果存在着的东西不因我的热爱而向我展开，如果我不在存在的东西里完成我自身，那么我终于只落得是一个像一切物质材料那样可以消逝的实存。"[7]

培养学生欣赏美和创造美的能力，启迪学生内心对于美好生活的渴望，使学生在其职业生涯中有幸福的体验，这是高职教育必须担当的责任。任何工作的终极目标都是为了创造美好生活，离开了此目标，劳动者便不会有幸福感体验。这种观念对于当下高职院校教师的工作具有重要的警示意义。

参考文献

[1]〔美〕科顿姆.教育为何是无用的[M].仇蓓玲,卫鑫译.南京：江苏人民出版社,2005：24.
[2]〔日〕市川昭午.教育的效果[M].李守福译.江西教育出版社,1993：13.
[3][4]徐平利.什么是高职院校的"大学精神"[J].高等工程教育研究,2008,(6).
[5]邓秋霖.案例研究：职业生活为什么"不幸福"[J].职教通讯,2012,(7).
[6]徐平利.职业幸福感：职业教育的终极关怀[J].职教通讯,2012,(7).
[7]〔德〕雅斯贝尔斯.生存哲学[M].王玖兴译.上海：上海译文出版社,2005：17.

21世纪理工科教师的人文素质建构

邓志伟

提　要　时代呼吁我们要高度重视教师人文素养的培养。对于理工科教师来说，其人文素质的内涵建构包括两个方面：首先是理性精神的建构，其次是具有不计利害而献身科学的独立人格。理工科教师要适应当今教育改革与发展的需要，就必须加强自身修养，做到博学多识、文理交融；要加强艺术修养，提升科学审美情趣；要在教学实践中努力进取，使自身的人文素质不断得到提高。

关键词　理工科教师、人文素质、建构

作者简介

邓志伟，华东师范大学副教授

一、时代对理工科教师专业素质的新要求

伴随着现代工业革命的兴起，狭隘的功利主义教育观日益凸显出来，使得科学技术教育的人文价值被淡忘。其表现为重科技教育的外在价值，轻科技教育的内在价值；重科技教育的经济价值，轻科技教育的育人价值。人们把接受教育仅仅当作谋生发财的手段。在这种思想指导下，教师自然只专注于科学技术的传授，学生也仅仅满足于一技之长的习得，人文精神的养育、完美人格的塑造等被视为空谈而被无情搁置。

美国的"2061计划"认为，科学不只是大量知识的凝聚，也不只是一种积累知识、验证知识的方法，而是一种融入了人类价值观的社会活动。"计划"指出，尊重科学的好奇心、创造力、想象力和审美观是很重要的，因为它们构成了科学事业的明显特点。"计划"强调，讲授科学应该反映人们所珍视的人的价值观，要把它们作为学生的经验的一部分，而不只看作是空洞的主张；有效地讲授科学知识和技能应该与科学探索精神、科学的价值观融为一体。"计划"建议教师应注重下列做法：欢迎好奇心、奖励创造性、鼓励健康的

质疑精神、避免教条主义、促进美学反响。

在日本，科学技术教育的改革围绕其整个国家教育变革的主题来进行，即教育要培养学生具有高尚的理想、强壮的身体，富有个性和创造力，形成被人类社会广为接受的道德行为规范。在具体教授科学时，注重培养学生正确的探求原理的态度和使用技术的态度，主张科学教育应该让学生深入理解自然同人类生活的关系，这样有助于解决精神上与文化上的各种价值问题。

在英国，正在逐步实行的《社会中的科学与技术》教材明确规定，科学教育的目的之一是显示科学具有人类的面貌。具体做法是在教育内容中专辟一个"科学史实"单元，就科学史和科学方法论的一系列理论问题，系统地介绍大量背景知识和不同观点；从古希腊的科学活动讲到哥白尼、牛顿的伟大发现；从工业革命讲到微型电子计算机对社会的巨大影响；从科学与宗教讲到科学方法论。以此帮助学生了解什么是科学的本质，认识科学与人类社会发展的关系，并使学生获得科学思想、科学精神、科学态度的熏陶和培养。

乔治·萨顿说过："无论科学可能会变得多么抽象，它的起源和发展本质都是人性的。每一个科学的结果都是人性的果实，都是对它的价值的一次证实。科学家的努力所揭示出来的宇宙的那种难以想象的无限性，不仅在纯物质方面没有使人变得渺小些，反而给人的生命和思想以一种再深邃的意义。"[1]

因此，时代呼唤我们要高度重视教师人文素养的培养，其意义与价值总结如下：(1) 陶冶情操，提升精神境界。(2) 活跃思维，开拓创新潜能。(3) 是树立正确人生观和价值观的需要。(4) 是培养人的优秀品质的需要。

二、理工科教师人文素质的内涵建构

(一) 理性的科学精神

理工科教师人文素质的内涵建构，首先是理性精神的建构。科学教育的目的在于帮助人们从感性世界的盲目升华到理性世界的清醒。因此，科学知识所具有的理性精神是科学的灵魂。诚如科学家竺可桢所言："不仅求得了解一点专门知识就足够，必须具有理智的头脑，明辨是非不徇利害的气概，深思远虑不肯盲从的习惯，同时还要有健全的体格，有吃苦耐劳、牺牲自己、努力为公的精神。"

竺可桢担任浙江大学校长时，总是以科学家的精神对学生进行人生观教育，告诫学生："我们到学校的目的是什么？学一技一能果要紧，而最要紧的是一个清醒的头脑。""中国今后最最需要头脑清楚、善于思考的人物。""有了清醒的头脑，才能够以科学的方法来分析，使复杂变成简单，以公正的态度来计划，以果断的决心来执行。""我们受高等教育的人，必须有明辨是非、静观得失、缜密思虑、不肯盲从的习惯，然后在学时不致害己累人，出而立身处世方能不负所学。"这就是理性精神。换言之，科学的学习首先是明智，养成清醒的头脑，成为思维清晰、善于思考的人，科学求真。

1941年年初，竺可桢校长为浙大出版的《思想与时代》杂志撰写了《科学之方法与精神》一文。在文中，他将科学家应取的态度归纳为三个方面："1. 不盲从，不附和，一切以理智为依归，如遇横逆之境则不屈不挠，不畏强御，只问是非，不计厉害。2. 虚怀若谷、不武断、不专横。3. 专心一致、实事求是、不做无病之呻吟，严谨整饬，毫不苟且。"科学家如此，科学教师亦如此。教师具有了这样的科学精神和理性精神，在教育过程中就不是照本宣科，而是注重学生的思维能力和探究精神的培养，注重学生理性精神的培养，使得学生在未来的学习和工作生涯中不盲从、不武断，而是专心致志、实事求是、虚怀若谷。

（二）不计利害的独立人格

当今世界，科学主义愈来愈走向了功利主义的怪圈，5年前，著名科学家钱学森曾对温家宝总理感叹中国的大学为什么培养不出杰出人才。这一"追问"让中国教育界反思至今。钱学森认为，中国还没有一所大学能够按照培养科学技术发明创造人才的模式去办学，都是些人云亦云、一般化的，没有自己独特的创新东西。这是中国的高等教育当前面临的一个很大问题。

"钱学森是我的老师，他那段关于当今中国大学为什么培养不出杰出人才的话始终萦绕在我的脑海，不断激励着、鞭策着我，使我不得不去深思这个问题。"全国人大代表、中国工程院院士、哈尔滨工业大学教授杜善义在"两会"期间接受记者采访时深情地追忆着老师的教诲。杜善义认为，普遍存在于社会的浮躁情绪是人才培养过程中的最大敌人。"老师说的人才，应该是像他和李政道这样儿的。"大学时期，钱学森曾是他的系主任。回忆恩师，杜善义表示，那一辈科学家的两方面特质让他印象深刻：首先是献身科学的精神；其次是把自己的命运和祖国完全联系起来。杜善义说，由于外部环境的影响，他们这一代的很多科学家都是在40岁后才开始进行研究的，错过了创造力爆发的黄金年龄。虽然研究有些断层，但"帮助中国尽快改变面貌"依然是他们最大的愿望。

我国物理学家的先辈叶企孙先生，1921年就测得普朗克常数，被国际科学界引用了16年之久。抗日战争时期，他冒生命危险研制高性能炸药，为冀中抗日做出了重大贡献。他培养了50多位院士，23位"两弹元勋"中半数以上是叶先生的弟子。赵忠尧，早于1930年就观察到正负电子对的产生和湮灭现象，但由于条件所限，只好将实验方案写成论文在国外发表，结果实验由外国学者完成而与诺贝尔奖失之交臂。丁肇中曾说："要不是赵教授在30年代对正负电子湮没发现做出的巨大贡献，我们就不可能有正负电子对撞机，也就没有今天的物理研究。"1950年，赵先生冲破美国联邦调查局的重重阻挠，携带自费购买或加工定制的加速器关键部件和资料回国，为建成我国第一台加速器、培养新中国第一批核科技骨干做出了杰出贡献。

三、理工科教师人文素质提升的途径与方法

人文素质不是与生俱来的，需要通过学习、积累、实践才能逐步具备和丰富。理工科教师要适应当今教育改革与发展的需要，就应该加强自身修养，在教学实践中努力进取，使自身的人文素质不断得到提高。

（一）博学多识，文理交融

早在20世纪30年代，3卷本巨著《科学史导论》的作者萨顿就批判了科学技术教育只注重功利意识的灌输与对技术业教育的偏向，呼吁要使科学及教育人性化，要赞美科学所含有的人性意义。紧随其后，科学学创始人之一贝尔纳首次提出了科学育人文化的命题。他提出，必须打破把科学与人文学科截然区别开来，甚至互相对立的传统，而代之以科学的人文主义；同时，科学教学内容本身也必须人文化。美国著名心理学家马斯洛曾说："科学产生于人类的动机，它的目标是人的目标。科学是由人类创造、更新以及发展的。它的规律、结构以及表达，不仅取决它所发现的现实的性质，而且还取决于完成这些发现的人类本性的性质。"[2]

对科学技术教育的人文化理解抓住了科学技术教育的本质，这就要求理工科教师应该文理兼通，知识互融。他们不仅应有坚实的专业知识，还应有丰富的相关知识内存。在教学中，教师对科学的发展史和有关科学家的故事如数家珍，信手拈来，课堂的信息量之大让学生钦佩。他们会用几何图形的美来装点生活、美化环境，会用做辅助线的思路解决生活中的实际问题。他们带领学生荡漾在浩瀚的知识海洋上，令其陶醉于对知识的无尽向往中。学生对这样的老师信服、敬佩。

教师的文化品位、文化素养很大程度上取决于其对历史文化吸收的多少。教师应广览群书，感受中华民族灿烂的传统文化，提高自身的人文和科学素养。

（二）加强艺术修养，提升教师的科学审美情趣

哈佛大学第 26 任校长（1991—2001）尼尔·鲁登斯坦在 1998 年一次演讲中指出："对于优秀的教育来说，还有更加重要的、不能用美元衡量的任务。最好的教育不但帮助人们在事业上获得成功，还应使学生更善于思考并具有更强的好奇心、洞察力和创造精神，成为人格和心理更加健全和完美的人。这种教育既有助于科学家鉴赏艺术，又有助于艺术家认识科学。它还帮助我们发现没有这种教育可能无法掌握的不同学科之间的联系，有助于我们无论作为个人还是社区的一名成员来说，度过更加有趣和更有价值的人生。"

哈佛校长对于哈佛教育的本质言说，指明文艺修养与科学修养并举才是一个和谐与健全之人才。爱因斯坦指出："音乐和物理学领域中的研究工作在起源上是不同的，可是被共同的目标联系着，这就是对表达未知的东西的企求。……这个世界可以由音乐的音符组成，也可以由数学的公式组成。"美籍华人、物理学家李政道说："艺术，是用创新的手法去唤起每个人的意识或潜意识中深藏的已经存在的情感。情感越珍贵，唤起越强烈，反响越普遍，艺术就越优秀。科学，是对自然界现象进行新的准确的观察和抽象，这种抽象的总结就是自然定律，定律的阐述越简单，应用越广泛，科学就越深刻。所以，艺术和科学的共同基础是人类的创造力，它们追求的目标都是真理的普遍性。它们事实上是一枚硬币的两面。"

当理科教师的艺术修养得以提高后，就会关注科学的艺术性和美感，引导学生认识自然界质朴、统一、和谐的美，认识、体验精巧、绝妙、统一、和谐、高雅、深刻和普适的科学美，鼓励学生进一步深入认识自然界的奥妙。例如，数学除具有一般语言文学和艺术共有的美的特点，其在内容结构和方法上又具有自身的美。曾有人称数学的美是"冰冷的美丽"，在其抽象、枯燥给人以冰冷的感觉的形式背后潜藏着火热的思考与生动活泼、多姿多彩的美丽，只有用心观察、发掘才能看到或体会到它的美妙。比如几何证明中思维的逻辑美，奇妙的勾股数给人以数据美，数学算式的对称性给人以结构美、均衡美。这些都需要在教师的点化、唤醒下学生才能够领略和感悟，才能激起学生的热情，并发展到对美的自觉追求。具备较高人文素质的教师，也具有一定的审美能力，因此在教学过程中善于引导学生感受美，提高学生的审美能力，从而培养学生认识美、创造美的意识，激发学生的创造性与探索精神。

（三）通过教学实践提高自身人文素质

理工科教师的人文素质也需要通过教学实践才能得到培养、强化和提高。因此在具备了广博的知识存储、积累了大量的生活素材后，就要注意在教学实践中进行应用，使内隐知识外显化。

参考文献

[1] 乔治·萨顿. 科学史和新人文主义 [M]. 北京：华夏出版社，1989：49.
[2]〔美〕马斯洛. 动机与人格 [M]. 北京：华夏出版社，1987：1.

法国大学校通才教育与实用教育相结合的教学特点

安　延

编者按　以巴黎大学为代表的综合性大学和以巴黎高等师范学校、巴黎综合理工学校为代表的大学校是法国高等教育的两个重要组成部分。由于历史原因，法国大学校源于法国大革命时期创立的培养专门技术人才的高等专科学校。在法国，大学与大学校的社会定位不同，功能不同，待遇不同，内部结构和运转方式不同，培养的人才都不相同。

从20世纪60年代开始，深受高等教育大众化浪潮的影响，法国大学更多地承担了高等教育大众化的任务，保证了学生接受高等教育的平等机会，学校的规模往往比较大，保证多学科和跨学科性，教学与科研并重。而大学校则继续保持严格遴选的传统，自成一体，非常封闭，坚持以培养精英为己任；学校规模小，教学注重专业化和实用化，不强调基础科学研究。就业方面，大学校，尤其是名牌大学校的毕业生，以较高的社会声誉、良好的学校教育和密切的企业联系，就业比例极高，大多刚一毕业就能占据比较重要的责任岗位。据统计，目前法国大学校毕业生占据了政府决策部门和各大企业70%以上的要职。

关键词　法国、大学校、通才教育、实用教育

作者简介

安延，教育部国际司

一、大学校的教学内容多为通用型教育

通常人们会认为法国大学校实施的是高水平的专业教育，其培养出来的专家和技术人员会成为"技术官僚"的代表。最早的大学校成立之初的确是为国家和军队培养工程师和技术军官，但这并不意味着大学校就是科学技术工作者的摇篮。随着时间的推移，大学校的教学内容和培养人才的功能已经发生了变化。培养通用型人才才是法国大学校，特别是顶级大学校的重要特点。这里的通才教育也不是指普通意义上与职业教育相对的通识教育[1]，而是与专才教育相对的一种职业性、功利性，但教学内容专业化有限的教育。

大学校教学内容的实用性非常强，但实用性并不意味着专业化，并非劳动力市场需要什么样的技能大学校就培养这方面的技能，如果是这样，大学校就与一般的技术学院或职业学校无异了。大学校培养的人是能够担任高层次责任的管理者，是工程师、高级干部、企业负责人和高官，而不是只能从事一种职业和直接从事生产的技术人员。正因为大学校的教育目标不局限于为某种职业培养专业人员，它的教学培训内容也不能仅仅覆盖

某种或某些职业领域。大学校很早就确定了这个原则，避免过于专业化的教学，以便"让学生今后具有在任何职业组织中的任何情景下高效运作的能力"[2]。

从一流大学校毕业出来的学生掌握了法国几乎所有国民生产部门公立机构和私营企业的最高领导权，很难解释某个领域的专家和技术人员能够领导如此广泛的经济技术领域。只有大学校培养出来的通才能力才能让这些人游刃有余地从一个部门的领导岗位流动到另一个部门的领导岗位，而不拘泥于某个专门的技术领域和岗位。从精英团出来的一名优秀大学校毕业生在原来的专业领域通常工作 2 至 4 年就会申请外派到其他部门，继而占据一系列机构的领导岗位，其活动领域可能与他在学校的理论学习和实习专业没有任何关系。

划分过细的专业会造成知识面狭窄，影响长期的发展。可以说，排名越靠前的大学校的教育内容专业化程度也就越低。过于专业的教育背景会局限学生在多种领域流动的机会，影响其获得更高层次领导岗位的机会。人们经常认为专业化是法国精英的特点，但实际上专业技术能力仅仅是其垄断社会最高最重要职位的托词。精英的权力和特权建立在他所受到培训教育和综合能力的基础上，最为雄心勃勃的精英们还要想方设法将其权力扩展到尽量广泛的领域，专业化对他们来说反而带有了某些贬义，他们也往往根本不愿去从事纯技术性的工作。

从学校毕业到进入职业生活，雇主和毕业生对工作的期待可能是不一样的。雇主更为关心的可能是短期目标，是毕业生能否迅速走上工作岗位，完成确定的任务。专门的职业培训对应的是短期目标，而在大学校所接受的通才教育，是让学生学到可以适应各种环境、领域的知识和能力，更符合职业生涯发展的长期目标。

那么如何解决长期目标与短期目标之间的矛盾？可以有两个选择，一是大学校内部进行分工，一部分从事通才教育，一部分进行专才教育。在重视科技文化理论素养的法国教育体制中，专门为某个职业培养技术人员的教育被排在最低的地位。但哪个大学校也不愿意屈居二流，大部分大学校还是往通才的方向发展。于是就有了第二个选择，也是现在比较通行的做法，大学校在传统的通才教育基础上延伸一部分专业化的教学，或是和其他专业化较强的学校签订合作协议，以弥补通才教育的不足。

如何培养通用型的人才？首先大学校的课程设置尽可能地广泛，在培养过程中，尽可能地给学生接触不同工作领域的机会。例如，国家行政学院的培训首先是为期一年的实习，一般在法国某省的省政府或法国驻某国大使馆进行，接下来回到学校上一年半的课程，课程内容包括行政管理、法律、经济、国际关系、社会问题等。巴黎综合理工学校也是一样，学生系统地接受数学、物理、化学等科目的科学培训，但并没有明确的专业方向。最优秀的学生进入精英团,在巴黎矿业学校、路桥或电信学校继续两年的学习,即使是在这些专业性比较强的学校里,精英团的培养计划也更加重视实习,而不是专业课程的学习。在巴黎矿业学校,精英团学生的大部分时间是在不同领域的企业、事业单位作为实习生度过的。不能小看这种实习,这样的实习比专业学习更能让学生熟悉高层决策环境,同时在真正就业之前就有机会接触不同领域的工作。

其次,通才教学更加注重综合能力的培养。与专业技术能力相比,大学校更注重培养学生在各种情形下解决问题的能力。一个高层管理人员应该能够为技术人员的工作制定目标、界定手段、综合分析,在不同的方案中进行选择,确定工作重点,但"技术官僚"中十有八九并不能,也不需要替代他所领导的技术人员进行实地操作。技术官僚的文化并非技术文化,它综合了行政能力、金融知识和工业技能,从而为政治决策服务[3]。复杂的现代工业要求领导人具有广阔视野,看问题要有相当的高度,能够抓住关键,为各种纷繁复杂相互关联的问题寻找解决方案。这种宏观性整体性看待问题的方法和综合决策能力才是作为一个领导和精英所应具备的基本能力。这远远超过了单纯的技术范畴,在精英培养过程中过于专业技术化会与社会对以上综合宏观把握问题、解决问题能力的需求背道而驰。

此外,大学校的通才教育比专业教育更注意培养学生的适应性。21世纪是一个高科技、信息化、网络化的时代,是一个瞬息万变的时代,一个未来的领导人和精英所具备的知识结构应该能够适应这种不断的变化。在大学校中接受的基础培训可以让学生今后具有在任何职业组织中和在任何情境下高效运作的能力。大学校实施通才教育让学生的知识结构能够适应尽可能多的领域,让他们的能力能够胜任尽可能多的部门,而不是拘泥于某一个专业领域或某一个职位。对未来的精英来说,成功的关键就是不断地流动,不管是在精神智力层面上,还是在职业发展方面都需要这种流动性。

二、重视实践与动手能力的培养

大学校对教学内容的定位是实用的通才教育。大学校毕业生以五个明显优势见长:因经过严格考试遴选理论基础好,抽象思维能力强;知识面广,思维开放;经过实践训练在工作中了解雇主需求,工作态度实用,操作能力、运作能力、动手能力强;能够很好地地解决实际问题,从理论到实际工作的操作转换游刃有余;对周围环境适应性强,能够很好地融入新的团体[4]。如果说前两个优势得益于"通才"教育,那么后两个优点则更多地体现了大学校教学的"实用性"。如何理解"实用性"?我们可以将其解释为实践与动手能力的培养，包括解决实际问题的能力、从业的适应能力、处理各种人际关系的能力、考虑问题的开阔视野等。这种素质和能力不是通过上课就能够获得的，只有通过实践性的教学方式和精心设计与组织的一些活动、课程和项目才能实现。

（一）普及项目活动课程

近年来大学校中必修课程从多到少，选修课程从少到多，实习实践活动不断加强。除了更多地使用阅读、小组讨论、实验室工作、参观企业、设计等模式帮助学生提高动手能力，很多大学校还在教学中安排了大量的"项目活动课程"培养学生解决实际问题的能力。所谓"项目活动课程"是一种在做中学的学习方式，学生组成的项目组在教师指导小组的指导下，基本上自主完成选题、争取经费、项目规划、项目实施到项目交付的整个过程，效果非常好，受到学生和教师的欢迎。与法国中央学校集团有密切合作关系，在北京创立第一所中法工程师学校的北京航空航天大学在调研中对在法国工程师学校普遍开设的独特的"项目活动"进行了详细的介绍：

"以里尔中央学校为例，'项目活动课程'由选修变为必修，共计 300 学时。在这种活动中，学生自由组团，一般 5 到 6 人分为一组，自行进行项目的组织与管理。同时成立一个指导教师小组，负责指导和监督项目的运作过程。项目组还要确定一个客户伙伴。这些客户伙伴必须是真实的，可以是公司、研究机构，也可以是公立机构，一般可以由团队自己寻找，也可以利用教师的人际网络，或者愿与学校的合作企业。此外，项目组还要寻找财务方面的资金支持，这有可能来源一些公共财政机构的奖学金，助学金或者来源于企业的直接支持。

在项目启动时，团队首先要进行选题论证，所选择的题目必须源于客户需求的实际问题。在项目执行过程中，由项目团队直接与客户联系，对客户需求进行分析，分析项目的商业风险，决定项目的组织管理模式，并提交项目的整体策划方案。在项目执行结束后学生要进行答辩，并有指导教师、客户以及学生自己进行评分。"[5]

总而言之，在项目活动中进行实战训练的教学方式起到了以下作用：

首先超越学校课堂的教学范围，超越了"虚拟"的范畴，直接进入实际的工作场域，了解企业和客户的实际需求，体会实际工作中会遇到的各种困难。在这种条件下学习考虑各种因素的影响，全面分析问题，培养解决实际问题的能力。锻炼独立创新，应对复杂和不确定局面时掌控全局的本领。由于工作是有时限的，还要在短时间和强压力下内保持较高的工作效率。

其次，全方位入手，能让学生熟悉和掌握实际工作的各个环节。对工程师的定位，对于自己将要承担的角色更加清楚，不仅是专业技术人员，还要做一个合格的项目负责人员、研究设计人员、管理人员和销售人员。在项目实践中要学会在项目管理过程中如何制订计划，进行财务预算；如何与客户和供应商建立良好的关系，充分理解各方需求；如何展示自己，推销自己的方案。这样的学习有利于学生承担责任，培养责任感，提高专业方面的实践能力，增强管理和沟通能力。

另外，在现代化工业的生产中，劳动分工到了十分精密的程度。在实际工作中某人不可能单枪匹马完成一项任务。因此，项目实践总是以小组和集体为单位，以此培养学生与别人相处与合作的能力，学习如何很快融入周围的环境，调动团队的活力，提高团队合作的效率，从而提高学生的创业意识、合作精神以及自治能力。

（二）高度重视实习环节

实习是帮助学生了解认识现实社会的重要方式，是沟通大学校与职业界联系的重要纽带，也是培养学生动手能力的另一条重要渠道。大学校十分重视实习，将实习作为培养过程中的关键环节。过去的实习仅仅是为了熟悉企业环境所设置，时间短，与教学内容没有什么联系。而近些年来，大学校的必修课从多到少，企业实习工作不断加强。实习有时间延长和种类增多的趋势，有的大学校甚至在就学期间安排几个阶段的实习。

大学校的实习有几种类型：其中有"工人实习"，一般安排在刚入学，目的是了解最基层的工作情况；有3到4个月的短实习，可以是观察性的，熟悉情况，加强对企业状况的了解，也可以是主动实践性的；有半年以上的长实习，基本接近于未来的工作。

大学校在制度上支持鼓励学生出去实习，一般都规定要取得大学校文凭必须有若干时间的实习经历。有的大学校规定学生在整个学业中要完成几个实习，不能重复，不能在一家实习单位。不少大学校鼓励学生进行长实习，在学制管理上更加灵活，甚至允许学生休学一年去实习。在全球化的时代，大学校毕业生今后无论是就职于政府部门还是跨国公司，或是服务于有志于拓展海外市场的法国企业，外语水平、海外经历和跨文化交际能力都特别重要，因此许多大学校鼓励学生到国外实习，同时也为他们创造在国外实习的机会，以便了解异域文化，扩展国际视野。

企业也非常愿意接受来自大学校的实习生，希望通过实习增加相互了解，参与培养过程，按照他们的期待引导学生，具备企业所需要的素质与能力。大学校学生素质高，只要引导得当，工作会很快上手。由于法国企业雇佣长期工作人员成本很高，而实习生的工资只有正式员工的 1/3，且不用缴纳各种福利与保险，雇佣实习生还能节约成本。同时，企业各个岗位的负责人多是大学校校友，他们很乐意提携鼓励来自同一所学校的年青一代。出于以上原因，企业对来自大学校的实习生充分信任，给他们成功的机会和平台，让他们真正加入企业的工作团队，并承担一定的工作责任，使实习慢慢成为学生到正式工作者的过渡阶段。据统计，大约有 1/3 的工程师学校毕业生都是在自己曾经实习过的单位签订了第一份正式雇佣合同[6]。

三、学校与职业界的密切联系

为了给国家培养工程师和技术军官，首批"专门学校"在法国大革命前夕成立。拿破仑统治时期更加强化了大学校为国家和职业界服务的功能。在很长一段时间内，这些学校垄断了国家大部分高层次职业培训，仅仅是在 1950 年代以后，综合性大学才开始涉及高等职业教育。因此，从诞生之日起一直到现在的两百多年间，大学校一直与职业企业界保持着特殊的关系，它们充分考虑职业界的要求和愿望制定教学大纲，为职业界培养人才，直接为职业界服务。大学校实施实用的通才教育也要求在教学的各个环节中与职业界保持密切的互动关系。如果说小规模是大学校外在形式上的表现，那么与职业界的关系的性质则是大学校的核心特点之一，也正是由于与职业界的密切联系，大学校才能比大学更好地承担了高层次职业培养的功能。

大学校与职业之间的密切联系主要体现在以下几个方面：

（一）办学体制和机构设置中凸显职业界代表的地位

职业界人士参与学校的管理。在大学校的行政管理委员会中，除了选举产生的学校教师、学生代表，还邀请与学校教学、科研、发展和融资等工作相关的各方面人士，通常 1/2 左右的成员来自校外，包括地方政府管理人员和工业企业界的人士。一些著名工程师学校的校委会主席经常由大企业总裁或总经理兼任[7]。来自职业界的人士具有与校内人士一样的发言权，他们参与学校发展战略的制定，讨论课程设置和教学计划的安排，预测学生毕业后的出路等重要议题。这种体制为企业参与学校的管理与发展提供了坚实保证。

在大学校的行政机构设置中也充分体现出对职业界的高度重视。很多大学校专门设立校企关系部，负责建立和加强与工业企业界的联系，在企业中拉赞助，争取资金，执行处理合作合同，同时为企业咨询、人才和培训服务，通过各种途径加强对企业界的长期对话。

（二）职业界对大学校培养教学过程的参与

来自职业企业界的在职工作人员直接参与教学。大学校教师队伍一般由两类人员构成，一小部分是固定的全职教师，属于公务员编制，既要从事教学也要从事科研；另外很大一部分是临时教师，他们都是来自职业界的兼职人员，有职业经验，了解企业的需求，通常又是老校友，熟悉学校和学生的情况，他们仅从事教学工作，流动性很大。1960年代以前大学校的教师队伍基本上是由这些临时教师构成的。即便是现在，职业界人士在大学校的教学中也承担了相当多的工作量。例如在巴黎中央学校中专职教师仅70名，来自企业界的职业人士则有850人[8]。这些兼职教师在教学中带来职业界的最新信息，传授职场工作经验，引导帮助学生规划未来职业发展，是保证大学校与职业界来往交流的最基本的要素。

职业界直接参与教学培养的另一种方式是接纳大学校学生实习，实习越来越成为大学校培养的重要环节之一。由于大学校学生普遍素质高、能力强，企业也愿意接受实习生，并吸引优秀的实习生中长期就业。

（三）经费与物质上的支持

法国规定企业要支付"学徒税"，税率占工资总额的1.1%。学徒税可以上缴地方政府，也可以直接指定学校，直接支持学校的教学、科研经费，为学生提供奖学金等。通常，越是高水平的学校获得的培训税就越多。以巴黎中央学校为例，与其保持稳定关系的企业多达100多家，在每年10000万欧元的预算中有60%来自国家，40%来自企业，学校的科研经费也有一半来源于工业界。此外企业还可以向学校出借或赠送生产设备，供教学使用。

（四）大学校为企业提供咨询、研究和技术开发服务

除了培养学生之外，大学校还可以通过签订合同，接受委托执行咨询、研究或技术开发项目的形式为职业界提供服务。由于大学校教师的工资主要是由国家支付的，企业由此降低研究成本；学校可以展示自己"产品"（未来毕业生）的质量与能力；在学的学生会参与这些任务，在真正的职业行为中学习，在为企业提供服务的同时接受培养，可谓一举多得。

有些大学校走得更远，设立了一些"迷你企业"，完全由学生自己管理，为企业、政府、工商会等组织提供服务，收取一定的费用。在完成任务的过程中，学生能够掌握整个企业的运作环节：招徕顾客、供需谈判、明确需求、寻找资源、完成任务等，教师只在学生提出要求的情况下介入。学生在行动过程中学到了东西，获得了宝贵的经验，学校也以这种方式实现了与职业界的互动。

此外，1950年代以后，特别是1970年代设立企业继续教育税制度以来，大学校承担继续培训的已成为一种普遍现象，大学校在继续培训的市场上已占有相当比重。这既符合大学校教学适应雇主需求的一贯原则，同时也大大加强了大学校的培训潜力，进一步密切了大学校与职业界的关系。

（五）通过校友保持与职业界的人脉关系

大学校非常重视编织校友网络，与已经毕业的老校友保持密切联系。很多学校都有校友会，经常组织各种活动，出版校友录，成立基金，对母校的各项事业进行支持。特别是著名大学校的毕业生多在政治经济领域担任要职，在工业企业界身居高位，他们对母校有深厚的感情，愿意在力所能及的条件下支持学校的发展，扶持青年一代。对于学校发展来说，这些老校友是最宝贵的人脉资源；对于在校生或刚刚毕业的学生，通过强大的校友关系可以很快为他们未来的职业发展建立人际通道。

多年来，法国的大学校与职业企业界之间已经形成了相互需求、相互支持的互动关系。无论是宏观的国家税收政策还是学校的管理体制、行政机构设置，以及微观的教学行为都极大地调动了两者双向交流合作的内在动力，为维系发展这种密切关系提供了保障。相比之下，国内高校与企业的关系仅仅是点与点的关系，通常是教授个人与企业某个点的结合，或是把企业作为经费的补充来源，这样的关系建立在短期利益基础上，缺乏长期合作的机制。没有职业界参与的高级职业教育是不成功的。法国大学校为职业界服务的主动性、长期性和可持续发展战略值得我们借鉴。

编者注：本文选自作者《通往精英之路——法国大学校与中国留学生》（商务印书馆即将出版）。

参考文献

[1] 通识教育是英文"general education"的译名，也有学者把它译为"普通教育"、"一般教育"等等。通识教育是关于人的生活的各个领域的知识和技能的教育，是非专业性的、非职业性的、非

功利性的、不直接为职业做准备的知识和能力的教育，其涉及范围宽广全面。

［2］Bruno MAGLIOLO. *Les grandes écoles Coll. Que sais-je?* Paris，PUF，1982，p. 78.

［3］N. SULEIMAN Ezra. *Les élites en France*：*Grands corps et grandes écoles* Editions du Seuil，pour la traduction française，1979，p. 169-177.

［4］Conférence des grandes écoles, Grandes écoles et enseignement supérieur，www. cge. asso. fr.

［5］国务院学位委员会办公室编. 透视与借鉴：国外著名高等学校的调研报告（2008年版）［M］. 北京：高等教育出版社，2008：169-190.

［6］CNISF，L'ingénieur dans la société et sa rémunération，16ème enquête socio-professionnelle du CNISF，p. 20.

［7］法国高等工程教育. 驻法使馆教育处调研.

［8］国务院学位委员会办公室编. 透视与借鉴：国外著名高等学校的调研报告（2008年版）［M］. 北京：高等教育出版社，2008：169-190.

杜威的教育哲学

胡 适

编者按 本文作于1919年春，原发表于1919年《新教育》第1卷第3期，后收入《胡适文存》。

作者的话 这一篇本是蒋梦麟先生要做的。因为他陪杜威先生到杭州去了，我看他忙得很苦，所以自己效劳做了这一篇。但是我不是专门学教育的人，做的教育学文章定然不能有蒋先生那样透彻。我希望诸位读者把这篇文章看作一篇暂时代劳的文章。

蒋梦麟的话 适之先生百忙里代我做这篇文章，既不睡了一晚，在津浦车上又做，到了北京，在这番大学风潮里边，还要做。读他的言论，又是透彻得很，真是好大本能，我很感激又很佩服。（梦麟）选自《新教育》第1卷第3期（1919年5月）

作者简介
胡适，现代著名学者

杜威先生常说，"哲学就是广义的教育学说"。这就是说哲学便是教育哲学。

这句话初听了很可怪。其实我们如果仔细一想，便知道这句话是不错的。我们试问古往今来的哲学家哪一个不是教育家？哪一个没有一种教育学说？哪一种教育学说不是根据于哲学的？我且举几个例。我们小时读三字经开端就是"人之初、性本善、性相近、习相远。苟不教、性乃迁"。这几句说的是孔子的教育哲学。三字经是宋朝人做的，所代表的又是程子朱子一派的教育哲学。再翻开朱注的论语，第一章"学而时习之"的底下注语道："学之为言效也。人性皆善而觉有先后。后觉者必效先觉之所为，乃可以明善而复其初也"。请看他们把学字解作仿效，把教育的目的看作"明善而复其初"：这不是极重要的教育学说吗？我们如研究哲学史，便知道这几句注语里面，不但是解释孔子的话，并且含有禅家明心见性的影响。这不是很明白的例吗？

再翻开各家的哲学书，从老子直到蔡元培，从老子的"常使民无知无欲"，直到蔡元培的"以美育代宗教"，哪一家的哲学不是教育学说呢？懂得这个道理，然后可以知道杜威先生的哲学和他的教育学说的关系。

杜威的教育学说，大旨都在郑宗海先生所译

的"杜威教育主义"(新教育第二期)里面。现在且先把那篇文章的精华提出来写在下面(译笔略与郑先生不同):

(一)什么是教育?

教育的进行在于个人参与人类之社会的观念。……真教育只有一种:只有儿童被种种社会环境的需要所挑起的才能的活动;这才是真教育。

(二)什么是学校?

学校本来是一种社会的组织。教育既是由社会生活上进行,学校不过是一种团体生活,凡是能使儿童将来得享受人类的遗产和运用他自己的能力为群众谋福利的种种势力,都集合在里面。简单说来,教育即是生活,并不是将来生活的预备。

(三)什么是教材?

学校科目交互关系的中心点不在理科,不在文学,不在历史,不在地理,乃在儿童自己的社会生活。

总而言之,我深信我们应该把教育看作经验的继续再造;教育的目的与教育的进行是一件事,不是两件事。

(四)方法的性质。

方法的问题即是儿童的能力和兴趣发展的次序的问题。

(1) 儿童天性的发展,主动的方面先于被动的方面;……动作先于有意识的感觉。意思(智识的和推理的作用)乃是动作的结果,并且是因为要主持动作才发生的。平常所谓"理性",不过是有条理有效果的动作之一种法子,并不是在动作行为之外可以发达得出来的。

(2) 影像(Images)乃是教授的大利器。儿童对于学科所得到的不过是他自己对于这一科所构成的影像。……现在我们用在预备功课和教授功课上的许多时间和精力,正可用来训练儿童构成影像的能力,要使儿童对于所接触的种种物事都能随时发生清楚明了又时时长进的影像。

(3) 儿童的兴趣即是才力发生的记号。……某种兴趣的发生,即是表示这个儿童将要进到某步程度。……凡兴趣都是能力的记号,最要紧的是寻出这种能力是什么。

(4) 感情乃是动作的自然反应。若偏向激动感情,不问有无相当的动作,必致于养成不健全和乖僻的心境。

（五）社会进化与学校。

教育乃是社会进化和改良的根本方法……教育根据于社会观念，支配个人的活动，这便是社会革新的唯一可靠的方法。

这种教育见解，对于个人主义和社会主义的理想都有适当的容纳。一方面是个人的，因为这种主张承认一种品行的养成是正当生活的真基础。一方面是社会的，因为这种学说承认这种良好的品行不是单有个人的训戒教导便能造成的；乃是倚靠一种社会生活的影响才能养成的。

以上所记，可说是杜威教育学说的要旨。再总括起来，便只有两句话：

(1) "教育即是生活"。

(2) "教育即是继续不断的重新组织经验，要使经验的意义格外增加，要使个人主持指挥后来经验的能力格外增加"。(*Democracy and Education*, p. 89—90)

我所要说的杜威教育哲学，不过是说明这两句话的哲学根据。我且先解释这两句话的意义。这两句话其实即是一句话。(1) 即是 (2)，所以我且解说第二句话。"教育即是继续不断的重新组织经验"。怎么讲呢？经验即是生活。（见我所作"杜威哲学的根本观念"）生活即是应付人生四围的境地；即是改变所接触的事物，使有害的变为无害的，使无害的变为有益的。这种活动是人生不能免的。从婴孩到长大，从长成到老死，都免不了这种活动。这种活动各有教育的作用，因为每一种活动即是增添一点经验，即是"学"了一种学问。每次所得的经验，和已有的经验合拢起来，起一种重新组织；这种重新组织过的经验，又留作以后经验的参考资料和应用工具。如此递进，永永不已。所以说，"教育是继续不断的重新组织经验"。怎么说"使经验的意义格外增加"呢？意义的增加就是格外能看出我们所做活动的连贯关系。杜威常举一个例：有一个小孩子伸手去抓一团火光，把手烫了。从此以后，他就知道眼里所见的某种视觉是和手的某种触觉有关系的；更进一步，他就知道某种光是和某种热有关系的。高等的化学家在试验室里做种种活动，寻出火光的种种性质，其实同那小孩子的经验是一样的道理。总而言之，只是寻出事物的关系。懂得种种关系，便能预先安排某种原因发生某种效果。这便是增加经验意义。怎么说"使个人主持后来经验的能力格外增加呢"？懂得经验的意义，能安排某种原因发生某种结果，这便是说我们可以推知未来，可以预先筹备怎样得到良好的结果，怎样免去不良好的结果，这就是加添我们主持后来经验的能力了。

杜威这种教育学说和别人根本不同之处就在于把"目的"和"进行"看作一件事。这句话表面上似乎不通，其实不错。杜威说："活动的经验是占时间的，他的后一步补足他的前一步；前面不曾觉得的关系，也可明白了。后面的结果，表出前面的意义。这种经验的全体又养成趋向有这种意义的事物的习惯。每一种这样继续不断的经验是有教育作用的。一切教育只在于有这种经验"。（同上书第 91—92 页）。

这种教育学说的哲学根据，就是杜威的实验主义。实验主义的大旨，我已在别处说过了。（看本期哲学的根本观念及潘公展先生所记我的实验主义演说，参看新青年第六卷第四号第一篇）如今单提出杜威哲学中和教育学说最有密切关系的知识论和道德论，略说一点。

一、知识论（*Democracy and Education*，Chap. 25）

杜威说古代以来的知识论的最大病根，在于经验派和理性派的区别太严了。古代的社会阶级很严，有劳心的和劳力的，治人的和被治的，出令的和受令的，贵族和小百姓，种种区别。所以论知识也有经验和理性，个体与共相，心与物，心与身，智力与感情，种种区别。这许多区别，在现在的民主社会里都不能成立，都不应该存在。从学理一方面看来，更不能成立。杜威提出三条理由如下：

（1）现代生理学和心理学互相印证，证明一切心的作用都和神经系统有密切关系。神经系统使一切身体的作用同力合作。外面环境来的激刺和里面发出的应付作用，都受脑部的节制支配。神经作用，又不但主持应付环境的作用，并且有一种特性，使第一次应付能限定下一次的官能激刺作何样子。试看一个雕匠雕刻木头，或是画师画他的油画，便可见神经作用时时刻刻重新组织已有的活动，作为后来活动的预备，使前后的活动成为一贯的连续。处处是"行"，处处是"知"；知即从行来，即在行里；行即从知来，又即是知。懂得此理，方才可以懂得杜威所说"教育即是生活"的道理。

（2）生物学发达以来，生物进化的观念使人知道从极简单的生物进到人类，都有一贯的程序。最低等的有机体，但有应付环境的活动，却没有心官可说。后来活动更复杂了，智力的作用渐渐不可少，渐渐更重要。有了智力作用，方才可以预料将来，可以安排布置。这种生物进化论出世以后，方才有人觉悟从前的人把智力看作一个物外事外的"旁观者"，把知识看作无求于外，完全独立存在的，这都是错了。生物进化论的教训是说：每个生物是世界的一份子，和世界同受苦，同享福；他所以能居然生存，全靠他能把自己作为环境的一部分，预料未来的结果，使自己的活动适宜于这种变迁的环境。如此看来，人既是世界活动里面的一个参战者，可见知识乃是一种参战活动，知识的价值全靠知识的效能。知识绝不是一种冷眼旁观的废物。懂得这个道理，方才可以懂得杜威说的"真教育只是儿童被种种社会环境的需要所挑起的才能的活动"。

（3）近代科学家的方法进步，实验的方法一面教人怎样求知识，一面教人怎样证明所得的知识是否真知识。这种实验的方法和新起的知识论也极有关系。这种方法有两种意义。（一）实验的方法说：除非我们的动作真能发生所期望的变化，绝不能说是有了知识，但可说是有了某种假设、某种猜想罢了。真知识是可以试验出效果来的。（二）实验的方法又说：思想是有用的；但思想所以有用，正为思想能正确地观察现在状况用来作根据，推知未来的效果，以为应付未来的工具。

实验方法的这两层意义都很重要。第一，凡试验不出什么效果来的观念，不能算是真知识。因此，教育的方法和教材都该受这个标准的批评，经得住这种批评的，方才可以存在。第二，思想的作用不是死的，是活的；是要能根据过去的经验对付现在，根据过去与现在对付未来。因此，学校的生活须要能养成这种活动的思想力，养成杜威所常说的"创造的智力"。

二、道德论（*Democracy and Education*，Chap. 26）

杜威论人生的行为道德，也极力反对从前哲学家所固执的种种无谓的区别。

（1）主内和主外的区别，主内的偏重行为的动机，偏重人的品性；主外的偏重行为的效果，偏重人的动作。其实这都是一偏之见。动机也不是完全在内的，因为动机都是针对一种外面的境地起来的。品性也不是完全在内的，因为品性往往都是行为的结果，行为成了习惯，便是品行。主外的也不对。行为的结果也不是完全在外的，因为有意识的行为都有一种目的，目的就是先已见到的效果。若没有存心，行为的善恶都不成道德的问题。譬如我无心中掉了十块钱，有人拾去，救了他一命。结果虽好，算不得是道德。至于行为动作有外有内，更显而易见了。杜威论道德，不认古人所定的这些区别。他说，平常的行为，本没有道德和不道德的区别。遇着疑难的境地，可以这样做，也可以那样做：但是这样做便有这等效果，那样做又有那种结果：究竟还是这样做呢？还该那样做呢？到了这个选择去取的时候，方才有一个道德的境地，方才有道德和不道德的问题。这种行为，自始至终，只是一件贯串的活动，没有什么内外的区别。最初估量抉择的时候，虽是有些迟疑，究竟疑虑也是活动，决定之后，去彼取此，决心做去，那更是很明显的活动了。这种行为，和平常的行为并无根本的区别。这里面主持的思想，即是平常猜谜演算术的思想，并没有一个特别的良知。这里面所用的参考资料和应用工具，也即是经验和观念之类，并无特别神秘的性质。总而言之，杜威论道德，根本上不承认主内和主外的区别，知也是外，行也是内；动机也是活动、疑虑也是活动，做出来的结果也是活动。若把行为的一部分认作"内"。一部分认作"外"，那就是把一件整个的活动分作两截，那就是养成知行不一致的习惯，必致于向活动之外另寻道德的教育。活动之外的道德教育，如我们中国的读经修身之类，绝不能有良好的效果的。

（2）责任心和兴趣的区别。西洋论道德的，还有一个很严的区别，就是责任心和兴趣的区别。偏重责任心的人，说，你"应该"如此做。不管你是否愿意，你总得如此做。中国的董仲舒和德国的康德都是这一类。还有一班人偏重兴趣一方面，说，我高兴这样做，我爱这样做。孔子说的"知之者不如好之者，好之者不如乐之者"，便是这个意思。有许多哲学家把"兴趣"看错了，以为兴趣即是自私自利的表示，若跟着"兴趣"做去，必致于偏向自私自利的行为。这派哲学家因此便把兴趣和责任心看作两件绝对相反的东西。所以学校中的道德教育只是要学生脑子里记得许多"应该"做的事，或是用种种外面的奖赏刑罚之类，去监督学生的行为。这种方法，杜威极不赞成。杜威以为责任和兴趣并不是反对的。兴趣并不是自私自利，不过是把我自己和所做的事看作一件事；换句话说，兴趣即是把所做的事认作我自己的活动的一部分。譬如一个医生，当鼠疫盛行的时候，他不顾传染的危险，亲自天天到疫区去医病救人。我们一定说他很有责任心。其实他只不过觉得这种事业是他自己的活动的一部分，所以冒险做去。他若没有这种兴趣，若不能在这种冒险救人的事业里面寻出兴趣，那就随书上怎么把责任心说得天花乱坠，他绝不肯去做。如此看来，真正责任心只是一种兴趣。杜威说，"责任"（Duty）古义本是"职务"（Office），只是"执事者各司其事"。兴趣即是把所做的事认作自己的事。仔细看来，兴趣不但和责任心没有冲突，并且可以补助责任心。没有兴趣的责任，如囚犯做苦工，绝不能真有责任心。况且责任是死的，兴趣是活的。兴趣的发生，即是新能力发生的表示，即是新活动的起点。即如上文所说的医生。他初行医的时候，他的责任只在替人医病，并不曾想到鼠疫的事。后来鼠疫发生了，他若是觉得他的兴趣只在平常的医病，他绝不会去冒险做疫区救济的事。他所以肯冒传染的危险，正因为他此时发生一种新兴趣，把疫区的治疗认作他的事业的一部分，故疫区的危险都不怕了。学校中的德育也是如此。学生对于所做的功课毫无兴趣，怪不得要出去打牌吃酒去了。若是学校的生活能使学生天天发生新兴趣，他自然不想做不道德的事了。这才是真正的道德教育。社会上的道德教育，也是如此。商店的伙计，工厂的工人，一天做十五六点钟的苦工，做得头昏脑胀，毫无兴趣，他们自然要想出去干点不正当的娱乐。圣人的教训，宗教的戒律，到此全归无用。所以现在西洋的新实业家，一方面减少工作的时间，增加工作的报酬，一方面在工厂里或公司里设立种种正当的游戏，使做工的人都觉得所做的事是有趣味的事。有了这种兴趣，不但做事更肯尽职，并且不要去寻那不正当的娱乐了。所以真正的道德教育在于使人对于正当的生活发生兴趣，在于养成对于所做的事发生兴趣的习惯。

结论。杜威的教育哲学，全在他的"平民主义与教育"（*Democracy and Education*）一部书里。看他这部书的名字，便可知道他的教育学说是平民主义的教育。古代的社会有贵贱、上下、劳心与劳力，治人与被治种种阶级，古代的知识论和道德论都受有这种阶级制度的影响，所以论知识便有心与身、灵魂与肉体、心与物、经验与理性等等分别；论道德便有内与外、动机与结果、义与利、责任与兴趣等等分别。教育学说也受了这种影响，把知与行、道德与智慧、学校内的功课与学校外的生活等等，都看作两截不相联贯的事。现代的世界是平民政治的世界，阶级制度根本不能成立。平民政治的两大条件是：（一）一个社会的利益须由这个社会的分子共同享受；（二）个人与个人、团体与团体之间，须有圆满的自由的交互影响。根据这两大条件，杜威主张平民主义的教育须有两大条件：（甲）须养成智能的个性（Intellectual individuality），（乙）须养成共同活动的观念和习惯（Cooperation in activity）。"智能的个性"就是独立思想、独立观察、独立判断的能力。平民主义的教育的第一个条件，就是要使少年人能自己用他的思想力，把经验得来的意思和观念一个个地实地证验，对于一切制度习俗都能存一个疑问的态度，不要把耳朵当眼睛，不要把人家的思想糊里糊涂认作自己的思想。"共同活动"就是对于社会事业和群众关系的兴趣。平民主义的社会是一种股份公司，所以平民主义的教育的第二个条件就是要使人人都有一种同力合作的天性；对于社会的生活和社会的主持都有浓挚的兴趣。

要做到这两大条件，向来的"文字教育"、"记诵教育"、"书房教育"，绝不够用。几十年来的教育改良，只注意数量的增加（教育普及），却不曾注意根本上的方法改革。杜威的教育哲学的大贡献，只是要把阶级社会遗传下来的教育理论和教育制度一齐改革，要使教育出的人才真能应平民主义的社会之用。我这一篇所说杜威的新教育理论，千言万语，只是要打破从前的阶级教育，归到平民主义的教育的两大条件。对于实行的教育制度上，杜威的两大主张是：（1）学校自身须是一种社会的生活，须有社会生活所应有的种种条件。（2）学校里的学业须要和学校外的生活连贯一气。总而言之，平民主义的教育的根本观念是：

教育即是生活；

教育即是继续不断的重新组织经验，要使经验的意义格外增加，要使个人主宰后来经验的能力格外增加。

这篇文章一大半是将回北京的前一晚从十点钟到天明六点钟做的；一小半是在津浦火车上做的；最后一节结论是到北京的晚上做的。匆忙极了，一定有许多缺点。请读者原谅。

（适）

首届全国高等职业教育文化育人高端论坛暨全国高职院校文化素质教育协作会成立大会在深圳举行

2011年12月12—13日，首届全国高等职业教育文化育人高端论坛暨全国高职院校文化素质教育协作会成立大会在深圳隆重举行。论坛以"文化引领技能型人才培养"为主题，200余名专家、代表围绕文化自觉与高职教育发展、文化素质教育与技能型人才培养、技能型人才与文化产业发展等展开热烈研讨。论坛期间，"全国高职院校文化素质教育协作会"宣告成立。协作会将在教育部高等学校文化素质教育指导委员会和教育部高等学校高职高专文化教育类专业教学指导委员会的指导下，为高职院校间交流与沟通文化素质教育工作搭建一个重要平台。根据协会章程，协会将每年举行一次学术年会，交流文化素质教育工作的经验和成果，并不定期召开各类促进高职院校文化素质教育工作的会议，积极组织高职院校、地方之间合作办学的经验交流。

第二届年会拟定于2012年11月在无锡积业技术学院召开。

（文首文供稿）

北京大学清华大学深圳职业技术学院等发起成立高等教育学会大学文化研究分会

9月28日，大学文化研究与发展中心成立十周年总结庆祝会暨高等教育学会大学文化研究分会发起仪式在北京大学举行，来自北京大学、清华大学、深圳职业技术学院等单位的30多位领导、专家参加了会议。

会议由北京大学原常务副校长王义遒主持，教育部思想政治工作司副司长王光彦出席会议并宣读了教育部党组副书记、副部长杜玉波的书面讲话。原教育部副司长、巡视员王冀生对中心成立十年来的工作进行了回顾总结，对未来发展进行了展望。深圳职业技术学院党委书记、校长刘洪一作为高职院校代表做了热情洋溢的发言。发言指出，高职教育经过近20年的跨越式大发展，已经名符其实地撑起了中国高等教育的半壁江山。高职院校作为高职文化的承载者，在当代中国大学文化中已经成为一股不可忽视的重要文化力量。面对产业升级和社会转型发展的新形势，深圳职业技术学院联合一批高职院校发起成立了全国高职院校文化素质教育协作会，倡导、推动文化引领技能型人才培养。刘洪一的讲话引起了与会代表的关注和共鸣，代表们对高职院校能够如此重视文化建设教育给予高度评价。

"大学文化研究与发展中心"于2002年9月在北京大学、清华大学等单位倡导下发起成立，旨在推动大学文化建设和文化研究，弘扬大学文化精神，促进大学文化品位和格调的提高，通过大学文化研究引导和提升社会文化，推进先进文化的积累、传播和发展。中心自组建开始就得到了教育部的大力支持，时任教育部副部长袁贵仁出席了"大学文化研究与发展中心"成立大会，并两次听取工作汇报。本次会议宣布将由与会的12家单位共同发起申请成立中国高等教育学会大学文化研究分会，深圳职业技术学院作为发起单位之一在申请书上签字。

（文首文供稿）

深圳职业技术学院率先建设"志愿者之校"

针对当前社会存在的信仰缺失、价值观念模糊以及拜金主义思想较为严重等问题，深圳职业技术学院明确提出要让志愿者的奉献精神成为大学生的固有品格，成为大学文化的重要内涵；提倡把志愿者精神渗透到日常的工作、学习和生活中，让学校成为社会道德的思考者、城市文明的引领者和先进文化的策源地。

自1993年建校时成立学生社团"爱心社"至今，深圳职业技术学院的志愿者工作即将走过20个春秋。全校目前在读的注册志愿者已超过1万人，其中，服务时间累积500小时以上的五星级义工52人；31个专业服务团队和36个特色服务团队累计为社会服务200多万小时。特别是在第26届世界大学生运动会期间，深职院9300余名师生志愿者奋战在网球、篮球、排球、田径等13个比赛场馆和交通、机场等5个专项团队及开幕式、闭幕式、大学校长论坛会场，服务120多万人次。闭幕式上，"互动哥"李栋代表127万大运志愿者接受献花，以不一样的精彩感动了世界。

在建设"志愿者之校"过程中，为将志愿精神渗透到学校工作的各个方面，使志愿者精神成为学校的核心文化价值，在校党委、校行政的主导下，学院重点抓了以下几项工作：一是制度化引领。成立了"志愿者之校"建设工作领导小组，出台了《关于建设"志愿者之校"的决定》等6个配套文件。构建学校、学院、班级、宿舍四位一体的志愿服务运行机制，保障志愿服务工作顺利开展。二是品牌化塑造。设立了志愿服务专项基金，每年资助一批专家评审立项的志愿服务品牌项目。目前已形成了"启明星"支教、文博会义工服务、非物质文化遗产保护、"深港澳国际车展义工"、"四点半家教"等36个品牌服务项目。三是基地化建设。推行生产实训基地、社会实践基地和志愿服务基地"三基合一"模式;依托书院和学生生活园区建立一批集教育、服务、管理于一体的书院U站;推广大运会城市U站模式,在校园内建立一批"爱心义站";与基层乡镇合作建立对口志愿服务基地,长期开展"启明星支教"活动。四是数字化管理。开发"志愿服务储蓄银行"系统,志愿者可以通过支取"服务积分"兑换学分,获取校内公共服务资源;建立志愿服务全媒体,专题网、UHOME社区、微博、博客、QQ客服、大运简报、手机报、广播台八大媒介联袂上阵,营建全民志愿服务文化。五是课程化推进。启动志愿服务进教材、进课堂工作,开设1个学分24学时的"志愿服务理念与实践"选修课程,在"思想道德修养与法律基础"课程中增设志愿服务教育模块,让志愿文化成为大学生理想信念教育的重要内容。六是专业化发展。组建文化义工、食品安全义工、知识产权义工、环保义工、展会义工、护理义工等31个专业化志愿者队伍,引导志愿者运用专业知识服务社会,让志愿服务成为学生助人自助、服务社会的生活时尚。

通过以上工作,具有鲜明高职文化特色的志愿服务品牌在深圳职业技术学院形成,并先后获得首届广东高校校园文化建设优秀成果一等奖、广东省愿服务奖;学院的志愿者组织被评为全国大中专学生志愿者暑期"三下乡"社会实践活动先进单位、深圳市先进义工组织;相关志愿服务项目获评团中央"全国优秀青年中心"、民政部"全国和谐社区建设自主创新奖"。建设"志愿者之校"成为深圳职业技术学院文化育人的具体抓手,收到了良好的社会效果。

(文首文供稿)

第二届"高等职业教育'文化育人'高端论坛"筹备会议在无锡召开

10月16日,由全国高职院校文化素质教育协作会发起,第二届"高等职业教育'文化育人'高端论坛"筹备会议在无锡召开。协作会会长单位深圳职业技术学院党委书记、院长刘洪一,协作会副会长单位顺德职业技术学院院长夏伟、副院长刘毓,浙江经济职业技术学院副院长邵庆祥,无锡职业技术学院党委书记朱爱胜、院长夏勇、副书记谈向群、原党委书记傅筠及协作会顾问、教育部高等学校文化素质教育教学指导委员会副秘书长余东升等参加了会议。会议由协作会副会长单位无锡职业技术学院党委书记朱爱胜主持。

朱爱胜在致辞中表示,无锡职业技术学院将努力办好第二届全国高职教育"文化育人"高端论坛。戴勇介绍了无锡职业学院的办学情况及取得的教学成果等。刘洪一提出，本届论坛要进一步明确高职教育"文化育人"的内涵，着重于专业教育与文化素质教育的融合，着眼于文化素质教育的创新实践。并就协作会对筹备出版《文化育人》学刊、协作推动组建教育部职业院校文化素质教育教学指导委员会、协调本次筹备会议等几项主要工作进行了回顾。另外还就明年协作会在专业文化研究、课程与教材建设、筹备小型培训活动、办好《文化育人》学刊等方面的工作做了简单的部署。

会议确定，第二届"高等职业教育'文化育人'高端论坛"会议将于12月5日在无锡职业技术学院召开。

(王文涛供稿)

新书坊

《巴比伦法的人本观》，于殿利著，生活·读书·新知三联书店2011年6月1版，42元

《圣经叙事研究》，刘洪一著，商务印书馆2011年7月1版，22元

《大学的观念与实践》，黄达人著，商务印书馆2011年6月1版，45元

《大学的声音》，黄达人等著，商务印书馆2012年1月1版，58元

《羌族教育史》，吴定初、张传燧、朱晟利著，商务印书馆2011年11月1版，30元

《教师评价指标体系的国际比较研究》，孙河川著，商务印书馆2011年12月1版，29元

《论教育公共性及其保障》，张茂聪著，商务印书馆2012年10月1版，23元

《高职的前程》，黄达人等著，商务印书馆2012年7月1版，58元

《多元共生与多样化发展——西南民族学校教育发展研究》，陈时见主编，商务印书馆2012年10月1版，39元

《高等职业教育创新发展模式研究》，刘洪一、阮艺华、李建求等著，商务印书馆2012年8月1版，56元

《大学生安全教育与应急处理训练》，张效民主编，商务印书馆2012年1月1版，27元

《大学的经验》（暂名），黄达人等著，商务印书馆即将出版

《通往精英之路——法国大学校与中国留学生》，安延著，商务印书馆即将出版

《大学潜规则——谁能优先进入美国顶尖大学》，丹尼尔·金著，张丽华 张弛译，商务印书馆即将出版

《工作过程为导向的职业教育理论与实证研究》，徐涵著，商务印书馆即将出版